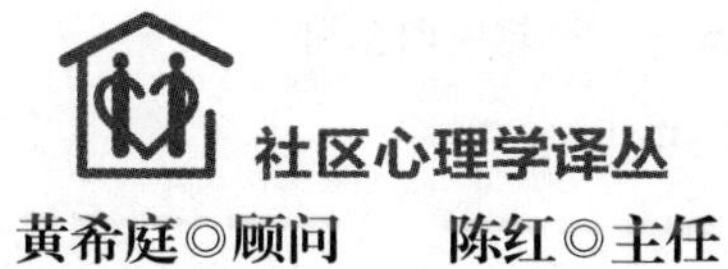

社区心理学译丛

黄希庭◎顾问　　陈红◎主任

青少年心理健康与社区

【美】阿瑞吉·汉森 (Areej Hassan) ◎主编

邹枝玲◎等译

Adolescent Mental Health : Connections to the Community

西南师範大學出版社

国家一级出版社　全国百佳图书出版单位

图书在版编目(CIP)数据

青少年心理健康与社区 / (美) 阿瑞吉·汉森 (Areej Hassan) 主编 ; 邹枝玲等译. — 重庆 : 西南师范大学出版社, 2018.1

书名原文: Adolescent Mental Health: Connections to the Community

ISBN 978-7-5621-8890-2

Ⅰ. ①青… Ⅱ. ①阿… ②邹… Ⅲ. ①青少年—心理健康—健康教育—社区教育—研究 Ⅳ. ①G444②G77

中国版本图书馆 CIP 数据核字(2017)第 331292 号

青少年心理健康与社区

主　　编:[美] 阿瑞吉·汉森(Areej Hassan)
译　　者:邹枝玲　等

责任编辑:雷　兮
特约编辑:丁健睿
封面设计:魅想设计
排　　版:重庆大雅数码印刷有限公司·夏　洁
出版发行:西南师范大学出版社　地址:重庆市北碚区天生路 2 号
邮编:400715　网址:www.xscbs.com
市场营销部电话:023-68868624
经　　销:新华书店
印　　刷:重庆共创印务有限公司
幅面尺寸:170mm×240mm
印　　张:21.5
字　　数:335 千字
版　　次:2019 年 1 月　第 1 版
印　　次:2019 年 1 月　第 1 次印刷
著作权合同登记号:版贸核渝字(2017)第 029 号
书　　号:ISBN 978-7-5621-8890-2

定　　价:84.00 元

《社区心理学译丛》
编选委员会

总序

黄希庭

社区心理学的研究对象是社区中人的心理与行为，它是一门探究个体、社区与社会交互作用的性质、机制和功能的心理学分支学科。我们倡建中国心理学会社区心理学专业委员会的目的，是为了建设中国特色社区心理学，使我国的社区更加和谐、健康和幸福。社区心理学诞生于20世纪60年代的美国。经过半个多世纪的探究和实践，西方社区心理学已涉及很多方面，有理论研究（如对社区心理学的核心价值的探讨），也有应用研究（如对社区心理咨询和社区行为矫正等的实践）；有量化研究，也有质性研究；有对现实社区心理和行为的研究，也有对社区心理学教材建设的研究。为了借鉴西方社区心理学的研究成果以利于我国社区心理学的建设，我们确定了以下四项原则来选择西方社区心理学的研究成果：

——对我国社区心理健康服务有借鉴意义的研究著作；

——对我国社区心理学理论建设有借鉴意义的研究著作；

——对中国特色社区心理学教材建设有借鉴意义的教材；

——对国际社区心理学的新发展和走向有所把握的研究著作。

根据上述四项原则我们先在几十种著作中选出了近二十种，然后征求陈红、毕重增和Todd Jackson等教授的意见，经过反复斟酌，最后确定翻译由Taylor & Francis出版公司、Sage出版公司和牛津大学出版社等出版的十本著作。这些作品可分为下列四种类型。

属于社区心理健康服务的著作有Elaine Miller-Karas著，李彦章译的《重建应对创伤的心理弹性：创伤与社区弹性模型》；Mary Lee Hummert，Jon F. Nussbaum著，李媛等译的《老化、沟通与健康：成功老化的研究与实践》；Areej Hassan

主编，邹枝玲等译的《青少年心理健康与社区》；Ximena B. Arriaga，Stuart Oskamp编著，陈传锋等译的《社区问题的心理学研究与干预》。

属于对西方社区心理学理论探讨的有S. Mark Pancer著，何嘉梅译的《公民权与公民参与心理学》；Helena Águeda Marujo，Luís Miguel Neto编著，吴继霞等译的《积极的国家和社区：积极心理学中的跨文化视角及质性研究取向》；Manohar Pawar著，李丹、尹华站译的《社会与社区发展实践》。

属于西方社区心理学教材的有John Moritsugu，Elizabeth Vera，Frank Y. Wong，Karen Grover Duffy编著，尹可丽等译的《社区心理学(第5版)》；Victoria C.Scott，Susan M.Wolfe编著，张锋等译的《社区心理学实践基础》。

Stephanie M.Reich，Manuel Riemer，Isaac Prilleltensky，Maritza Montero编著，陈燕译的《国际社区心理学：历史与理论》一书分析了社区心理学与各意识形态流派、其他心理学分支学科、社会科学、文化历史传统以及不同时期经济发展状况之间的关系，以全球视野阐述了社区心理学的缘起、现状与发展趋势。

我国的社区心理学研究刚刚起步，我们翻译出版《社区心理学译丛》，了解西方社区心理学的研究和实践，借鉴和模仿前人的经验，这很有必要。但是我们必须清醒地认识到，借鉴和模仿前人的研究和实践不能代替我们从中国的实际出发进行创造性的研究和实践。这是因为社区是人们在一定地域里经营集体生活的共同体，而无论从社区的自然地理环境和人文地理环境以及社区内部的各种社会组织、社会群体之间的构成方式及其相互关系来看，还是从社区中人们的风俗习惯、历史传统、民间规约及现代化进程中的行为来看，我们的社区都不同于西方的社区。我们了解西方社区心理学的研究和实践，借鉴西方社区心理学，不是要照搬西方的理论、概念和实践模式，也不是重复和跟踪西方的社区心理学研究，而是从我国的实际出发，为解决我们自己社区中的问题进行创造性的研究和实践，这样，我们才有可能发展出中国特色社区心理学的理论、概念和实践模式。

那么，怎样从我国社区的实际出发进行创造性的研究和实践呢？我想就科学研究过程的主要环节提三点建议。

1.选题要有创见性

选题是科研成功的关键，要引起我们的高度重视。选题过程就是寻找一个重要的、自己感兴趣的研究问题的过程，即对本学科的研究现状和发展趋势做深入分析，从未解决的问题中选择一个对学科发展有重要价值和应用前景、自己感兴趣的问题进行研究。科研贵在创新。要创新就必须了解自己感兴趣的问题前人做过哪些工作，对前人的研究结果进行认真分析，找出尚未解决的问题进行研究。因此选题前我们应广泛查阅国内外文献，以免重复研究。在阅读前人文献时我们应随时想到前人的这些研究结果是否符合我国社区的情况，他们的社区心理咨询、社区行为矫正等实践经验是否适用于我国的社区。因此，我们自然会想到我国的社区深受中华传统文化儒释道的影响，特别是儒家提倡的仁、义、礼、智、信，忠、孝、廉、耻、勇以及正心、诚意、格物、致知，修身、齐家、治国、平天下等美德对社区中人们的心理和行为有着深远的影响；同时我们还会想到当代中国的现代化进程，特别是党的十八大所提出的经济建设、政治建设、文化建设、社会建设、生态文明建设五位一体的中国特色社会主义建设总布局以及创新、协调、绿色、开放、共享的发展理念对社区中人们心理和行为的影响正日益彰显。因此，我们要问，西方社区心理学的研究成果也符合我国的社区实际吗？我们只能照搬他人的研究结果吗？答案当然是否定的。我们必须走自己的路，选题要有创见性。在我国学术界有不少科研论文是跟着前人脚步的，他们的选题就只是对前人做一点“修正”或“补充”的研究。这种跟着前人脚步，不敢想不敢做前人没有想过没有做过的东西，是当前我国社区心理学选题的大忌，因为这种研究的所谓“创新”只是对前人的研究进行“修修补补”，不可能对我们的学科建设和社区建设有新的建树。

2.确定方法要合理

发现问题只是科学研究的第一步，接下来要规划解决问题的研究方案，即进行研究设计。研究方案包括研究内容（细化所要研究的概念和变量的含义）、研究方法、时间安排和预期成果等，其中最主要的是确定选择什么研究方法来解决什么问题。

社区心理学的研究目的大致可以分为四类：探索、应用、描述和解释。当我们走进社区的时候会看到某种新鲜事儿，想对它进行研究，却不知道这是个什么心理学问题，也不知道前人是否研究过，更不知道是否可以提出假设来进行检验，于是想对这种新鲜事儿的心理和行为做探索性研究。通常我们采用文献调查和实地研究进行探索性研究。文献调查就是通过对相关的科研报告、学术刊物和学位论文以及民间谚语、典故等的查阅，从中启发我们对它进行研究的思考。实地研究大致包括参与观察、直接观察和个案研究，特别适合于我们在自然情境下对社区心理与行为的探究。应用性研究就是以某种经验或理论为指导，帮助社区居民排忧解难的研究。应用性研究大多采用个案法，即指对单一个体的行为进行详尽的描述和分析。例如，社区的某一个案研究的临床报告可能包含对某种症状的描述、诊断和治疗及证明该治疗有效性的证据。社区心理学的第三类研究叫描述性研究。描述性研究涵盖的范围很广，包括问卷调查、相关研究和发展研究，不仅可以从事实方面加以描述，还可以从相关性和发展趋势方面加以描述。例如，我们可以从社区的地缘与经济特点、文化与历史特点、法制与管理水平、人口特征、家庭特征以及现代化特征等方面来描述当前社区中人们的心理和行为特征。除此之外，还可以从相关性和发生发展的角度来描述社区心理和行为。描述性研究主要回答是什么，在哪里，什么时间，如何进行的问题。社区心理学的第四类研究叫解释性研究，通常采用实验法来回答为什么的问题，具体地说，是对假设和预测的检验。一个实验是一项严格控制的研究。研究者系统地操纵一个或多个自变量，观察并记录一个或多个因变量的变化。真实验有三个重要特征：随机分配被试到自变量的指定水平；操纵自变量的水平；控制无关变量。由于社区心理学所探讨的心理和行为极其复杂，因此研究者必须对几种变量的交互作用所产生的影响加以考虑。如果实验的结果与假设所预期的一致，那么这个假设就获得了支持；如果结果与所预期的不同，那么这种解释可能就需要进行修订，然后可能会提出一个新的假设，并用另一个实验来检验。这种根据实验结果检验假设，形成正确解释的过程，有时是一个相当漫长和痛苦的过程。

社区心理学的研究还可以分为量化研究和质性研究。量化研究(quantitative research)强调精确的变量测量，它应用演绎推理方法，十分注重设计、测量、数据处理和取样的问题。量化研究方法是一个从干预（实验）到非干预（相关和差异研究）的连续体，所探讨的是一个或多个变量的数量特征、数量关系和数量变化。社区心理学研究中的实验法、相关法和问卷调查等都属于量化研究。质性研究(qualitative research)是不采用数字，而是用语言文字来描述和解释心理现象的研究。质性研究方法有很多，如参与观察法、深度访谈法、质性个案法等，是通过归纳逻辑对所收集到的资料所进行的解释和建构。与量化研究注重研究对象的代表性、问题的普遍性、测量的客观性和结论的精确性不同，质性研究注重个案的独特性、个案与情境的关联性和互动性，把自然情境作为资料的直接来源，对个人进行细致的、动态的描述和分析。在心理学研究中，每一种研究方法都有其适用的范围，每一个心理学问题都可以用不同的方法来加以解决。一项好的开创性的社区心理学研究通常是采用多种研究方法的。因此，怎样找到合适的研究方法并加以组合是做好研究设计的关键。在这方面，《社区心理学译丛》或许会给我们以启示。

3. 坚守职业道德不动摇

社区心理学既是一门学问，也是一种职业。说社区心理学是一门学问，是因为它是要探究个体与社区、社区亚群体及社会交互作用的性质、机制和功能等学术问题的；说社区心理学是一种职业，是因为它的社区心理咨询、心理健康服务是满足社区居民不同的需要，改善社区生活，进而促进社区发展的。无论从事社区心理学的哪一种工作，都必须坚守心理学家的职业伦理道德。Jennifer Evans通过对世界心理学家伦理原则宣言草案(2005)、欧洲心理学家联盟伦理元章程(1995)、加拿大心理学家伦理准则(2002)、美国心理学家伦理原则和实施准则(APA，2002)等的研究，认为各国心理学家公认的职业伦理道德规范的核心准则是：

——尊重人的尊严；

——关怀人的福祉；

——为人正直；

——对社会、对科学负责任。*

这四条核心伦理道德准则是各国心理学家都应当具备的美德，也是各国心理学家的灵魂，它指引着心理学家的科学研究和服务，为心理学家的研究和服务保驾护航。它也是社区心理学家的研究和服务取得成功的基本保证。举例来说，在选题和制订研究计划的时候，应选择一个什么问题进行研究呢？应当认真谨慎地考虑这个选题对社会、对科学的价值如何。我们应当选择一个对社会、对

*Jennifer Evans 著，苏彦捷等译(2010).心理学研究要义.重庆：重庆大学出版社，7—15.

科学很有意义的问题进行研究，而不是马马虎虎、草率地选择一个毫无意义或仅有很少意义的问题便开始招募被试参加研究。浪费他人的时间，这是很不道德的。对于招募来的被试，应当用他们能够理解的言语告知其研究的目的和可能的风险；应确保他们是知情同意后参加的，而不是被胁迫的；对于未成年人被试，除了得到他本人的同意外，还应得到其父母或监护人的同意。尊重人的尊严，确保被试的隐私不被泄露，即使是质性研究，在公开发表结果时被试也必须是匿名的；无论被试在研究过程中说了什么或做了什么，除了研究者之外，没有人会知道他们的答案。关怀人的福祉与尊重人的尊严是相辅相成的。在心理咨询时如果发现来访者有伤害自己或伤害他人的严重倾向、有致命的传染病可能危及他人、未成年人受到性侵或虐待等情况，就应当以适当的方式告知有关方面。在获得结果和解释结果时，研究者的为人正直尤为重要。社区心理学研究报告中的数据必须真实可靠。任何形式的篡改数据和抄袭行为都是违背为人正直的道德原则。有些研究在开始时隐瞒了研究的真实意图，在研究完成后应当把这种隐瞒了的真实意图告诉被试，以取得他们的理解和谅解；参加研究的被试都有了解研究结果的权利，如果他们提出要求，研究者应向其提供一份研究总结报告。总之，心理学家的职业伦理道德标准是心理学家灵魂力量之所在，我们在从事社区心理学研究和服务的任何时候都要坚守职业道德毫不动摇。

心理学是一门探寻心迹，理解人生，点燃人类心灵真善美的学问。我相信，中国社区心理学的研究和服务工作的开展必将为心理学事业增添光彩！

是为序。

2017 年 10 月 17 日

译者序

社区心理学在中国是一个新事物，即使是对心理学专业的学生或教师而言，也较少涉及该领域的研究，所以此类书籍目前在国内真是很匮乏的。然而，它却真真切切地与我们每个人都息息相关，特别是对成长中的青少年而言。

《青少年心理健康与社区》涉及的很多内容都对我们理解和应对青少年心理健康问题有着非常直接的帮助和指导作用，比如：青少年心理健康与社区的社会经济状况有什么关系？儿童青少年心理健康问题的风险因素有哪些？心理健康与学业成就有什么关系？谁能减轻女孩在学校感受到的孤独感？校园欺凌或网络欺凌与心理健康的关系是怎样的？亲子依恋关系会如何影响心理健康？家庭对抑郁青少年自杀行为的作用有哪些？如何评估、促进和提高基于社区的青少年心理健康服务体系？

如果你是一位专业人士，那么你可以从这本书中学习、借鉴到开展社区心理学研究的许多研究方法和技巧；如果你是一位普通的家长，那么你可以从本书中了解到许多实证研究给出的结论，帮助你了解、应对孩子们可能面临的各种心理健康问题；如果你仅是一位心理学爱好者，那么我相信本书会带你走进一个个活生生的心理学研究实例中，感受社区心理学研究的无穷魅力。每每想到，倘若我们的翻译作品能够以如此积极的方式影响到一些人，我便甚感欣慰，夫复何求？

在本书即将付梓之际，作为本书的主译者，我长舒一口气。简单回顾从最初接到任务、组织人员翻译初稿、修改校对，最后到统稿，前前后后竟然跨越了近两年的时间，真是挺漫长的，翻译过程也相当枯燥。然而此时，看它整理梳妆完毕，即将面向读者，我的心情瞬时激动起来。

最后，特别感谢参与本书翻译和校对工作的所有人员，没有他们的辛勤工作，本书不可能得以完成，因此，我在此一并向他们表示真挚的感谢！参与本书翻译及校对等工作的有：邹枝玲，作者列表、关于本书、前言、第6~7章，校对及统稿；王晓梅，第1~2章；李云峰，第3~4章；帅煜朦，第5章；陈莹，第8~10章；罗小景，第11章；王慧君，第12~14章；丁健睿，复译、校对。由于译者能力有限，加之书中涉及的文化差异等现象，本书的译文可能存在许多不足之处，希望广大同仁和各位读者批评指正，以便日后再版时予以修订。

邹枝玲
2018年6月于西南大学心理学部

CONTENTS

目录

第三编　青少年心理健康与同伴关系、家庭关系间的相互影响

第四编　基于社区的干预

关于本书

ACKNOWLEDGMENT AND HOW TO CITE

感谢所有对本书做出贡献的作者，感谢他们以个人身份将其研究以一种开源文章的形式或提供免费使用授权，使得我们能引用他们的研究成果。本书的所有章节均以不同形式在不同地方进行发表，如需引用本书中提到的内容或查看单个使用允许文件，请参考每章开头部分的引用说明。本书的每一章都经过主编的仔细阅读和仔细挑选，然后集合成一本书出版，其目的是为读者提供一系列关于青少年心理健康的研究参考。本书将探讨以下主题。

第一章里新颖的研究，提供了连接青少年心理健康和社区及邻里的基础。

低社会经济地位、住房问题、食品安全、家庭暴力以及一些其他的社会问题都会对青少年心理健康产生影响。在成年人身上，这些问题将导致发病率和死亡率的升高；然而在青少年、儿童身上，则更有可能形成长期持续的心理问题。第二章是一篇很好的综述，为我们总结了许多社会因素，包括贫穷、照料、教育机会、医疗资源可得性对青少年儿童心理健康的影响。

第三章是一项简单易懂的研究。虽然它是基于横断研究的数据，这意味着难以从中得到因果结论，但作者仍然发现了其中显著的关联。为促进学校系统和教育机构及时发现和处理在以女生为主的班级和职业教育中存在的抑郁和自杀意念，这些研究具有重要的意义。

第四章研究了一个很独特的问题，数据采集手段非常有效，同时很好地控制了可能影响心理健康的其他变量。

临床医生和教育工作者很早就知道，心理健康问题会影响教育成果。但是，如果想要改变相关法规，我们需要确凿的证据予以支持。第五章里的研究设计近乎完美,用追踪数据告诉我们及早考察心理健康因素的重要性。这确实是一篇里程碑式的文章,其应该受到政策制定者们的关注。

如果学校能提供心理健康服务,那么学生在校期间则更容易得到帮助,这样便能增加访问量。在第六章里,作者通过在美国的大样本数据向我们证实了此做法的优势所在。

所有人——媒体、教育工作者、临床医生和家长——近年来对欺凌问题都非常关注,然而,我们往往忽略了社会孤立对青少年产生的影响。第七章告诉我们,事实上,孤独是影响学生校园生活质量最重要的因素。

社会媒体从奇闻逸事的角度报道了很多欺凌现象。第八章具有关键意义,它将传统欺凌和网络欺凌对心理健康的影响(如自杀意念)联系了起来。

第九章包括一个很好的研究,它提示我们,父母和青少年之间的关系质量只有当发生负性生活事件时才特别重要,对那些并没有经历负性生活事件的青少年而言,则不是那么重要。

排除控制药物使用因素,家庭关系与抑郁之间有着怎样的关系?第十章对此问题提供了一个较强的依据。

第十一章的作者之一,Vikram Patel,是这个研究领域的领军人物。他及其合作者的研究结果有力地表明,培训社区人员的心理健康干预不仅有助于发动普通人照顾他人,而且还将产生比其他干预形式更强大和广泛的效果。

与第五章出现的TRAILS追踪研究一样,第十二章中的研究设计亦近乎完美。虽然研究结果有待进一步证实,但它为未来新的研究和讨论提供了一个非常好的起点。

第十三章包括一个很棒的研究,它不仅关注心理健康干预的效果,还对其可行性予以关注。毕竟一个不可能实现的详尽干预方案,是没有任何实践意义的。

第十四章通过对一些参与特定干预项目的人们的质性数据分析,为本书的话题进行了一个较有力的总结。

作者列表
LIST OF CONTRIBUTORS

奥拉因卡·艾托雷拉(Olayinka Atilola)

尼日利亚拉各斯州,10001,拉各斯伊凯贾国家医药大学行为医学系。

瑞克·班宁克(Rienke Bannink)

荷兰鹿特丹,伊拉斯姆斯大学鹿特丹医学中心公共卫生系。

玛格丽特·M. 巴里(Margaret M.Barry)

爱尔兰高威市大学路,爱尔兰国立高威大学世界卫生组织健康促进研究合作中心。

安吉洛·贝拉尔迪(Angelo Belardi)

瑞士巴塞尔,巴塞尔大学临床心理学与精神病学部心理学系。

梅兰尼·D. 贝尔蒂诺(Melanie D. Bertino)

澳大利亚墨尔本(VIC 3125),迪肯大学健康学部心理学系心理健康与幸福感研究中心。

苏珊娜·伯罗恩(Suzanne Broeren)

荷兰鹿特丹,伊拉斯姆斯大学鹿特丹医学中心公共卫生系。

尤特·比尔特曼(Ute Bültmann)

荷兰格罗宁根,格罗宁根大学医学中心,格罗宁根大学健康科学系,社区与职业医学。

阿莉莎·克拉克(Aleisha M.Clarke)

爱尔兰高威市大学路,爱尔兰国立高威大学,世界卫生组织健康促进研究合作中心。

大卫·科恩(David Cohen)

法国巴黎(F-75013),巴黎公共援助医院,皮埃尔和玛丽·居里大学儿童和青少年精神病学系。

法国巴黎,法国国家科学研究院(UMR 7222),皮埃尔和玛丽·居里大学智能机器人与系统研究所。

安琪拉·康索利(Angèle Consoli)

法国巴黎(F-75013),巴黎公共援助医院,皮埃尔和玛丽·居里大学儿童和青少年精神病学系;法国巴黎(F-75679),PSIGIAM,国家健康与医学研究院 U-669。

法国巴黎(F-75005),笛卡尔大学,巴黎第十一大学。

乔金·D. 达伦(Joakim D.Dalen)

挪威特隆赫姆,挪威科技大学社会学和政治学系;

挪威特隆赫姆,挪威科技大学社会研究中心。

佛罗德基·G. 德沃德(Frouwkje G.de Waart)

荷兰鹿特丹,市政公共卫生服务中心。

苏珊妮·戴尔瑞立克(Suzanne Dziurawiec)

澳大利亚莫道克(WA 6150),莫道克大学心理学与运动科学学院。

布鲁诺·法利萨尔(Bruno Falissard)

法国维勒瑞夫(F-94804),巴黎公共援助医院,Paul Brousse 医院公共卫生部;

法国巴黎(F-75679),PSIGIAM,国家健康与医学研究院 U-669;

法国巴黎(F-75005),笛卡尔大学,巴黎第十一大学。

玛瑞塔·法尔克默（Marita Falkmer）

澳大利亚西澳大利亚州，珀斯，科廷大学科廷健康创新研究所职业治疗和社会工作学院；

瑞典延雪平市，延雪平大学教育与传播学院，CHILD 项目，延雪平大学残疾研究所。

罗多弼·法尔克默（Torbjörn Falkmer）

澳大利亚西澳大利亚州，珀斯，科廷大学科廷健康创新研究所职业治疗和社会工作学院；

澳大利亚维多利亚州，墨尔本拉特巴大学职业医疗学院；

瑞典林雪平，林雪平大学健康科学学院，医学与健康科学系（IMH）康复医学中心和林雪平大学疼痛康复中心，国家委员会。

J. 丹尼斯·福藤伯里（J.Dennis Fortenberry）

美国印第安纳，安纳波利斯，印第安纳大学医学院儿科学院。

克伦·戈迪斯（Keren Geddes）

澳大利亚西澳大利亚州，罗金汉姆奎那那儿童和青少年心理健康服务中心，罗金汉姆（WA 6968）288 号信箱。

克里斯汀·海勒斯（Christine Hassler）

法国巴黎，PSIGIAM，国家健康与医学研究院国家健康与医学研究院 U-669；

法国巴黎（F-75679），笛卡尔大学，巴黎第十一大学。

奥丁·简斗（Odin Hjemdal）

挪威特隆赫姆，挪威科学技术大学心理学学院。

丹尼尔·E.M.C. 詹森（Daniëlle E.M.C.Jansen）

荷兰格罗宁根，格罗宁根大学格罗宁根医学中心健康科学系。

瑞秋·詹金斯(Rachel Jenkins)
英国伦敦(SE5 8AF),伦敦国王学院精神病学研究院世界卫生组织心理健康研究和训练合作中心,德克雷皮尼公园路16号。

佛兰朵利克·约尔格(Frederike Jörg)
荷兰格罗宁根,格罗宁根大学格罗宁根医学中心跨学科心理和情绪调节中心。

苔丝·奈特(Tess Knight)
澳大利亚维多利亚州,墨尔本(VIC 3125),迪肯大学健康学部心理学院,心理健康与幸福感研究中心。

玛丽安·N.科范德(Marianne N.Kvande)
挪威特隆赫姆,挪威科技大学健康促进和资源研究中心;
挪威特隆赫姆,挪威科技大学社会工作和健康科学学院。

关美宝(Mei-Po Kwan)
美国伊利诺伊州,伊利诺伊州立大学香槟分校地理与地理信息科学系。

克里斯托弗·威廉·李(Christopher William Lee)
澳大利亚西澳大利亚州,莫道克(WA 6105),莫道克大学心理与运动科学学院。

安德烈·J. 刘易斯(Andrew J. Lewis)
澳大利亚维多利亚州,墨尔本(VIC 3125),迪肯大学健康学部心理学院,心理健康与幸福感研究中心。

莫妮卡·利勒弗乔(Monica Lillefjell)
挪威特隆赫姆,挪威科技大学健康促进和资源研究中心;
挪威特隆赫姆,挪威科技大学社会工作和健康科学学院。

欧德希德·拉赫(Audhild Løhre)
挪威特隆赫姆,挪威科技大学健康促进和资源研究中心;
挪威特隆赫姆,挪威科技大学社会工作和健康科学学院。

巩特尔·麦尔施密特(Gunther Meinlschmidt)
瑞士巴塞尔,巴塞尔大学临床心理学与精神病学部心理学系;
德国波鸿,波鸿-鲁尔大学医学院。

玛丽-萝丝·摩洛(Marie-Rose Moro)
法国巴黎(F-75014),巴黎公共援助医院,科钦医院Solenn部;
法国巴黎(F-75679),PSIGIAM,国家健康与医学研究院 U-669;
法国巴黎(F-75005),笛卡尔大学,巴黎第十一大学。

艾伯丁·J.欧德亨科(Albertine J.Oldehinkel)
荷兰格罗宁根,格罗宁根大学跨学科精神病理和情感调节医学中心;
荷兰格罗宁根,格罗宁根大学医学中心健康科学,社会与职业医学系。

约翰·奥梅尔(Johan Ormel)
荷兰格罗宁根,格罗宁根大学,格罗宁根医学中心跨学科心理和情绪调节中心。

理查德·帕尔森斯(Richard Parsons)
澳大利亚西澳大利亚州,珀斯,科廷大学职业治疗和社会工作学院药学院;
澳大利亚西澳大利亚州,珀斯,科廷大学科廷健康创新研究所职业治疗和社会工作学院。

安妮·伊丽莎白· 帕斯莫尔(Anne Elizabeth Passmore)
澳大利亚西澳大利亚州,珀斯,科廷大学科廷健康创新研究所职业治疗和社会工作学院。

维克拉姆·帕特尔(Vikram Patel)

英国伦敦(WC1E 7HT),吉宝街,伦敦大学卫生和热带医学学院,全球心理健康中心;

印度,果阿邦桑加。

雨果·佩尔(Hugo Peyre)

法国巴黎(F-75013),巴黎公共援助医院,巴黎萨伯特慈善医院儿童与青少年精神病学系;

法国巴黎(F-75679),PSIGIAM,国家健康与医学研究院 U-669;

法国巴黎(F-75005),笛卡尔大学,巴黎第十一大学。

海因·怀特(Hein Raat)

荷兰鹿特丹,伊拉斯姆斯大学鹿特丹医学中心公共卫生系。

西蒙·A. 瑞尼维尔德(Sijmen A. Reijneveld)

荷兰格罗宁根,社区与职业医学,格罗宁根大学健康科学系,格罗宁根大学格罗宁根医学中心。

安妮·伊莱娃·莱维(Anne Révah-Lévy)

法国阿让特伊市,阿让特伊医院青少年心理治疗与手术护理中心;

法国巴黎(F-75679),PSIGIAM,国家健康与医学研究院 U-669;

法国巴黎(F-75005),笛卡尔大学,巴黎第十一大学。

娜蕾·罗伯森(Narelle Robertson)

澳大利亚维多利亚州,墨尔本(VIC 3125),迪肯大学健康学部心理学院,心理健康与福利幸福感研究中心。

马里奥·斯佩兰扎(Mario Speranza)

法国勒谢奈市,巴黎外赛尔中心医院儿童与青少年精神病学系;

法国巴黎(F-75679),PSIGIAM,国家健康与医学研究院 U-669;

法国巴黎(F-75005),笛卡尔大学,巴黎第十一大学。

以斯帖·斯塔路贾尼斯（Esther Stalujanis）

瑞士巴塞尔，巴塞尔大学临床心理学与精神病学部心理学系。

罗伊·E.斯图尔特（Roy E.Stewart）

荷兰格罗宁根，格罗宁根大学格罗宁根医学中心，格罗宁根大学健康科学系，社区与职业医学。

马里昂·特格特霍夫（Marion Tegethoff）

瑞士巴塞尔，巴塞尔大学临床心理学与精神病学部心理学系。

伊芙·图什特（Evelyne Touchette）

加拿大蒙特利尔，蒙特利尔大学儿童心理社会适应性研究中心。

约翰·W.拖姆布朗（John W.Toumbourou）

澳大利亚维多利亚州，墨尔本 VIC 3125，迪肯大学健康学部院心理学院，心理健康与福利幸福感研究中心。

佩特拉·M.范德·简森（Petra M. van de Looij-Jansen）

荷兰鹿特丹，市政公共卫生服务中心。

沙米拉·瓦斯（Sharmila Vaz）

澳大利亚西澳大利亚州，珀斯，科廷大学科廷健康创新研究所，职业治疗和社会工作学院残疾和社会研究中心。

卡琳·维德曼（Karin Veldman）

荷兰，格罗宁根大学格罗宁根医学中心，格罗宁根大学健康科学系，社区与职业医学。

弗兰克·弗赫斯特(Frank C.Verhulst)
荷兰鹿特丹,伊拉斯姆斯医学中心,儿童与青少年精神病学系。

莎拉·E.维厄(Sarah E.Wiehe)
美国印第安纳,印第安纳波利斯,印第安纳医学院儿科系。

杰夫·威尔逊(Jeff Wilson)
美国印第安纳州,印第安纳波利斯,印第安纳大学-印第安纳波利斯普渡大学联合大学,文科学院地理系。

前言
FOREWORD

童年和青少年时期经常出现心理健康疾病，而这也可能引发大部分青年期疾病。这些疾病通常根源于社区，给社区工作者带来严峻的挑战。其实患有心理健康疾病的青少年应该求助的是医疗或咨询机构而不是社区工作者。此外，心理健康疾病还会导致许多社会问题或健康问题，患有心理健康疾病的青少年往往辍学、出现高危行为以及更容易在事故中受到伤害。

尽管心理健康疾病的发生率很高，但它的治疗却面临许多阻碍，如政策的缺失、支撑的资金不足、缺乏训练有素的医生。研究发现了一些保护性因素，包括：积极的家庭依恋关系、良好的教育条件、优秀的学习榜样、健康的文化体验以及良好的社区融入。

本书收录的学术文章将引导读者深入了解青少年心理健康疾病与他们的社区、学校、同伴与家庭之间的联系。结尾还介绍了一系列成功的社区干预案例，它们可以为社会工作者、教育工作者、心理咨询师和临床医生提供借鉴与指导。我们真诚希望本书介绍的保护性因素、风险因素以及干预措施能够促进与心理健康疾病的预防和早期治疗相关的政策的发展。

阿瑞吉·汉森（Areej Hassan）

大家都知道许多社区问题与青少年的健康问题有关，可是，我们并不知道，青少年度过大量时间的、动态的社区环境究竟如何与他们的健康相关行为发生关联。第一章由Wiehe及其同事撰写，旨在评估暴露于犯罪相关环境（一种社区问题）与女孩自我报告的健康相关行为之间的关系。14~17岁的女孩(52名)均来自同一个城市社区,用GPS定位手机跟踪1周时间。这些青少年需要完成一份计算机辅助的自助式语音访谈,调查其过去30天内药物使用(抽烟、喝酒和大麻使用)和性行为情况。不仅要记录她们的家庭和学校地址,而且她们携带的手机还会每隔5分钟对其所处的位置信息(路径点)进行收集。利用ArcGIS地理信息系统,我们把社区问题定义为:从家庭、学校或每一个路径点出发,方圆200米范围之内的累积报告犯罪数量。通过统计,作者对暴露于高犯罪发生率的环境如何影响她们的健康相关行为进行了分析。被试的居住地和距离家庭、学校及路径点200米之内活动地的犯罪率不一样。暴露于家庭住址旁的犯罪环境对她们的药物使用(p=0.04)及是否有性行为(p=0.01)有显著的影响。暴露于学校和路径点旁的犯罪环境仅对报告的药物使用有显著影响(p分别为0.03和0.02)。暴露于犯罪环境的时间是发生在上学日或假日,以及在一天中的哪个时间,同样会产生不同的影响。青少年的行动模式并不是随机的。此外,青少年所处的犯罪环境也与其健康行为有关。这些数据或许可以指导有关部门制定控制犯罪的政策,并引导其针对特定时间、地点采取专门的干预方案,以改善青少年的心理健康状况。

由于对关于儿童和青少年心理健康(CAMH)的政策制定的忽视,撒哈拉以南的非洲地区为促进儿童健康和发展所做的努力,都仅仅关注身体方面。要想清晰、圆满地制定青少年心理健康政策,就必须对影响儿童心理健康的危险因素和易感因素有一个深入而广泛的了解。在第二章,作者Atilola阐述了撒哈拉以南的非洲地区影响儿童心理健康的危险因素和易感因素。基于生态学的角度,作者确定了一些因素,包括:广泛存在的家庭贫穷、儿童照料资源缺乏、社区和机构儿童护理系统不足、对身处严重影响心理健康的危险因素和易感环境中的儿童的社会保护措施缺乏。其他因素还包括:糟糕的工作政策/管理导致工作与家庭无法平衡、儿童保护的法规不完善以及一些有害的传统习惯。这篇文章总结道,生态学的研究方式告诉我们,儿童心理健康危险因素差异广泛,可以把护理环境分成很多层。而且,这种研究方式还提供了一个广阔的、整体式的模板,通过该模板我们可以对撒哈拉以南的非洲地区的儿童心理健康服务的政策方向有所了解。

很少有研究通过多层模型来考察社会情境与自杀意念之间的关系。第三章里，作者Dalen考察了青少年自杀意念与学校班级构成之间的关系。研究数据来自Young-HUNT 3的研究（2006—2008），被试是挪威Nord-Trøndelag镇的初中学生。最终的样本包括分散在13个学校的379个班级的2 923名青少年。采用多层回归分析对不同因素在个体与班级水平上的贡献进行评估，结果显示，学校班级之间的差异可以解释自杀意念的5.3%的变异。然而，自杀意念变异的重要部分可以由学生个体因素的不同分布来解释。在控制了个体水平的变量之后，结果显示，高自杀意念比例往往出现在女生比例高的学校班级，或者职业教育班级中。因此，那些职业教育或者女生比例高的班级，都将成为干预的主要目标，因为这些班级相比那些男生更多或者常规教育的班级，有更多可能持有自杀想法的学生。

从小学顺利过渡到初中，学生们有不同的方式。其中有些学生机会充足，而有些却机会匮乏。在第四章中，作者Vaz及其同事采用了前瞻性的追踪设计，考察了个人背景和学校情境因素对学生学业能力（academic competence，AC）和心理健康功能（mental health functioning，MHF）的影响。作者对266名学生进入初中的前、后6个月进行了追踪。数据包括197名正常发展学生和69名残障学生，并采用分层线性回归模型进行分析。结果发现，无论是在小学还是初中，相比那些正常发展的、家境富裕的同龄学生，残障和来自社会底层的学生在其学业成绩和心理健康能力方面都更差。那些来自独立的、中型班级的小学生，学习成绩最好；那些来自非独立小学的学生，心理健康能力最差。该小学组织模型将对他们初中后的学业成绩产生显著的影响：在从学前班开始的7年制学校，学生的学业成绩最差；在从学前班开始的12年制学校，学生的学业成绩最好。就读一个学前班——12年制且带初中的学校，学生在入初中后学业成绩将下降。个人背景因素可以解释进入初中后学业成绩和心理健康能力的大部分变异量，学校情境因素的作用则相对较小。因此，对学校而言，或许应该对残障学生升入初中前提供特别支持，因为他们往往在升学后依然处于劣势。

在第五章，作者Veldman及其同事考察了青少年在11岁时是否有心理健康问题以及在11岁到16岁之间心理健康问题的变化，能否预测19岁时的学业成绩，包括总体的结果和按性别分层的结果。数据来自青少年生活追踪调查项目(TRAILS)中的1 711名青少年(其中76.8%来自最初的被试群)，这个调查项目是荷兰历时9年的追踪调查研究。心理健康问题(包括"外部化的""内部化的"和"注意问题")由这些被试在11岁和16岁时采用"青年自我报告"(Youth Self Report)和"儿童行为检查表"(Child Behavior Checklist)分别进行测量，然后计算出从11岁到16岁的心理健康问题分数变化值，学业成绩在19岁时进行测量。结果发现，11岁时的外部化的、内部化的和注意问题均显著地与19岁时的低学业成绩相关(我们称为"粗糙模型")。当考虑了人口学变量和其他心理健康问题后，只有注意问题的影响依然显著(*OR*和95%*CI*分别为：3.19和2.11~4.83)。11岁到16岁外部化的心理问题的增加，也能预测19岁时较低的学业成绩(*OR*=2.12，95%*CI*=1.25~3.94)。对男孩子，没有发现内部化的心理问题与学业成绩之间的显著关联。未发现11岁到16岁的注意问题的变化与学业成绩相关联。11岁时出现的外部化的、内部化的以及注意问题，这些问题在青少年时期的增加能预测19岁时较低的学业成绩。因此，早期对这些心理健康问题的干预或许可以提高教育成绩，并降低个体成年后的社会经济状况差异。

对于患有心理健康障碍的儿童青少年，学校的心理健康服务是重要的服务点，但是它们提供全面治疗的能力还十分有限。在第六章，作者Tegethoff及其同事的目的在于评估在全美国代表性样本中学校心理健康服务对患有心理健康障碍的青少年的作用，并以此指导各种不同的校外服务机构的心理健康服务。数据来自美国国家调查青少年补充样本(被试年龄13~18岁)的加权数据(*N*=6 483人)。采用世界卫生组织的《复合性国际诊断问卷》(CIDI)，辅助父母的口头报告，共同对被试一生中的DSM-IV心理健康障碍情况进行评估(DSM，精神卫生诊断量表)。被试及其父母还要报告他们得到的、来自各方机构的、基于《儿童青少年服务评估手册》的心理健康服务情况。结果发现，学校心理健康服务的使用情况可以预测他们后来在校外机构接受服务的情况：在医疗专科部门，青少年患有情感障碍（风险比 *HR*=3.01，*CI*=1.77~5.12）、焦虑（*HR*=3.87，*CI*=1.97~7.64）、行为障碍（*HR*=2.49，*CI*=1.62~3.82）、药物使用（*HR*=4.12，*CI*=1.87~9.04）、饮食障碍（*HR*=10.72，*CI*=2.31~49.70）和其他心理障碍（*HR*=2.97，*CI*=1.94~4.54）；在其他心理健康服务部门，青少年患有焦虑（*HR*=3.15，*CI*=2.17~4.56）、行为障碍（*HR*=1.99，*CI*=1.29~3.06）、药物使用（*HR*=2.48，*CI*=1.57~3.94）和其他心理障碍（*HR*=2.33，*CI*=1.54~3.53）；在心理健康专科门诊，没有报告。这些结果说明，在美国，学校心理健康服务或许可以起着引导作用，让学生们能开始利用校外的心理健康服务，特别是医疗机构的心理健康专科部门针对各种心理健康障碍的服务。因此，我们应该重视学校心理健康服务在整个心理健康服务体系中的位置和作用。鉴于学校心理健康服务与校外心理健康服务之间缺乏相应的连接，未来在考虑如何提高和保证开展适宜的早期心理健康服务措施时，应该设法促进这些机构之间的合作与交流。

孤独与健康和幸福往往均呈显著负相关，尤其是对女孩子而言。然而，很少有研究考察哪些因素可以缓解校园孤独带来的后果。因此，在第七章里，Løhre 及其同事研究了女孩子们的孤独感与后来由于某些困境引起的学校幸福感降低之间的关系。不仅如此，作者还考察了“拥有自己信任的朋友”这个因素对二者关系的影响，进而评估拥有信任的朋友的重要性。被试是1~8年级的共119名女孩，她们需要提供基础数据，并在两年后重新回答一遍这些问题。在SPSS中采用回归模型检验这些因素的作用，预测变量包括学习问题、受欺凌、孤独以及有信任的他人，因变量是两年后在学校的幸福感得分。多变量分析的结果发现，孤独、学习问题和受欺凌这几个变量中，只有孤独这个因素对随后的学校幸福感有显著的负向预测作用。接下来，采用分离式模型来展示：拥有一位自己信任的班主任可以完全抵消孤独对随后校园幸福感的影响。相比之下，拥有信任的老师、信任的家长或者信任的同学则都不能改变孤独对校园幸福感的影响。孤独可以有力地预测女孩子们两年后的学校幸福感。然而，拥有一位她们信任的、愿意在受伤情境下向其求助的班主任，可以非常有力地降低孤独带来的影响。这一发现强调了稳定性、长期的关系以及信任在临床上的重要性，也反映了学校的教师为处于孤独中的女生提供的重要保护。

在第八章中，作者Bannink及其同事旨在研究遭受传统和网络欺凌与青少年2年后的心理健康问题和自杀意念的相关性。同时，Bannink也考察了性别差异，检验欺凌对男孩和女孩的影响是否有所不同。研究包括一项持续2年的追踪，被试为初一年级的学生（*N*=3 181）。在首次测试时，研究者对被试受到传统欺凌或网络欺凌的情况进行评估，而心理健康状况和自杀意念则需要在初测和2年后通过自我报告来进行评估。作者采用回归模型考察在控制基线问题后这些变量之间的联系。另外，作者还考察了由这两种类型的欺凌带来的心理健康问题和自杀意念在男孩和女孩之间是否存在差异。结果发现，对心理健康问题而言，性别和受到传统欺凌存在显著的交互作用，性别和受到网络欺凌之间的交互作用也显著。对于男孩子来说，在控制心理健康基线水平后，受到欺凌（包括传统的和网络的）与心理健康问题无关。而对于女孩子，在控制了心理健康基线水平后，无论是传统欺凌还是网络欺凌，其与心理健康问题均有显著相关。对于自杀意念而言，在控制了自杀意念的基线水平后，没有发现性别与欺凌（包括传统的和网络的）之间的交互作用；遭受传统欺凌和自杀意念有关，而受到网络欺凌与自杀意念无关。遭受传统欺凌与较高的自杀意念风险相关，遭受网络欺凌则与较高的心理健康问题风险相关，但是这些关联均只发现于女孩子身上。这些结果告诉我们，有关降低欺凌行为的干预项目非常重要，因为个体早期的心理健康问题或许会成为其成年后精神障碍发生的一个危险因素。

在第九章中，作者Bannink及其同事旨在考察负性生活事件、亲子依恋关系质量与心理健康问题之间的关系，并对亲子依恋关系和一件或多件负性生活事件对青少年心理健康的影响及其交互作用进行考察。研究对3 181名初中一年级学生进行了2年的追踪。初测时评估了遭遇负性生活事件的情况和亲子关系质量，而心理健康状态则通过2年后的自我报告问卷进行评估。作者采用二元回归分析负性生活事件、亲子依恋和心理健康问题之间的关系，采用由交互作用引起的相对危险度来计算这些因素对量表得分的交互影响。结果发现，负性生活事件与心理健康状态相关，亲子关系也一样和心理健康状态相关。当不良亲子关系和负性生活事件共同作用于心理健康状况时,其影响远大于二者单独作用之和。相比于没有遭遇负性生活事件的同伴,对于遭遇一件或多件负性生活事件的青少年而言,不良的亲子关系将增大心理健康问题的危险性。研究结果支持了亲子关系和负性生活事件对心理健康的交互影响。特别是,当青少年遭遇一件或多件负性生活事件,同时又伴有不良亲子依恋关系的情况,他们将更容易成为心理健康问题的易患人群。作者讨论了这些结果对将来研究的启示。

自杀是欧洲青少年和青年群体的第二大死亡原因。因此,降低自杀率是一个重要的公共健康课题。先前的研究已显示了自杀行为与抑郁和家庭因素之间的关系。在第十章中,作者Consoli及其同事的目的在于评估在一个较大的、基于社区青少年的样本中,家庭因素对抑郁和自杀的影响,并探讨考虑一些其他因素的特定贡献(如:母亲与父亲;有冲突与无冲突;分离与无分离)。数据来自2008年收集的17岁青少年的横断样本。36 757名法国青少年(18 593名女生,18 164名男生)完成了一系列问卷,包括社会人口统计学的特征、药物使用情况、家庭变量、自杀意念和自杀行为。作者采用《青少年抑郁评定量表》(ADRS)评估被试当下的抑郁水平。根据自杀风险的严重程度,这些青少年被试被分成4组(1级=抑郁,但无自杀意念和自杀行为;2级=抑郁、有自杀意念但无自杀行为;3级=抑郁且有自杀行为;0级=对照组)。作者采用多变量回归分析考察1级、2级、3级与0级对比的优势比。结果发现,7.5%的青少年(10.4%的女孩和4.5%的男孩)在抑郁量表上的得分显示其患有抑郁;16.2%的青少年报告在过去12个月中有过自杀意念,8.2%的青少年报告他们曾经企图自杀。不论男女,在学校复读一年与自杀风险严重等级(1级和3级)之间显著相关,也和药物使用、吸烟(2级和3级)和大麻使用(3级)存在显著相关。调整模型之后发现,不论对于男孩还是女孩(适用所有风险等级),与父亲或母亲或双亲关系不好、父母生活在一起却关系不和谐,二者均与自杀风险和/或抑郁呈显著相关,而且,优势比随着风险严重等级的增加而增加。家庭不和谐、与父母关系糟糕都与抑郁青少年较高的自杀风险有关。因此,对于抑郁青少年的自杀行为的预防,纳入对有关家庭内部关系的考虑将十分有必要。

在第十一章中，作者Barry及其同事撰写了一篇系统性综述，阐述了中低收入国家对改善青少年心理健康的干预项目有效性的多方面的证据。受世界卫生组织（WHO）的委托，作者对从早年到成年期的改善心理健康项目进行了综述。这篇文章报告了对儿童青少年人群（6~18岁）在学校和社区进行的心理健康干预项目的结果。通过大范围搜索电子数据库，Barr等人选择了从2000年开始，采用实验设计（RCT，N=11）和准实验设计、在中低收入国家开展的研究共22项。14项研究是在8个中低收入国家开展的基于学校的干预，其中7项研究包括了生活在武装冲突地区的儿童，6项干预项目还涉及多种成分的生活技能训练和心理韧性训练。另外8项是来自5个国家的，在校外开展的、基于社区的面向青少年的干预项目。根据有效公共卫生实践项目（EPHPP）的标准，由两名评审专家独立评估这些证据的质量。结果显示，来自基于学校的大部分干预有较好的效果。对生活在冲突地区的儿童进行结构化的统一干预，结果发现对学生的情绪和行为健康有显著的积极效果，包括自尊和应对技能的提升。作者对一些较复杂的结果也进行了报告，包括对不同性别和年龄的效果不同，而且有2项研究称没有发现显著的干预效果。大部分由学校开展的生活技能和心理韧性训练项目都获得了中等程度的质量评分，研究结果显示这些训练对学生的自尊、动机和自我效能感均有提升。对青少年开展的基于社区的干预项目获得的质量评分从中等到优秀，研究结果表明或许可以通过这些多成分的干预项目改善青少年心理健康和社会适应情况。这篇综述提示，基于学校或社区的面向青少年的心理健康项目可以在中低收入国家得到有效开展，其效果跨及从中到强，但均能对积极或消极心理健康结果产生影响。在中低收入国家小学开展的面向更小年龄儿童的干预研究证据还非常少，增设和持续开展心理健康干预项目应得到充分的重视。

随着关于儿童、青少年心理健康服务（MHS）方面的需求和投入的日益增加，我们很想对这些服务的有效性进行评估。在第十二章中，作者Jörg及其同事对比了自然条件下使用和未使用心理健康服务的青少年，其情绪和行为问题发展状况之间的区别。被试是一项前瞻性追踪研究中（TRAILS）的2 230名青少年（或儿童）。样本回收率为76%，平均年龄为11.09岁(SD=0.56),50.8%为女孩。我们使用了前三次评估的数据,涵括了6年的周期,采用多重线性回归分析、倾向评分匹配和数据有效性来对比青少年的情绪和行为问题发展状况是否跟使用心理健康服务有关联。结果发现,心理健康服务与日后的心理健康问题分数之间的关系(β=0.20,SE=0.03,p<0.001)既不受基线调查时心理健康严重程度的影响,也不受青少年的易感性、心理韧性或应激生活事件的影响。倾向评分匹配策略揭示,未使用心理健康服务的青少年日后的心理健康问题分数下降了,而使用了心理健康服务的青少年,日后的心理健康问题分数依然很高。当考虑到日后使用(或未使用)心理健康服务以后,问题分数随着心理健康服务的使用减少而有所下降。虽然没有那些未使用心理健康服务的下降得多,但是,那些持续使用心理健康服务的个体,其问题分数一直维持在较高水平。数据有效性分析显示,采用不同的结果测量指标、多次测量阶段、多个缺失值,都不会影响最终结果。该研究存在一个局限,即尽管我们知道被试使用的是哪种心理健康服务类型、在哪个阶段使用,可是我们不清楚这些治疗的持续时间。总之,心理健康服务的有效性值得怀疑。为了探明这种每日的心理健康服务是否有必要,或者是否存在其他干扰因素,相关的重复性研究将很有必要。

有文献指出,儿时的创伤与情绪调节策略失调有关联,包括非自杀性的自残(nonsuicidal self-injury,NSSI)和自杀倾向。在第十三章,作者Geddes及其同事考察了一个尝试性的辩证行为治疗项目(dialectical behaviour therapy,DBT)对降低青少年创伤相关症状、改善情绪、降低自杀与自残行为方面的效果。6名青少年,各自在家长的陪同下,参加了一个社区的心理健康服务项目,接受26周的DBT治疗。由几名独立的评估者进行所有被试的数据收集,包括基线、治疗后及3个月后的随访。相比于前人使用青少年特定的结果测量指标、由独立的评估者测量治疗效果的研究,研究者还进行了视频录像。结果发现,首先,参加DBT治疗的青少年在报告的创伤相关的症状、自杀倾向和自残方面均有下降,且这一效果持续达3个月。其次,在治疗结束后,个体的情绪调节状况当即有所改善,而且这种改善维持到3个月以后,尽管程度稍有降低。考虑到心理健康服务需求的迅速增长,研究对6名被试中的5人结束了DBT治疗。该初步研究的结果提示,DBT或许能够改善这些高危人群的症状。

在第十四章里，作者Lewis及其同事报告了来自用户的反馈结果，他们参加了一项多中心的、随机化控制的、面向青少年心理健康问题和物质滥用的干预项目。文章聚焦于这个基于家庭的干预项目的实施，包括保真度、家庭成员的体验以及他们对项目改善的建议。方法：21个质性和量性数据均来自迪肯大学家庭选择项目（Deakin Family Option）的用户体验组被试，在他们完成了该项目的6个月之后进行数据收集。该项目在澳大利亚维多利亚州的大都市和小城镇都有进行。结果：总的来说，家长分离减少、家长自我照顾增加以及分离/个性化的提高，是干预项目的关键性治疗特征，其可以增强养育信心和效率，并且极有可能降低家庭冲突。用户反馈还促进了干预项目的进一步完善，未来应该把重点更多地放在如何帮助家长参与到青少年的成长中，探讨与青少年情绪和焦虑症状有关的家庭因素。结论：被试反馈可以提供非常有价值的质性数据，有助于监督治疗方案在个体身上的实施情况，预测某个干预的有效机制，并促进新的干预方案的形成。

第一编

青少年心理健康与社区文化、社区经济状况之间的相互影响

第一章　青少年不良行为和社区障碍

Sarah E. Wiehe, Mei-Po Kwan, Jeff Wilson, and J. Dennis Fortenberry

1.1 引言

虽然家庭内部的物质和情感因素会显著影响青少年的健康和幸福，但其实家庭周边的物理环境和社会环境（我们简单地理解为社区）也扮演着重要角色。事实上，糟糕的健康状况经常集体出现，小到一个社区，大到一个国家[1,2]。这些基于或源自各种聚集地区的环境特征（比如集体效能和贫穷比例）通常与健康状况有地域性的联系[3,4]。尽管已有研究往往试图确定青少年居住的社区质量与其健康之间存在普遍性联系，但关于青少年居所之外的特定社会地理环境将如何影响这种关系，我们尚不清楚[5]。

关于青少年与社区的物理空间和社会空间是如何相互影响的，我们所知还十分有限，但这已成为我们为促进健康和预防疾病的道路上的重要障碍。为了评估个体暴露在社区环境中的程度，已有的相关研究主要在既有行政区（arbitrary administrative areas）（例如：人口普查区域或街区）或者被试居所附近区域进行。然而，这些区域单元往往不能在微观地理层面上（例如：在前门台阶、街角、空地或其他没有成人监护的地方打发时间）充分而精确地描述青少年在哪里度过的、与他人是如何互动的。它们也不能区分出距离住所的远近（例如：住所附近或距离住所很远却也属于同一社区的地方）对青少年影响的差异。即使在住所附近，环境对青少年健康行为的影响（例如：社会障碍）仍可能在微观地理水平上有所不同，因此采用“既有行政区”或“住所附近”来评估被试的社区暴露情况显然会使我们对特定环境如何影响健康状况的理解造成限制[4,6,7]。有一些研究包含了路径数据（可以捕获随时间推移而变化的位置信息和移动路线）[8~12]，但是它们大都没有探索健康行为是如何在微地理层面上受到社区内或个体逗留地点环境的不同而变化的。

当青少年开始喜欢在外面消磨时间，路径数据则显得尤其重要。青少年的成长特征反映了日益增长的自主权和移动性，而且他们可选择的活动范围很大。既然青少年在家里度过的时间仅仅只有一半[13]，那么家庭外的环境则可能会对与青少年健康有关的行为产生巨大的影响。许多青少年不良行为，诸如吸烟、酗酒、物质使用以及性行为，往往与邻居和社区有关，而与家庭内的因素并无关系[14~17]。

为了更好地理解外部（在住所附近的）的环境与青少年健康相关行为间的潜在机制，我们考察了生活在印第安纳州的印第安纳波利斯一地区的青少年女孩们待在犯罪高发区域的时间长短与自我报告的与健康有关的行为之间的关系。我们选择这种相对同质的社区是为了专门评估青少年的健康相关行为与地域之间的关系，包括紧邻其住所的区域以及他们活动路径所接触到的区域。

1.2 材料和方法

1.2.1 伦理学声明

这项研究获得了印第安纳大学伦理委员会的审查和许可。我们得到了每一位被试及其父母/监护人签名的书面知情同意书。

1.2.2 研究设计和人口

本项Pearl Grlz研究是一项关于青少年女孩（N=52）的前瞻性研究，这些女孩的年龄介于14~17岁，居住在印第安纳州内印第安纳波利斯的某个地区。我们通过该地区的诊所和街坊接触潜在被试,同时也通过在目标社区和一个网站/脸书(Facebook)散发宣传单和通知进行招募。我们选取的这个被试群体的种族和民族构成反映了一个更大的社会,根据自我报告,她们当中有63%为黑人,31%为白人,还有6%为拉美裔。除了年龄、性别和居住地以外,听说和英文理解能力也是入选的标准之一。

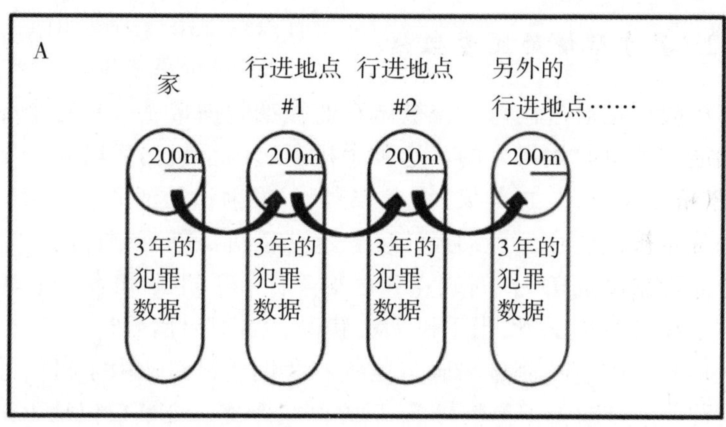

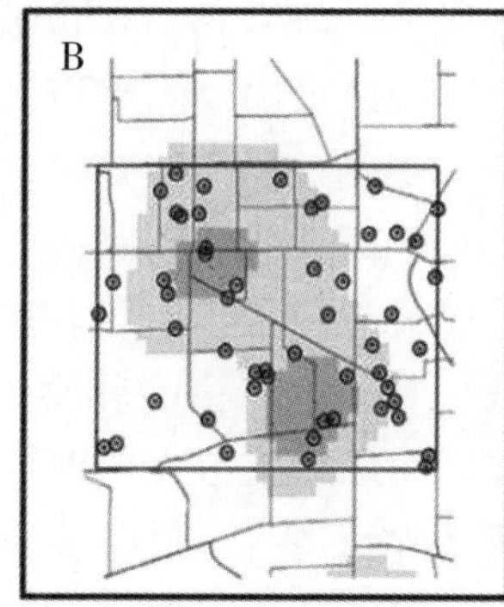

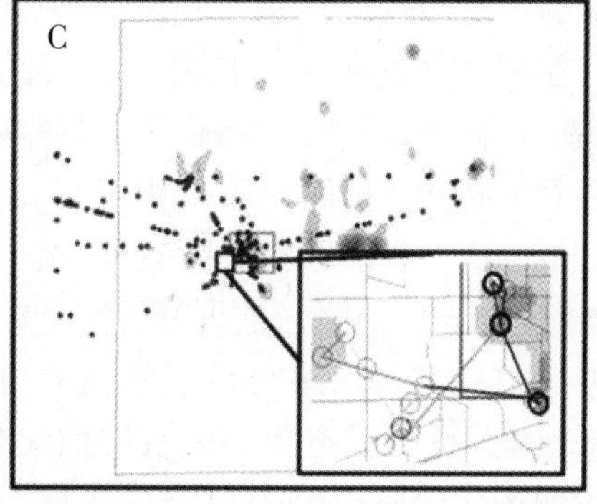

图1　区域犯罪率的测量方法①

在2008—2011年的研究期间,每位被试在一年中将由一部具有全

① A.犯罪区域的路径暴露数据的概念描述。每5分钟路径点包含此点200米(~1个组块)缓冲区内3年的犯罪数据。B.在研究所涉及区域的基线犯罪“热点”(灰色阴影)区域以及行政区(灰色线)内,被试居所以及200米缓冲区的位置(黑色)。C.1个被试在研究区域内外的路径点的插图,此插图标出放大的路径点区域,此点用颜色代码(早上红色到晚上绿色)将200米缓冲区(黑色)、犯罪热点区域(灰色阴影)以及行政区域(灰色线)连接起来。

球定位系统的手机进行四次监控，每次时间持续一周。被试们参加一项计算机音频辅助自陈式调查问卷(audio computer-assisted self-administered interview, ACASI)的基线调查，该调查要求被试填写人口学特征并自我报告与健康有关的行为。所有被试第一周的数据被用来进行此次分析。

1.2.3 关于环境的定量数据

路径数据是通过让每一位被试在监控期间携带一个具有全球定位系统功能的手机收集得来的。这种手机通过由手机信号塔和卫星的三角测量(精确度：水平20英尺，垂直36英尺)发射出的辅助全球定位系统信号来确定被试所在位置的经纬度。这些手机每隔五分钟向一个安全的服务器传输设备ID号、时间点和GPS坐标。手机关闭时，位置则无法被评估。在某些情况下，当手机无法获得GPS卫星信号时，我们仅仅使用手机信号塔的三角测量来确定位置。我们通过对比由手机信号塔获得的定位信息与缺失卫星信号前、后之间的距离来评估仅仅从手机信号塔获得的定位数据的质量。我们认为，由手机信号塔获得的定位数据是不够可靠的。一些由手机信号塔获得的定位点显示出令人难以置信的向另一位置移动的速度，并且这些数据无法与更精确的卫星定位数据总保持一致。因此，我们使用仅由卫星定位获得的信息对数据进行更改(interpolated)。至于那些缺失数据(由于手机关机或者没有可获得的卫星数据，包含15%的路径数据)的路径点，我们在一些严格的假设下使用最接近的卫星定位来进行位置数据的更改。如果缺失数据的时间间隔少于8小时并且路径点在缺失数据期间前后位置不变(间距小于30米)，那么我们选用最临近的卫星定位数据。如果缺失数据的时间间隔小于一个小时，并且缺失数据前后的路径点并不在同一地点(间距大于30米)，那么我们将采用直线插补(straight-line imputation)的方法进行定位。其余的缺失数据将被排除在统计分析之外(少于7%的路径点)。我们采用不太严格的标准对数据进行灵敏度分析(100米和200米的间距分别减少缺失数据至6%和5%)，结果显示并未出现任何偏差。

我们采用犯罪活动作为社区障碍(neighborhood disorder)的一项指标，这是由于犯罪活动与不良的健康状况相关[18]，而且对我们的研究领域而言，基于路径点水平的犯罪数据比较容易获得。在这项研究中，犯罪活动由研究地域内的统一犯罪报告中第一犯罪现场的地理编码位置测量得到。统一犯罪报告中第一犯罪现场被联邦调查局分类为暴力犯罪（例如：杀人罪、故意伤害罪、抢劫、暴力强奸）和财产犯罪（例如：入室抢劫、扒窃、机动车辆盗窃、纵火罪）。我们在每一个GPS路径点周围以200米为半径范围内进行了三年（2007—2009）的犯罪数据收集（见图1），时间期限为三年，作为一个地区的犯罪发生率较稳定的指标。以200米为半径（相当于一个城市街区）是因为我们假设在外逗留的青少年能够从视觉和听觉上觉察到该区域范围内的社会环境。犯罪学及犯罪图谱文献建议人们勿采用小范围内的人均犯罪率以防造成偏差，因此，我们将使用缓冲区的犯罪总量而不是人均犯罪量作为社区障碍的指标[19]。另外，本文中我们特意不使用暴露于“犯罪场景”这个词，这是因为我们把“3年的犯罪数据”仅用作女生们逗留过的地区类型的指标。因此，我们把这种测量的指标称作一般意义的“社会障碍”。

印第安纳波利斯，位于印第安纳州（美国）的马里恩县，那里可以获得带有地理编码的犯罪报告地点数据。与它邻近的县则并不能获得点级水平上的犯罪数据。女孩们路径点周围200米的缓冲地带有至少50%的区域属于马里恩县，我们基于可获得的数据和一致性的假设来估计缓冲区内的犯罪总量。需要特别指出的是，缓冲区（该区域中属于马里恩县的部分大于50%小于100%，亦即该区域并不是完全属于马里恩县，但有至少一半的部分都属于马里恩县）以内的犯罪总量估计方法为：已知数据区域内观察得到的犯罪量÷马里恩县的缓冲地带×全部的缓冲地带。全部数据中仅有不到0.01%的路径点位于和马里恩县边界重叠的小于50%的缓冲地带。在女孩数据中，路径点周围缓冲地带若有超过50%的区域不属于马里恩县则将被剔除出统计分析（3%的路径点）。

1.2.4 结果分析

我们通过ACASI获取被试的人口学特征数据以及与成人发病率和死亡率主要起因密切相关的健康行为信息[20]。该问卷包含两个因子：在过去30天内存在物质使用（包括香烟、酒精和大麻使用）的情况和性行为情况。这些问题是从疾病防治中心青少年不良行为调查问卷中抽取出来的，在测量物质使用方面具有良好的信度[21]。对于性行为的数据获取，则只需被试进行较短时期内的行为回忆。研究发现，对一些与敏感行为有关的问题，如性行为，采用ACASI系统，并结合较短的回忆期，能够得到较可靠的回忆信息[22~24]。

1.2.5 分析

我们统计了不同人口学特征、总体行为特征和自我报告的与健康相关的行为的被试数量及构成比例，用健康相关行为来评估被试待在住所的时间以及在距离住所不同距离的地方待的时间。我们根据报告的和健康相关行为来呈现半径200米范围内的平均犯罪暴露量，并且对“在家”“在路上”“上学日”和“休息日”几种情况进行了区分。采用t检验（t tests）比较高风险行为组（存在物质使用和性行为）和对照组（无任何危险行为）的平均犯罪暴露量。

我们对比了两组被试（报告有或没有任何本研究所感兴趣的与健康相关的行为）的平均犯罪暴露量。使用数据管理统计绘图软件（Stata）/MP，我们基于在一天当中的时间点和一周中的哪一天（上学日或休息日）制作出每位被试足迹点周围200米范围内的平均犯罪暴露量。每天的接触时段呈现为100个增量，每一个增量代表当天的14.4分钟①（例如：12:00~12:14am）。这些路径点可以被当作一名被试在监控期间访问过或者路过的所有地点的一个有代表性的样本。我们得出了每一个被试报告的与健康有关的行为：有无物质使用、有无性行为情况下所在的GPS点周围的平均犯罪量。

1.3 结果

在过去30天内，有12%的被试报告有抽烟行为、8%的被试有酗酒行为以及10%的被试有大麻使用行为。17%的被试报告在过去的30天里有过性行为（见表1）。报告没有物质使用以及性行为、有物质使用但是没有性行为、有性行为但是没有物质使用以及两者都有的青少年在人

①译者注：“14.4分钟”为英文原书数据，但根据举例，我们认为此处应为“14分钟”。

口学特征上各不相同。

在监控期间，被试大约有一半时间都在家度过，如不在家时，绝大多数时间则在家附近（见表1）。报告上个月存在性行为的被试在家里度过的时间较少，她们至少1/4的足迹显示在离家5000米甚至更远的地方。

表1　群体特征

	总数	行为(在过去的30天里)			
		没有物质使用	有物质使用	没有物质使用	有物质使用
		没有性行为	没有性行为	有性行为	有性行为
总数	52	36	7	5	4
人种/种族					
黑人	63%	64%	71%	100%	0%
白人	31%	28%	29%	0%	100%
拉美裔	6%	8%	0%	0%	0%
年级					
7	6%	6%	0%	20%	0%
8	21%	19%	14%	0%	75%
9	31%	33%	43%	20%	0%
10	21%	19%	29%	20%	25%
11	21%	22%	14%	40%	0%
过去30天内的行为					
吸烟	12%		43%	0%	75%
酗酒	8%		43%	0%	25%
吸大麻	10%		57%	0%	25%
性行为	17%		0%	100%	100%
时间消耗比例					
在家中	54%	57%	59%	34%	42%
距家0.2km范围	13%	12%	25%	16%	2%
距家0.2~1km范围	8%	7%	2%	7%	25%
距家1~5km	12%	11%	9%	17%	17%
5km开外	14%	14%	5%	27%	14%

被试家庭周围200米范围内的犯罪发生率因她们所报告的健康行为状况而有所差别(见表2)。与报告既无性行为又无物质使用的被试相比,那些报告存在物质使用的被试住所附近的犯罪率更高(p=0.02)。相似的,与报告无性行为以及物质使用的被试相比,那些报告有性行为的被试家庭周围有更高的犯罪发生率($p < 0.001$)。当我们对定位信息进行分析时发现,与报告无性行为以及物质使用的被试相比,那些报告有物质使用的女孩们其犯罪暴露量明显更高(p=0.04)。尽管报告有性行为的女孩们其犯罪暴露量也很高(与那些报告既无性行为又无物质使用的被试相比),但是在统计学上该差异未达显著水平(p=0.17)。

报告无物质使用和性行为的被试与有两者其中之一的被试的犯罪暴露模式因每星期及每天的不同时间而不同(见图2)。正如暴露量的平均数和标准差(见表2)所反映的那样,与那些报告存在物质使用或者性行为的女孩们相比,那些报告没有这两类行为的被试总体上在犯罪高发区域出现的次数较少,并且出现的时间变化不大。那些报告存在物质使用的被试,每次报告的时间在一天当中往往有戏剧性的差异,显示在夜间和清晨有较高的暴露量,并且该时间点在上学日和休息日的差异不大。

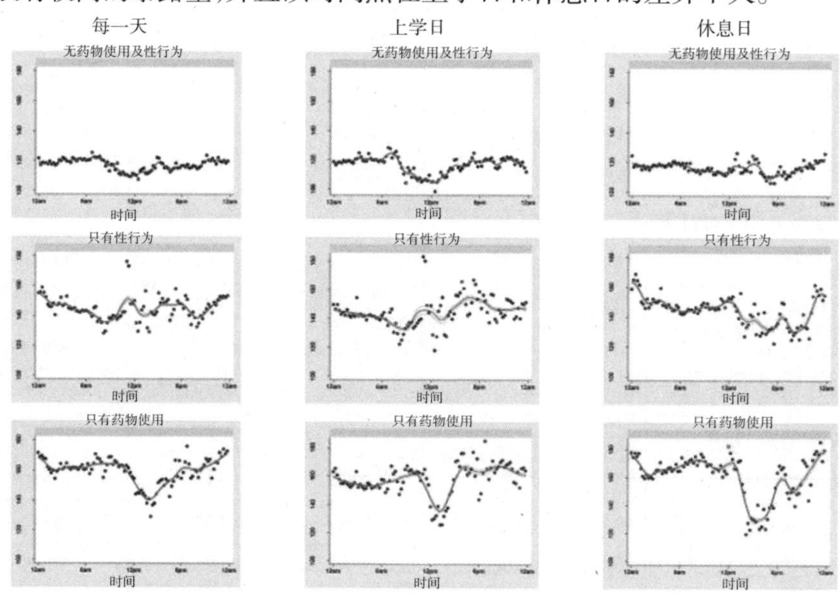

图2　在(家周围)200米范围内过去30天内根据星期变化的自我报告的与健康相关的行为

表2　依据全部被试得出的高犯罪发生区域暴露量（三年的总数据）的平均数和标准差*（基于在家庭或全部路径数据）

	家庭			路径		
	平均数（mean）	标准差（*sd*）	显著系数（*p*）	平均数（mean）	标准差（*sd*）	显著系数（*p*）
无性行为和物质使用	122.9	57.0	基线对照	119.0	50.8	基线对照
有物质使用	174.5	61.6	0.02	154.6	43.8	0.04
有性行为	193.7	61.3	0.00	144.7	44.2	0.17

*p值将报告有物质使用或者性行为的被试和没有性行为或者物质使用的被试进行对比。家庭代表住所附近200米范围内的区域。

1.4 讨论

本研究结果发现，青春期女生与社区犯罪（社会障碍的一个指标）暴露量表相关的健康行为在社区内存在较大的变异性。被试待在家中的时间仅仅接近50%，物质使用和性行为与居所附近的犯罪特征之间具有显著关联。然而，我们的青少年被试大部分时间都在居所以外的地方度过，她们所去之处的街区内的犯罪发生率与她们的健康相关行为之间存在着与其他变量无关的联系。简而言之，报告有物质使用或者性行为的被试居住在或者经常待在犯罪发生率较高的地方。

许多对青少年健康行为的研究都考虑到了环境的作用[25~36]。大部分研究测量的环境暴露是基于更大的范围，经常采用既有行政区域划分来进行测量。使用住所地址周围的人口普查区街区或者其他住所周围地域，并不能全面展现青少年到底在哪里活动，与哪些人有接触[37]。我们很难通过使用人口普查区或者其他位置单元来精确评估环境对个体的影响——什么区域才能最好地代表邻里、社区或其他能显著影响个体健康状况的地方[6,7]。在本研究中，我们将一个相对较小的区域——一个街区范围内——假定为接触范围，并把犯罪作为社会障碍的指标衡量社区环境。鉴于报告存在物质使用的女孩们居住或者经常出现在犯罪高发区域,这可能反映了在该地区能接触到违法物品的渠道较多,或者该文化中对未成年人物质使用的宽容度较高。而与女孩所报告的过去30天内的性行为之间关系较为脆弱,这可能表明,犯罪作为社会障碍的一个指标并不能够很好地反映环境对未成年人性行为的影响。另一个与危险性性行为相关的测量指标,比如未成年女孩怀孕率,则可能更合适。那些报告有危险行为的青少年们不在家的时候常去犯罪发生率较低的区域,这可能强调了这种测量方法缺乏明确性或关联性以及其可能忽略了另一种可能:这些青少年比那些不能离开家的青少年更安全。在一个更大的样本中,此类直接的对比将可能更有意义。无论如何,本研究首次对社区内环境暴露进行了评估并发现了青少年危险行为间的显著差异。

关于社区影响健康的机制,我们的认识还十分有限。在一篇名为《在环境中研究人》(Putting People into Place)的文章中[4], Barbara Entwisle提出了几点对社区和个体健康状况的概念及测量方面的批评,包括:(1)认为"邻居是外源性的、不可改变的,而且,个体是对环境影响的被动接受者"的理论;(2)对邻里的特征描述(界定方法)受到局限,2/3的研究专注于测量贫穷,其余的研究通常只包含一个或两个特征;(3)对横断分析的依赖,并不太关心邻里随着时间的改变或者滞后效应。在这项研究中使用的那些相似的方法和分析应该能对她在解决第一点中提到的一些顾虑有一定的帮助。未来的研究中如果综合纵向研究和多重测量的方法可能会有助于进一步明确这种机制,揭示环境和健康之间的因果关系。

很多研究不会报告小的区域性变异情况,它们往往对较大范围内的环境测量指标进行了整合。对于很多环境测量指标,由于保密风险、抽样方式或者其他原因,人们仅仅获得了整合后的数据。即使能得到在点级水平上的数据,也往往是基于人口普查区或者街区进行了整合的。在本研究中,我们特意从同一地区进行被试的招募,就是为了评估街区内部的与住所和路径点相关的环境暴露的变异量。我们仅仅通过一个小样本就得到如此显著的发现,在将来的研究中,应考虑测量更小范围内的环境暴露的变异量。

有证据表明,在更小的范围内考虑环境因素或许能加强我们对环境与健康之间关系的认识。在一项迈向机遇(Moving to the Opportunity, MTO)的项目里,研究者将住在公共住房里的家庭随机分配至3组:继续住在公共住房里、根据他们的选择搬去另外一个住址以及搬到一个贫穷的社区,并收集这些青少年5年内的健康行为数据[38]。结果发现了一个有趣的现象,干预组女孩们吸烟的概率低于对照组,然而干预组男孩们的吸烟率却高于对照组。在随后于五个站点之一进行的追踪、定性研究中,研究者发现性别差异并不来自男、女孩们通常消磨时间的地方不同,而是来自他们最喜欢待的地方的不同[39]。在干预组中,女孩们更喜欢待在家附近,例如门前的台阶上;男孩们则更愿意聚集在街角、公园、空地或者其他没有成人监督的地方。这表明在社区之内,甚至于社区之间,个体接受环境影响的特定地点(和时间)是自愿选择的或者从某种程度上说并非随机的。然而,对于选择这些地方的原因,我们尚不清楚。

本研究存在一些不足之处。首先,这只是来自印第安纳波利斯一个单一地区的小样本。由于我们对社区内变量颇感兴趣,我们特意仅在一个地区进行取样,但未来的研究有必要考察其他地区是否也存在类似的相关关系。其次,我们的分析受限于点级水平犯罪报告数据的可获得性,这仅仅在马里恩县适用。然而,我们采用了一种直接的、保守的方法去估计本研究中缓冲区(指该区域中属于马里恩县的部分大于50%小于100%)以内的犯罪量,并且排除了此界限以外地区的观察结果。总之,这样只影响了所收集的全部路线点中的一小部分,我们没有理由相信在我们所采用的这么小的缓冲区域内,犯罪模式会在跨县界间存在显著差异。最后,在这个横向研究中,我们并没有控制潜在的混淆变量。这些变量可能包括个体(比如学业失败、自负)、家庭(比如家庭矛盾、父母关系)和邻居的特点(比如容易取得酒精或者香烟、贫穷、邻里准则)等我们已知的与物质使用以及性行为有关的因素[36,40~42]。同样,这项研究也无法区分到底是环境影响了女孩们的行为选择还是做出这些特定行为的女孩们选择了不同的环境。然而,我们找出两者之间的关联主要是为了未来的干预,这项研究表明,类似的分析有望确定女孩们在何时、何地更有可能出现这些行为。另外,未来的纵向研究需要考察因果关系,确切地说，当她们身处高犯罪发生地的时候是否的确会产生这些行为。

总之，由于社会环境和健康状况之间强大且持续的关联，这种对青少年健康行为的空间和时间模式的分析尤为重要。青少年在家之外所处的微观社会人口学环境会影响他们与健康有关的行为。另外，在接触社会障碍与报告的行为方面存在一定的社区内变异性。因此，还需要更具体明确的关于环境接触和个体水平分析的测量方法。另外，社会障碍与物质使用或者性行为之间的关系可能存在差异，反映了人与环境之间的交互作用在不同的行为间的复杂性。我们希望这种社区内、具体到路径的环境数据的收集和分析能够为将来青少年心理健康的犯罪控制政策制定和具体到时间和地点的干预提供指引。例如，我们可能使用GPS技术去定位各种不良行为可能发生的时间和地点（基于它们与环境的更微观度量之间的联系，例如社会障碍），这样能更好地获得健康相关信息或者其他促进健康的干预方法。青少年则可能更愿意接受，也更愿意对这些具体到时间和地点的干预做出回应，尽管此类假设还有待未来的进一步探讨。

参考文献

1.Cohen DA, Mason K, Bedimo A, Scribner R, Basolo V, et al. (2003) Neighborhood physical conditions and health. Am J Public Health 93: 467–471.

2.Diez Roux AV, Merkin SS, Arnett D, Chambless L, Massing M, et al. (2001) Neighborhood of residence and incidence of coronary heart disease. N Engl J Med 345: 99–106.

3.Sampson RJ (2003) The neighborhood context of well-being. Perspect Biol Med 46: S53–64.

4.Entwisle B (2007) Putting people into place. Demography 44: 687–703.

5.Leventhal T, Brooks-Gunn J (2003) Children and youth in neighborhood contexts. Current Directions in Psychological Science 12: 27–31.

6.Kwan MP (2009) From place-based to people-based exposure measures. Soc Sci Med 69: 1311–1313.

7.Kwan MP (2012) The Uncertain Geographic Context Problem. Annals of the Association of American Geographers 102: 958–968.

8.Elgethun K, Fenske RA, Yost MG, Palcisko GJ (2003) Time-location analysis for exposure assessment studies of children using a novel global positioning system instrument. Environ Health Perspect 111: 115–122.

9.Troped PJ, Wilson JS, Matthews CE, Cromley EK, Melly SJ (2010) The built environment and location-based physical activity. Am J Prev Med 38: 429-438.

10.Maddison R, Jiang Y, Vander Hoorn S, Exeter D, Mhurchu CN, et al. (2010) Describing patterns of physical activity in adolescents using global positioning systems and accelerometry. Pediatr Exerc Sci 22: 392–407.

11.Basta LA, Richmond TS, Wiebe DJ (2010) Neighborhoods, daily activities, and measuring health risks experienced in urban environments. Soc Sci Med 71: 1943–1950.

12.Wiehe SE, Carroll AE, Liu GC, Haberkorn KL, Hoch SC, et al. (2008) Using GPS-enabled cell phones to track the travel patterns of adolescents. Int J Health Geogr 7: 22.

13.Larson RW, Richards MH, Sims B, Dworkin J (2001) How urban African American young adolescents spend their time: time budgets for locations, activities, and companionship. Am J Community Psychol 29: 565–597.

14.Chassin L, Presson CC, Pitts SC, Sherman SJ (2000) The natural history of cigarette smoking from adolescence to adulthood in a midwestern community sample: multiple trajectories and their psychosocial correlates. Health Psychol 19: 223–231.

15.Hawkins JD, Catalano RF, Kosterman R, Abbott R, Hill KG (1999)

Preventing adolescent health- risk behaviors by strengthening protection during childhood. Arch Pediatr Adolesc Med 153: 226–234.

16.Zapert K, Snow DL, Tebes JK (2002) Patterns of substance use in early through late adolescence. Am J Community Psychol 30: 835–852.

17.Cavazos-Rehg PA, Krauss MJ, Spitznagel EL, Schootman M, Bucholz KK, et al. (2009) Age of sexual debut among US adolescents. Contraception 80: 158–162.

18.Lorenc T, Clayton S, Neary D, Whitehead M, Petticrew M, et al. (2012) Crime, fear of crime, environment, and mental health and wellbeing: mapping review of theories and causal pathways. Health Place 18: 757–765.

19.Zhang H, Peterson M (2007) A spatial analysis of neighbourhood crime in Omaha, Nebraska using alternative measures of crime rates. Internet Journal of Criminology

20.Mokdad AH, Marks JS, Stroup DF, Gerberding JL (2004) Actual causes of death in the United States, 2000. JAMA 291: 1238–1245.

21.Centers for Disease C, Prevention (2013) Brener ND, Kann L, Shanklin S, et al. (2013) Methodology of the Youth Risk Behavior Surveillance System-2013. MMWR Recomm Rep 62: 1–20.

22.Brener ND, Billy JO, Grady WR (2003) Assessment of factors affecting the validity of self- reported health- risk behavior among adolescents: evidence from the scientific literature. J Adolesc Health 33: 436–457.

23.Fenton KA, Johnson AM, McManus S, Erens B (2001) Measuring sexual behaviour: methodological challenges in survey research. Sex Transm Infect 77: 84–92.

24.Turner CF, Ku L, Rogers SM, Lindberg LD, Pleck JH, et al. (1998) Adolescent sexual behavior, drug use, and violence: increased reporting with computer survey technology. Science 280: 867–873.

25.Averett SL, Rees DI, Argys LM (2002) The impact of government policies and neighborhood characteristics on teenage sexual activity and contraceptive use. Am J Public Health 92: 1773–1778.

26.Santelli JS, Lowry R, Brener ND, Robin L (2000) The association of sexual behaviors with socioeconomic status, family structure, and race/ethnicity among US adolescents. Am J Public Health 90: 1582–1588.

27.Zenilman JM, Ellish N, Fresia A, Glass G (1999) The geography of sexual partnerships in Baltimore: applications of core theory dynamics using a geographic information system. Sex Transm Dis 26: 75–81.

28.Rothenberg RB, Potterat JJ, Woodhouse DE (1996) Personal risk taking and the spread of disease: beyond core groups. J Infect Dis 174 Suppl 2: S144–149.

29.Lee RE, Cubbin C (2002) Neighborhood context and youth cardiovascular health behaviors. Am J Public Health 92: 428–436.

30.Cubbin C, Hadden WC, Winkleby MA (2001) Neighborhood context and cardiovascular disease risk factors: the contribution of material deprivation. Ethn Dis 11: 687–700.

31.Duncan SC, Duncan TE, Strycker LA (2002) A multilevel analysis of neighborhood context and youth alcohol and drug problems. Prev Sci 3: 125–133.

32.Ross CE (2000) Walking, exercising, and smoking: does neighborhood matter? Soc Sci Med 51: 265–274.

33.Diez Roux AV, Merkin SS, Hannan P, Jacobs DR, Kiefe CI (2003) Area characteristics, individual-level socioeconomic indicators, and smoking in young adults: the coronary artery disease risk development in young adults study. Am J Epidemiol 157: 315–326.

34.Diez-Roux AV, Kiefe CI, Jacobs DR Jr, Haan M, Jackson SA, et al. (2001) Area characteristics and individual-level socioeconomic position indicators in three population-based epidemiologic studies. Ann Epidemiol 11: 395- 405.

35.Karvonen S, Rimpela A (1996) Socio-regional context as a determinant of adolescents' health behaviour in Finland. Soc Sci Med 43: 1467–

1474.

36.Cubbin C, Santelli J, Brindis CD, Braveman P (2005) Neighborhood context and sexual behaviors among adolescents: findings from the national longitudinal study of adolescent health. Perspect Sex Reprod Health 37: 125–134.

37.Coulton CJ, Korbin J, Chan T, Su M (2001) Mapping residents' perceptions of neighborhood boundaries: a methodological note. Am J Community Psychol 29: 371–383.

38.Orr L, Feins JD, Jacob R, Beecroft E, Abt Associates Inc, et al. (2003) Moving to Opportunity Fair Housing Demonstration Program: Interim Impacts Evaluation. US Department of Housing and Urban Development, Office of Policy Development & Research.

39.Clampet-Lundquist S, Edin K, Kling J, Duncan G (2006) Moving at-risk teenagers out of high-risk neighborhoods: Why girls fare better than boys. Working Paper #509 Princeton University.

40.Hawkins JD, Catalano RF, Miller JY (1992) Risk and protective factors for alcohol and other drug problems in adolescence and early adulthood: implications for substance abuse prevention. Psychol Bull 112: 64–105.

41.Browning SE (2012) Neighborhood, school, and family effects on the frequency of alcohol use among Toronto youth. Subst Use Misuse 47: 31–43.

42.Bangpan M, Operario D (2012) Understanding the role of family on sexual-risk decisions of young women: a systematic review. AIDS Care 24: 1163–1172.

第二章　风险何在？利用生态学方法了解南撒哈拉地区儿童心理健康的风险与易感因素

Olayinka Atilola

2.1 引言

20世纪，人们对于青少年儿童健康问题的性质和模式的认识发生了重大变化，其中尤为重要的一点在于人们开始认识到心理障碍是儿童发病的来源之一[1]。这种认识与近期来自跨国流行病学调查的证据有关，也就是说青少年儿童心理和行为问题具有普遍性，这是一个全球性现象[2]。心理障碍的出现是儿童的巨大不幸，也会成为社会的巨大负担[3~5]。尽管目前尚无确凿的证据表明儿童心理障碍更普遍存在于相对贫穷的国家，但已有数据显示儿童心理健康问题的全球性负担更多地集中在中低收入国家。举例来说，首先，全球85%的青少年儿童居住在中低收入国家[6]。其次，中低收入国家所在地区与儿童有关的社会指标较差[7]，这将增加儿童心理健康问题的风险[8]。

在全球中低收入地区中，居住在南撒哈拉地区的儿童普遍处于一种贫穷、营养不足而又充满社会问题的生活状态，这可能损害他们的早期

发育、心理健康和幸福感[9]。最近的流行病学证据显示:在南撒哈拉地区,儿童心理健康问题的发生率高达20%[10]。一直以来,南撒哈拉沙漠地区为改善儿童的不良健康状况所做的努力都致力于提高儿童的身体健康(体格健康),这种状况也许是不可避免的。然而在该地区,这种关注的不足之处在于没有将青少年儿童的心理健康策略发展作为健康和发展的举措之一。出现这种问题的部分原因在于,政策制定者对青少年儿童心理健康问题的了解比较缺乏,并且对儿童心理健康问题还缺乏后果意识。其结果就是,南撒哈拉地区的青少年儿童心理健康服务和政策发展在公共卫生体系中一直处于较低的等级[11~13]。青少年儿童心理健康政策是各国医疗服务系统的关键组成部分[12],倘若没有它,儿童心理健康的预防和恢复服务就无法在有保障的综合平台上开展。儿童可能会遭遇各种流行的心理健康问题,然而那些需要治疗的儿童却因此可能无法得到有效的服务。这很大程度上将会成为家庭和社会的主要经济负担[14~15]。

不论在什么地区,青少年儿童心理健康政策的阐明都需要对该地区儿童心理健康问题的风险和易感因素有深入而广泛的认识。事实上,在其他地方,这些努力一直被视作青少年儿童心理健康政策发展制定过程中特有的步骤[16~18]。近期,在中低收入地区工作的研究者们也是通过风险和易感因素来为青少年儿童心理健康服务和政策发展提供指导与方向[19]。然而,迄今还没有关于南撒哈拉地区儿童心理健康风险和易感因素方面的文献。这对一个拥有将近五亿儿童[20],且绝大多数儿童都生活在各种艰难的社会环境中的地区而言[7],实乃一个相当大的疏忽。因此,我们对南撒哈拉地区的儿童心理健康风险和易感特点进行了总结陈述以突出该地区青少年儿童心理健康政策发展的目标。为了尽可能多地把握风险因素和易感时间点,我们采用了“童年期生态模型”(Ecological Model of Childhood)[21]作为陈述的框架。

2.2 南撒哈拉地区儿童和青少年心理健康风险与易感因素的生态学模型

Bronfenbrenner的“童年期生态模型”[21]将儿童的活动环境和养护环境划分为具有内部联系的五级层次,包括微系统、中间系统、外系统、宏观系统和有时间限制的历时系统五个层次结构。儿童心理健康风险与易感特点也是以其生态养护环境的不同组成来进行分析与研究。

2.3 微系统和中间系统的风险和易感性

由于家庭是构成儿童生态养护环境最重要的成分[22]，因此在该部分我将从家庭单元开始考察南撒哈拉地区特有的青少年儿童心理健康风险和易感特点。我们还考察了包括学校、各种儿童托育机构及儿童成长的社区在内的其他微系统成分。儿童养护环境的中间系统主要是通过微系统内部各成分间的相互作用形成的。这些相互作用包括可用的育儿资源的获取和可利用的程度。

2.3.1 风险和易感特点之一：资源贫乏的家庭（贫困家庭）

家庭单元是儿童养护环境的微系统中较为关键的成分。实际上，儿童和家庭单元之间这种错综复杂的关系塑造了儿童生理和心理发展的各个方面[22]。家庭单元也一直被描述为儿童养护环境的关键成分，它是儿童能够接受良好养育的保障，也进而有良好的社会和健康状况[23]。因此，一个适宜的、资源丰富并且稳定的家庭对于儿童的心理健康和幸福来说是一个重要的心理韧性因素（resilience factor）。然而，一个家庭能够为儿童提供最佳养护的能力取决于他们能获得的包括经济和社会等资源状况。不幸的是，证据显示：南撒哈拉地区的大部分儿童都生活在无法保障他们获得最佳社会和心理发展的家庭或养护机构中。

首先，在南撒哈拉地区，约有五千五百万儿童是生活在替代性养护环境下的孤儿[24]。目前约有四亿三千万儿童生活在该地区[20]，孤儿占当地儿童的比例为13%。我们认为，孤儿和其他失养儿童带来的巨大负担已经使得该地区传统的扩展家庭系统捉襟见肘、无力承担，因此各种形式的替代性养护措施应运而生，其中包括“儿童家长”等[25,26]。据不确切估计，南撒哈拉地区已有很多孤儿生活在由儿童担任家长的家庭中[27,28]。来自发达国家的研究显示，在替代性养护措施下成长的儿童心理健康状况更为糟糕[29,30]，一项在赞比亚进行的研究得到了与此一致的结果：相比在成人担任家长的家庭中成长起来的孩子，成长在儿童担任家长的家庭中的孩子他们的各项健康指标更糟糕(包括心理健康)[31]。除了在替代性养护措施下成长外,这些孤儿们通常还面临着不断累积的社会混乱和创伤性事件的危险[32],这可能使他们在心理健康问题方面面临较大的风险。因此,在南撒哈拉沙漠地区的其他地方进行的横断研究和纵向研究均发现,与对照组的非孤儿相比,孤儿组的心理障碍发生率更高,这个结果并不意外[32~34]。

此外,在南撒哈拉沙漠地区,很多儿童出生在照料资源有限的“家庭”里。例如:该地区多达12.3%的儿童在出生时,他们的父母尚未满18周岁[7]。绝大多数这样的儿童都在替代性养护措施下成长,与之伴随的则是心理健康方面的高风险。除此之外,一位未成年母亲所能提供的养护质量有限,对有限照料资源的利用同样有限。因此,未成年母亲自身以及她的孩子都具有心理健康的风险。在一次南撒哈拉沙漠地区儿童心理健康问题的调查中我们发现,母亲年龄偏小是心理健康问题发生的一个独立的预测因子[10]。

另一种现状同样与此有关:在南撒哈拉沙漠地区,人们对稳定家庭生活的倾向呈现迅速下降趋势[35],这导致该地区出现了新一代单亲家庭[36,37]。例如,最近在南非的一项调查发现,高达40%的儿童生活在单亲家庭[38]。尽管最理想家庭的构成存在一定的文化差异,但稳定有凝聚力的双亲养护依然是保障儿童心理健康和幸福感的最有力模式[39]。来自发达地区的大范围研究发现:单亲家庭中儿童心理健康问题的发生率较高[40]。尽管南撒哈拉地区尚未开展大规模的研究,但小规模的研究已经确认了家庭生活缺陷与儿童不良的社会和心理健康状况之间的联系[41,42]。

此外,在南撒哈拉地区,约50%的家庭日消费水平低于1.25美元[7]。经济资源的严重不足限制了家庭满足儿童社会和情感需求的能力[43]。贫穷还可能引发一系列威胁家庭单元稳定性的事件[44,45],因而可能影响儿童的社会福利和心理健康。在南撒哈拉地区的很多地方,我们都能从各式各样的报道中发现:父母的贫穷是造成儿童辍学、流浪街头、被迫早婚、从事童工以及面临其他各种艰难的生活环境的关键因素[46~49]。因其可能带来家庭不稳定的隐患或使儿童处于不安全的环境中,家庭贫穷已成为生态养护环境中引发儿童心理健康问题的风险因素。在回顾近期关于南撒哈拉地区儿童心理健康问题的流行病学的所有可得数据时，我们发现，绝大多数的研究都证实了儿童精神病理学和父母社会经济贫困之间的关系[10]。除此之外，我们发现南撒哈拉地区关于儿童心理健康问题负担最为沉重的是来自那些生活在贫困艰难环境中的儿童。举例来说，尽管目前南撒哈拉地区儿童心理健康问题的发病率占儿童总人口的比例为10%~30%[10]，但有关该地区的研究发现，生活在贫困环境中的儿童，例如流浪儿童[50]、童工[51]、靠社会救济维生或受少年司法拘留的儿童[52,53]，他们当中心理健康问题的发生率为50%~90%。

除了物质资源以外，养育者的教育资源对照料的质量也有十分重要的作用，包括对可用育儿资源的利用率。基本的读写能力能够提高养育者对最新育儿理念和育儿方法的认识与理解。在某些发达国家，有读写能力的成人比例高达99%，而在南撒哈拉地区，只有63%[54,55]。事实上，该地区有读写能力的成年女性的比例低至45%[54,55]。在像尼日尔和布基纳法索这样的南撒哈拉国家，有读写能力的成年女性低至10%甚至更少[55]。在不影响南撒哈拉地区丰富的本土育儿知识（这些知识可能与正规的学校教育无关[56]）的情况下，与读写能力有关的教育水平往往反映了个体的知识、信息、认知技能和社会价值观[57]。这些都会影响人们育儿方式的选择[58]。因此，父母较低的受教育水平，不仅会限制他们对可用的育儿资源的利用，还会影响他们对孩子心理健康的保护。

2.3.2 风险和易感特点之二：可用的育儿资源较少、利用率低

大量的证据显示：儿童早期关爱与发展（Early Childhood Care and Development，ECCD）资源的获取和利用对儿童的社会和心理健康状况起着关键性作用[8]。在该理念下，ECCD资源可被理解为有助于改善儿童看护环境的资源，诸如健康保健、最佳的营养、社会心理刺激、认知刺激以及其他相关支持[59]。常见的ECCD资源一般包括健康和教育资源、产妇卫生保健服务，除此以外还有儿童营养支持。尽管人们对此已经付诸许多努力，但来自社会、经济、结构性和文化等因素间的相互作用，依然制约着南撒哈拉地区对ECCD资源的获取和利用[60]。ECCD资源的匮乏或利用不足会损害儿童抵御身体和心理健康打击的心理韧性[8]。

因此，从心理健康的视角来看，南撒哈拉地区ECCD资源的匮乏或利用不足则意味着该地区大部分儿童可能在基本心理韧性和心理健康储备方面处于不利状况。

须特别指出，南撒哈拉地区大约仅有一半的母亲有机会接受产前保健服务或熟练的助产服务[7]。在某些国家，比如尼日尔和乍得，产前保健服务的获取和利用率甚至低至20%；而在尼日利亚、乍得、埃塞俄比亚和尼日尔等国，熟练的助产服务的获取和利用率不足40%[7]。从肯尼亚[61]、苏丹[62]到尼日利亚[63]，相应的研究结果均表明，不良的产前保健、熟练助产服务的缺乏均与不良的分娩结果存在联系。由不良孕产妇保健而引起的产科并发症已成为导致围产期窒息的关键风险因素[64]，这在南撒哈拉地区是一种常见的现象[65]。南撒哈拉地区的相关研究表明，围产期窒息与儿童期心理障碍之间存在联系[66]。

同样，在南撒哈拉地区，五岁以下儿童营养不良的比例高达40%，而未能完整接受国家规定的各种免疫接种的儿童比例高达20%[7]。营养不良、缺少完整的免疫接种，这些因素将儿童置于患诸如麻疹、小儿麻痹症、脑膜炎等儿童传染性疾病的风险中，也都可能导致儿童后期心理健康问题。另外，在激励丰富的环境中为儿童提供优质的早期教育能够帮助他们树立早期的自尊和自信、建立问题解决技巧，这些对心理健康而言都是非常关键的保护性因素[67]。因此，优质的早期教育是心理韧性的一个重要影响因素。遗憾的是，南撒哈拉地区儿童早期教育资源的获取和利用率都很低。该地区早期教育学校的毛入学率（Gross Enrolment Rate，GER）平均为18%，而小学的净入学率（Net Enrolment Ratio，NER）平均为66%[7]。尽管坚持读完小学的儿童比例较高，达到了86%，但考虑到该地区中学的净入学率只有27%[7]，表明其作用着实有限。

除此之外，南撒哈拉地区的早期教育的基础设施很薄弱，该地区师生比为全世界最低，平均1∶45[68]。另外，一项关于教师动机和满意度的调查也发现：南撒哈拉地区绝大多数的小学老师对他们工作的满意度较低，而且工作动机不足[69]。在南撒哈拉地区的很多地方，这种现象持续威胁着儿童早期基础教育的获得与社会技能的发展[69]。在师生比过低、教师动机不足的情况下，师生之间的互动情况也自然欠佳，这减少了儿童在校园参与过程中能够促进心理健康的机会，同时也降低了及早发现儿童情绪和行为问题的机会[70]。

同样的，如果儿童出现了心理健康问题，那么对心理健康服务设施的获取将十分重要。这是因为，未得到治疗的心理健康问题并不会轻易自行消退，其往往与社会和功能障碍相联系[4]。因此，青少年儿童心理健康服务的获取是一种有力的儿童心理健康资源。然而在南撒哈拉地区，恢复性的心理健康服务资源不论在人力还是物力方面都非常有限[13]。该地区很多国家都面临青少年儿童心理健康设施严重短缺的困境，并且经过培训的青少年儿童心理健康从业人员人数极少，有时候他们与儿童人口数量的比例甚至仅为1∶10 000 000[71]。与此相应，最近的一些研究亦表明稀有的儿童心理健康服务的利用率十分低[50]。

2.3.3 风险和易感特点之三：社区环境

儿童成长所在的社区环境也是微系统中至关重要的成分。社区环境是儿童获得外部刺激、护理和养育的来源之一，也是儿童的价值观和行为模式的具体体现之处。因此，儿童所处的社区环境对儿童的心理健康和幸福感影响巨大。在南撒哈拉地区，贫穷、社会不公平和农村的缓慢发展造成农村人口大批离开而迁往城市。结果，南撒哈拉地区城市人口一直呈现增长趋势。在尼日利亚和科特迪瓦，城镇化比例高达50%；在南非、刚果和喀麦隆，城镇化比例均超过60%[7]。事实上，拉各斯（尼日利亚）目前的人口总数至少有一千万，已经呈现出大都市的状态。而内罗毕（肯尼亚）的人口年增长率为13%，可能很快成为大都市[72]。在中低收入国家，都市化进度尤其迅速的地方给弱势群体（包括儿童）带来心理健康方面的巨大挑战[73]。

南撒哈拉地区许多城镇化迅速的地区由于设施的缺乏使其无法满足人口的大量聚集，致使该地区很多地方都成为贫民窟[74]。在南撒哈拉地区，超过70%的城市居民和他们的孩子都生活在贫民窟里[75]，其比例为世界最高[75]。在类似南撒哈拉地区的中低收入国家，城市贫民窟往往与基础便利设施缺乏、住房条件恶劣、社区治安不良以及社会排斥等相关联[76]。这些社会环境增加了儿童心理健康问题存在的风险。世界上其他区域的有关报告显示：生活在贫民窟里的儿童其心理健康状况更差[77,78]。最近一项针对居住在坎帕拉（乌干达）贫民窟里的青少年儿童的研究发现：他们中存在自杀意念的比率远远高于该国的平均水平[79]。

2.4 外系统的风险和易感因素

这里考察的外系统的关键成分包括：父母工作场所、社区保育设施（如社会福利和少年司法系统）以及对儿童的社会保护机制。

2.4.1 风险和易感特点之一：糟糕的职场政策

南撒哈拉地区是全球遭受经济危机打击最严重的地区之一[80]。该地区的工业化程度和提供工作机会的基础设施能力原本就比较低，在此情况下，全球经济危机对该地区经济造成的严重影响则更为复杂。这个地区因此出现了大规模的求职现象，并且形成了一种剥削的、不健康的工作环境[81]。另外，南撒哈拉地区劳动力市场更多地呈现出的是临时的雇佣关系，例如临时劳动力[82,83]和强制劳动[84]等。南撒哈拉地区的很多女性不得不通过参与正式或非正式的劳动力市场来增加家庭收入[85]。然而，这往往以牺牲对儿童的照料为代价，因为在该地区，女性通常肩负着照料孩子的主要责任[86]。

南撒哈拉地区的职场政策并没有完全遵循国际劳工组织（International Labor Organisation，ILO）所规定的双职工生活平衡方案[87]。举例来说，在南撒哈拉地区，尚没有一个国家的政策允许父母双方带薪休产假以便照料孩子[87]。同样的，在该地区，仅仅有少数几个国家按规定提供长达14周的产假。事实上，在厄立特里亚、几内亚、肯尼亚、马拉维、莫桑比克和乌干达这些国家，产假时间低于60天。在南撒哈拉地区的非正式部门（这里的雇员主要是女性），即便允许工人延长带薪产假，其体制也存在缺陷[88]。在Bronfenbrenner的儿童生态模型框架内，高质量陪伴时间的缺乏以及由工作上的不稳定导致的家庭生活的不安定和不可预测性被广泛认为会对儿童生理和心理健康造成最具有破坏性的影响[89]。因此，工作的不稳定性以及长期在南撒哈拉地区工作被认为是危害儿童心理健康和幸福感的潜在因素。

2.4.2 风险和易感特点之二：缺乏足够的社区及机构性的儿童看护系统

受全球经济危机的持续影响，儿童虐待/照管不良、行为不良和青少年犯罪的发生率不断增加[90,91]。在过去的十年中，南撒哈拉地区由于儿童照管或者行为不良而进入社会福利系统和青少年司法系统的儿童比例一直呈增长趋势[52,92,93]。组织良好的青少年司法和社会福利系统能为这类青少年儿童提供康复与重返社会所必需的照看、指导、监督、矫正和心理健康服务。

不幸的是，尽管南撒哈拉许多地区有关青少年司法和儿童社会救济服务的需求很高，这些地区相应的服务却并不发达[42,94,95]。该地区与社会福利和青年司法机构有关的儿童照养主要依赖于惩罚性监禁或机构隔离，并没有真正实现改革或解决他们的社会、精神卫生需求[42,96]。这意味着，目前南撒哈拉地区在对此类青少年儿童提供帮助方面的能力和体制都存在局限，他们有些因为遭受虐待/忽视而导致失养，有些由于存在行为不良/青少年犯罪而需要得到矫正才能重新获得持续的心理健康和幸福感。

2.4.3 风险和易感特点之三：对易感儿童缺乏足够的社会保护

在一个贫困、社会不安定和不平等的养育环境中，社会保护机制能够为家庭和儿童提供一个独特且有效的政策框架以减轻对儿童和其他家庭成员心理健康和幸福感的不利影响。这在2005年非洲委员会的报告中得到了验证[97]。社会保护机制可以降低贫困与不平等对儿童和其他家庭成员社会性和心理健康方面造成的不利影响。遗憾的是，尽管近年来在非洲东部和南部地区有一定的发展[98]，有关数据显示南撒哈拉地区的社会保护和福利机制在很大程度上依然处于初步的、不全面的、限制性的或者实验性阶段[99~101]。另外，该地区的社会保护机制受制于薄弱的组织结构，因而难以有效贯彻落实[102]。这一情况可能导致南撒哈拉地区的家庭难以打破贫穷怪圈并为儿童提供优质的看护以及为儿童心理健康幸福提供保障。

2.5 宏观系统内的风险和易感性

从距离的角度来看,宏观系统是儿童看护生态系统中最远的成分,但是宏观系统是通过它对生态系统中其他层面成分的作用进而对儿童的幸福产生影响。宏观系统包括与儿童有关的文化习惯、保护儿童的法律框架,此外,全球化因素及其对儿童的影响也包括在其中。

2.5.1 风险和易感特点之一:与儿童养护相关的文化习惯

南撒哈拉地区的很多文化主张在儿童养护上花费大量的金钱,并且在提高儿童心理健康水平方面存在许多有效的实践[103,104]。事实上,南撒哈拉地区有一些能够提高儿童义务感和责任感,同时有助于提高文化认同感的独特的教养方式,这些教养方式一直以来被认为能够提升儿童的幸福感[103]。然而,该地区也存在大量潜在可能损害儿童的心理健康的传统习俗。举例来说,在南撒哈拉许多地区,对儿童进行体罚或其他形式的虐待以及表现为控制儿童的潜在虐待等行为已经成为文化和宗教信念中根深蒂固的一部分[104]。尽管迄今我们还没有在南撒哈拉地区范围内对儿童体罚的心理学影响进行一个系统的研究[104,105],但从世界其他地方的有关研究中我们可以了解体罚对儿童心理健康具有的不利影响[106,107]。同样地,与来自深层次的、根深蒂固的文化信念相联系,南撒哈拉地区每年有接近三百万的女孩需接受女性割礼(生殖器切割)[108]。这种传统做法不仅会对女孩和妇女的生理健康产生诸多影响[109],对她们心理健康的危害同样有迹可循[110]。

另外几项研究显示,在南撒哈拉地区的社区中,妇女和儿童由于各种各样的传统和文化规则而被剥夺其继承权[111~113]。然而,有关生命历程的研究证实了资产继承在幸福感代际传递中的重要性[114,115]。在南撒哈拉地区,有关贫穷的代际转移的研究发现:对女性和儿童继承权的剥夺已经成为长期威胁他们心理健康与幸福的因素[116]。除此之外,受强烈的固有文化和宗教价值影响,南撒哈拉地区的未成年人早婚比率位居世界最高[117]。未成年人早婚会对教育和自由社会化等心理健康的重要指标产生影响并使婚姻中的未成年妻子置身于心理健康高风险的环境中[118]。南撒哈拉地区其他会对儿童的心理健康和幸福产生不利影响的传统习俗还包括对孕期女性某些营养食物摄取的禁忌以及依据等级和性别进行食物的分配[105]。该地区的文化和宗教信念也是延误儿童心理健康问题寻求医疗帮助的原因之一[50]。

2.5.2 风险和易感特点之二：薄弱的儿童保护法律框架

国家有关保障儿童福祉的司法框架是儿童养护环境宏观系统的组成成分之一。除了几个保护儿童权利的地方性宪章外，联合国《儿童权利公约》[119]是实现这一目标的全球性框架。《儿童权利公约》（Convention on the Rights of Children，CRC）致力于通过授予缔约国有望保护儿童的某些权利来提高儿童的生理、心理以及社会幸福感。这些法律将要求缔约国通过创造保障儿童权利的社会经济和法律环境进而为儿童的生理、心理以及社会健康方面做出贡献。除了索马里之外，非洲的所有国家都签署、批准及引进了《儿童权利公约》。然而，其中很多国家由于缺少合适的、可操作化的司法框架，政治意愿较为薄弱，社会文化方面存在障碍以及社会经济状况较差等因素，尚无法全面保障儿童的相应权利[120,121]。这些阻碍的存在将使儿童继续身处于相当高的心理健康危险之中。这是因为，倘若依据《儿童权利公约》的框架，诸如儿童虐待/照管不良、童工以及儿童早期关爱与发展的缺乏等绝大多数儿童心理健康风险因素都是本可以避免的。

2.5.3 风险和易感特点之三：全球化及其对童年时代的影响

在诸如南撒哈拉这样资源贫瘠的地区，儿童养护环境的宏观系统层极易受到由世界上占主导地位的全球社会化影响的干扰。众所周知，在很长一段时间里，“乌班图”精神（我为人人，人人为我）为处于危机时期的南撒哈拉社会带来了一种有力的联结，也为儿童以及家人带来一种社会、情感及物质上的安全感[122]。然而，全球化引起南撒哈拉地区精英核心家庭制度的出现，使个人主义感急速攀升，这对乌班图精神产生了破坏作用[123,124]。另外，经济全球化也加大了南撒哈拉[125]等资源贫乏地区的财富差距，对儿童的心理健康和幸福感造成不利影响。

尽管我们都知道，文化价值和信念会影响与精神疾病有关习语的表达[126]，心理健康保健设施的全球化已经引发这样一种情况：在像南撒哈拉地区这样的非西方地区，儿童心理健康障碍已经逐渐被西方的观点所概念化[127]。这将不利于该地区儿童心理健康问题的有效且具有文化针对性的诊断与管理。此外，一些全球化驱动的经济政策建议，例如结构调整方案、放松管制和私有化政策以及货币贬值举措则可能带来灾难性的经济失误[128]，对南撒哈拉地区很多国家满足家庭、社会福利及儿童幸福的能力产生不利影响[129]。

2.6 南撒哈拉地区儿童和青少年心理健康政策发展的启示

本文旨在对儿童心理健康风险和易感特点进行综述来作为CAMH政策未来发展的指导，但这里我们将对本区域当前话语的影响做一些总体注释，对目前所论述的该地区CAMH政策制定进行一般性的解释。我们有信心告知大众，本文所采用的对青少年儿童心理健康风险和易感特点的生态学研究方法为我们提供了一个广阔的、全面的模型，这让我们从其中任何一个角度都能理解该地区青少年儿童心理健康的政策性指向。同样地，有关该地区青少年儿童心理健康政策发展的方法，我们必须认识到这样一种现状：儿童心理健康风险的来源多种多样，并且跨越养护环境的多个层次。因此，与近来对发展中国家的有关建议一致[130,131]，南撒哈拉地区青少年儿童心理健康政策的制定与规划需要关注多部门、多学科的交叉之处。它应该包括健康、教育、社会福利、青少年司法和法律权威等部门。同时，劳动局、环境部门和其他社会机构也需要起到相应的作用。

由于篇幅的限制，我们会在另一篇文章中报告南撒哈拉地区有关青少年儿童心理健康政策的一个实验性项目。该项目基于风险和易感特点，并使用Bronfenbrenner儿童生态模型作为其操作性框架[132]。我们旨在但不仅限于前文所述微系统和中系统的策略，通过对有关儿童社会保护机制的扩展使最脆弱的家庭和住户的养护能力得到加强[132]。我们还应该大力支持儿童早期关爱与发展的途径资源的获取并清除资源获取过程中的各种障碍。大量证据显示，缩小儿童早期关爱与发展间的差距有助于减少南撒哈拉地区的社会不公平，提高儿童心理健康和幸福感，并且打破贫穷的代际循环[60]。有关儿童养护环境的外系统和中间系统的风险和易感性的应对策略，我们还需促进有关儿童友好的工作场所政策，加强儿童社会福利和少年司法制度以保障儿童权利有关政策的进一步发展，并对有害的传统习惯采取进一步的社会措施[132]。

2.7 总结

我们通过生态学的研究方法综述了南撒哈拉地区儿童心理健康的危险和易感特点。风险和易感特点的范围较广，跨越儿童养护环境的多个层次。该地区青少年儿童心理健康政策的制定需要考虑多部门和多学科的交叉问题。尽管南撒哈拉地区不同国家的儿童面对的社会环境存在一定差异，但关于每个国家对青少年儿童心理健康政策的制定，本文所涉及的内容都具有普适性。

参考文献

1.J. S. Palfrey, T. F. Tonniges, M. Green, and J. Richmond, “Introduction: addressing the millennial morbidity–the context of community pediatrics,” Pediatrics, vol. 115, no. 4, pp. 1121–1123, 2005.

2.E. J. Costello, H. Egger, and A. Angold, “10-Year research update review: the epidemiology of child and adolescent psychiatric disorders: I. Methods and public health burden,” Journal of the American Academy of Child and Adolescent Psychiatry, vol. 44, no. 10, pp. 972–986, 2005.

3.V. Patel, A. J. Flisher, S. Hetrick, and P. McGorry, “Mental health of young people: a global public-health challenge,” The Lancet, vol. 369, no. 9569, pp. 1302–1313, 2007.

4.F. Smit, P. Cuijpers, J. Oostenbrink, N. Batelaan, R. de Graaf, and A. Beekman, “Costs of nine common mental disorders: implications for curative and preventive psychiatry,” Journal of Mental Health Policy and Economics, vol. 9, no. 4, pp. 193–200, 2006.

5.G. A. Simpson, B. Bloom, R. A. Cohen, S. Blumberg, and K. H. Bourdon, "U.S. children with emotional and behavioral difficulties: data from the 2001, 2002, and 2003 National Health Interview Surveys," Advance Data, no. 360, pp. 1–13, 2005.

6.United Nations, "World Population Prospects: The 2008 revision," Department of Economic and Social Affairs, Population Division, Geneva, Switzerland, 2008.

7.Unicef, "State of World's Children, 2012 report," 2012, http://www.unicef.org/sowc/files/SOWC_2012-Main_Report_EN_21Dec2011. pdf.

8.L. J. Schweinhart, H. V. Barnes, and D. P. Weikart, Significant Benefits: The High/Scope Perry Preschool Study Through Age 27, High/Scope Press, Ypsilanti, Mich, USA, 1993.

9.S. Grantham- McGregor, Y. B. Cheung, S. Cueto, P. Glewwe, L. Richter, and B. Strupp, "Developmental potential in the first 5 years for children in developing countries," The Lancet, vol. 369, no. 9555, pp. 60–70, 2007.

10.M. A. Cortina, A. Sodha, M. Fazel, and P. G. Ramchandani, "Prevalence of child mental health problems in Sub-Saharan Africa: a systematic review," Archives of Pediatrics and Adolescent Medicine, vol. 166, no. 3, pp. 276–281, 2012.

11.O. Omigbodun, "Unifying psyche and soma for child healthcare in Africa," Journal of Child and Adolescent Mental Health, vol. 21, no. 2, pp. 7–9, 2009.

12.J. P. Shatkin and M. L. Belfer, "The global absence of child and adolescent mental health policy," Child and Adolescent Mental Health, vol. 9, no. 3, pp. 104–108, 2004.

13.S. Kleintjes, C. Lund, and A. J. Flisher, "A situational analysis of child and adolescent mental health services in Ghana, Uganda, South Africa and Zambia," African Journal of Psychiatry（South Africa）, vol. 13, no.

2, pp. 132–139, 2010.

14.K. R. Merikangas, H. S. Akiskal, J. Angst et al., "Lifetime and 12-month prevalence of bipolar spectrum disorder in the national comorbidity survey replication," Archives of General Psychiatry, vol. 64, no. 5, pp. 543–552, 2007.

15.S. H. Busch and C. L. Barry, "Marketwatch- mental health disorders in childhood: assessing the burden on families," Health Affairs, vol. 26, no. 4, pp. 1088–1095, 2007.

16.H. Baker-Henningham, "Transporting evidence-based interventions across cultures: using focus groups with teachers and parents of pre-school children to inform the implementation of the Incredible Years Teacher Training Programme in Jamaica," Child: Care, Health and Development, vol. 37, no. 5, pp. 649–661, 2011.

17.Z. Wu, R. Detels, J. Zhang, V. Li, and J. Li, "Community-based trial to prevent drug use among youths in Yunnan, China," American Journal of Public Health, vol. 92, no. 12, pp. 1952–1957, 2002.

18.D. Yu and M. Seligman, "Preventing depressive symptoms in Chinese children," Prevention and Treatment, vol. 5, pp. 1–39, 2002.

19.C. Kieling, H. Baker-Henningham, M. Belfer et al., "Child and adolescent mental health worldwide: evidence for action," The Lancet, vol. 378, no. 9801, pp. 1515–1525, 2011.

20.Population Reference Bureau, "World Population Datasheet 2010".

21.U. Bronfenbrenner, The Ecology of Human Development: Experiments by Nature and Design, Harvard University Press, Cambridge, Mass, USA, 1979.

22.L. E. Berk, Child Development, Allyn and Bacon, Boston, Mass, USA, 5th edition, 2000.

23.Unicef, "The child in the family", 2005.

24.Unicef, At Home or in a Home? Formal Care and Adoption of Children in Eastern Europe And Central Asia, Unicef, Geneva, Switzerland, 2010.

25.G.Foster, "Safety nets for children affected by HIV/AIDS in Southern Africa," in A Generation at Risk: HIV/AIDS, Vulnerable Children and Security in Southern Africa, G. Foster and R. Pharoah, Eds., pp. 65–92, Institute of Security Studies, Cape Town, South Africa, 2004.

26.C. M. Miller, S. Gruskin, S. V. Subramanian, D. Rajaraman, and S. J. Heymann, "Orphan care in Botswana's working households: growing responsibilities in the absence of adequate support," American Journal of Public Health, vol. 96, no. 8, pp. 1429–1435, 2006.

27.Z. Maqoko and Y. Dreyer, "Child-headed households because of the trauma surrounding HIV/AIDS," HTS Theological Studies, vol. 63, no. 2, pp. 717–731, 2007.

28.S. Tsegaye, HIV/AIDS Orphans and Child-Headed Households in Sub-Saharan Africa, African Child Policy Reform, Johannesburg, South Africa, 2008.

29.A. F. Garland, R. L. Hough, K. M. McCabe, M. Yeh, P. A. Wood, and G. A. Aarons, "Prevalence of psychiatric disorders in youths across five sectors of care," Journal of the American Academy of Child and Adolescent Psychiatry, vol. 40, no. 4, pp. 409–418, 2001.

30.D. Bruskas, "Children in foster care: a vulnerable population at risk," Journal of Child and Adolescent Psychiatric Nursing, vol. 21, no. 2, pp. 70–77, 2008.

31.M. Chatterji, D. Leanne, V. Tom, et al., "The well-being of children affected by HIV/AIDS in Gitarama Province, Rwanda, and Lusaka, Zambia: findings from a study," Community REACH Working Paper 2, Community REACH Program Pact, Washington, DC, USA, 2005.

32.J. Sengendo and J. Nambi, "The psychological effect of orphanhood: a study of orphans in Rakai district," Health Transition Review, vol. 7, pp. 105–124, 1997.

33.B. Olley, "Health and behavioural problems of children orphaned by AIDS as reported by their caregivers in Abuja, Nigeria," Nigerian Journal of Psychiatry, vol. 6, no. 2, pp. 70–75, 2008.

34.L. D. Cluver, M. Orkin, F. Gardner, and M. E. Boyes, "Persisting mental health problems among AIDS-orphaned children in South Africa," Journal of Child Psychology and Psychiatry and Allied Disciplines, vol. 53, no. 4, pp. 363–370, 2012.

35.V. Hertrich, Nuptiality and Gender Relationships in Africa: An Overview of First Marriage Trends Over the Past 50 Years, Paper Presented at the Annual Meeting of the Population Association of America, Atlanta, Ga, USA, 2002.

36.B. Bigombe and G. M. Khadiagala, "Major trends affecting families in Sub-Saharan Africa," in Major Trends Affecting Families, United Nations, New York, NY, USA, 2003.

37.O. Wusu and U. C. Isiugo-Abanihe, "Interconnections among changing family structure, childrearing and fertility behaviour among the Ogu, Southwestern Nigeria: a qualitative study," Demographic Research, vol. 14, pp. 139–156, 2006.

38.South African Institute of Race Relations, Fast Facts, South African Institute of Race Relations, Marshalltown, South Africa, 2009.

39.K. A. Moore, S. M. Jekielek, and C. Emig, Marriage From a Child's Perspective: How Does Family Structure Affect Children, And What Can We Do About It? Child Trends Research Brief, Washington, DC, USA, 2002.

40.M. D. Bramlett and S. J. Blumberg, "Family structure and children's physical and mental health," Health Affairs, vol. 26, no. 2, pp. 549–558, 2007.

41.O. Atilola, "Can family interventions be a strategy for curtailing delinquency and neglect in Nigeria? Evidence from adolescents in custodial care," African Journal for the Psychological Study of Social Issues, vol. 15, no. 1, pp. 218–237, 2012.

42.O. Atilola, "Different points of a continuum? Cross sectional comparison of the current and pre-contact psychosocial problems among the different categories of adolescents in institutional care in Nigeria," BMC Public Health, vol. 12, p. 554, 2012.

43.L. Frame, Parent-Child Relationships in Conditions of Urban Poverty: Protection, Care and Neglect of Infants and Toddlers: Policy Brief, Center for Social Services Research, University of California, Berkeley, Calif, USA, 2001.

44.R. D. Conger and K. J. Conger, "Resilience in Midwestern families: selected findings from the first decade of a prospective, longitudinal study," Journal of Marriage and Family, vol. 64, no. 2, pp. 361–373, 2002.

45.B. R. Karney, L. Story, and T. Bradbury, "Marriages in context: interactions between chronic and acute stress among newlyweds," in Proceedings of the International Meeting on the Developmental Course of Couples Coping with Stress, pp. 12–14, Boston College, Chestnut Hill, Mass, USA, October 2002.

46.A. Assani, Etude sur les Mariages Précoces et Grossesses Précoces au Burkina-Fa-so, Cameroun, Gambie, Liberia, Niger et Tchad, UNICEF WCARO, Abidjan, Ivory Coast, 2000.

47.E. Osiruemu, "Poverty of parents and child labour in Benin City, Nigeria: a preliminary account of its nature and implications," Journal of Social Science, vol. 14, no. 2, pp. 115–121, 2007.

48.F. T. Nuhu and S. T. Nuhu, "Opinions and attitudes of some parents in ilorin, northcentral Nigeria, towards child abuse and neglect," South African Journal of Psychiatry, vol. 16, no. 1, pp. 27–32, 2010.

49.R. R. J. Akarro and N. A. Mtweve, "Poverty and its association with child labor in Njombe District in Tanzania: the case of Igima Ward," Current Research Journal of Social Sciences, vol. 3, no. 3, pp. 199–206, 2011.

50.J. O. Abdulmalik and S. Sale, "Pathways to psychiatric care for children and adolescents at a tertiary facility in northern Nigeria," Journal of Public Health in Africa, vol. 3, no. 1, 2012.

51.P. Onyango and D. Kayongo-Male, “Child labour and health,” in Proceedings of the 1st National Workshop on Child Labor and Health in Kenya, University of Nairobi, Nairobi, Kenya, 1983.

52.H. M. Maru, D. M. Kathuku, and D. M. Ndetei, “Psychiatric morbidity among children and young persons appearing in the Nairobi Juvenile Court, Kenya,” East African Medical Journal, vol. 80, no. 6, pp. 282–288, 2003.

53.O. Atilola, “Prevalence and correlates of psychiatric disorders among residents of a Juvenile Remand Home in Nigeria: implications for mental health service planning,” Nigerian Journal of Medicine, vol. 21, no. 4, pp. 416–426, 2012.

54.UNESCO Institute for Statistics, “Adult and Youth Literacy: Global Trends in Gender Parity,” UIS Fact Sheet, no. 2, 2010.

55.UNESCO, Education for All Global Monitoring Report 2010: Reaching the Marginalized, UNESCO, Paris, France, 2010.

56.A. Pence and J. Shafer, “Indigenous knowledge and early childhood development in Africa: the early childhood development virtual university,” Journal for Education in International Development, vol. 2, no. 3, 2006.

57.T. P. Schultz, “Studying the impact of household economic and community variables on child mortality,” Child Survival: Strategies for Research, vol. 10, pp. 215–235, 1984.

58.Y. Celik and D. R. Hotchkiss, “The socio-economic determinants of maternal health care utilization in Turkey,” Social Science and Medicine, vol. 50, no. 12, pp. 1797–1806, 2000.

59.J. L. Evans, Child Rearing Practices in Sub-Saharan Africa. An Introduction to the Studies. The Consultative Group on Early Childhood Care and Development, World Bank, Washinton, DC, USA, 1994.

60.A. A. Aldoo, “Positioning ECD Nationally: trends in selected African countries,” in Africa’s Future, Africa’s Challenge: Early Childhood

Care and Development in Sub-Saharan Africa, M. Garcia, A. Pence, and J. L. Evans, Eds., World Bank, Washington, DC, USA, 2008.

61.C. A. Brown, S. B. Sohani, K. Khan, R. Lilford, and W. Mukhwana, "Antenatal care and perinatal outcomes in Kwale district, Kenya," BMC Pregnancy and Childbirth, vol. 8, p. 2, 2008.

62.E. M. Yousif and A. R. Abdul Hafeez, "The effect of antenatal care on the probability of neonatal survival at birth, Wad Medani Teaching Hospital Sudan," Sudanese Journal of Public Health, vol. 1, no. 4, pp. 293–297, 2006.

63.M. A. Okunlola, K. M. Owonikoko, A. O. Fawole, and A. O. Adekunle, "Gestational age at antenatal booking and delivery outcome," African Journal of Medicine and Medical Sciences, vol. 37, no. 2, pp. 165–169, 2008.

64.L. A. M. de Costello and D. S. Manandhar, "Perinatal asphyxia in less developed countries," Archives of Disease in Childhood, vol. 71, no. 1, pp. F1–F3, 1994.

65.Unicef/Nigeria, Federal Government of Nigeria and UNICEF Master Plan of Operations for a Country Program of Cooperation for Nigerian Children and Women—2002–2007, Unicef, Lagos, Nigeria, 2001.

66.O. O. Omigbodun, "Psychosocial issues in a child and adolescent psychiatric clinic population in Nigeria," Social Psychiatry and Psychiatric Epidemiology, vol. 39, no. 8, pp. 667–672, 2004.

67.M. Rutter, "Resilience in the face of adversity: protective factors and resistance to psychiatric disorder," British Journal of Psychiatry, vol. 147, pp. 598–611, 1985.

68.J. B. G. Tilak, "Basic education and development in Sub-Saharan Africa," Journal of International Cooperation in Education, vol. 12, no. 1, pp. 5–17, 2009.

69.P. Bennell and K. Akyeampong, "Teacher motivation in Sub-Saharan Africa and South Asia," Researching the Issues 7, 2007.

70.L. B. Liontos, At-Risk Families and Schools: Becoming Partners, ERIC Clearinghouse on Educational Management, College of Education, University of Oregon, Eugene, Ore, USA, 1992.

71.B. Robertson, O. Omigbodun, and N. Gaddour, "Child and adolescent psychiatry in Africa: luxury or necessity?" African Journal of Psychiatry（South Africa）, vol. 13, no. 5, pp. 329–331, 2010.

72.UN Habitat, State of the World' S CitieS 2010/2011: Bridging the Urban Divide, UN Habitat, Nairobi, Kenya, 2012.

73.R. B. Patel and T. F. Burke, "Global health: urbanization—an emerging humanitarian disaster," New England Journal of Medicine, vol. 361, no. 8, pp. 741–743, 2009.

74.A. Daramola and E. O. Ibem, "Urban environmental problems in Nigeria: implications for sustainable development," Journal of Sustainable Development in Africa, vol. 12, no. 1, pp. 124–143, 2010.

75.United Nations Human Settlements Programme, State of the World's Cities 2006/7, Earthscan, London, UK, 2006.

76.United Nations Human Settlements Programme, The Challenge of Slums: Global Report on Human Settlements, Earthscan, London, UK, 2003.

77.R. Flournor and I. Yen, The Influence of Community Factors on Health. An Annotated Bibliography, PolicyLink, Oakland, Calif, USA, 2004.

78.S. D. Bele, T. N. Bodhare, S. Valsangkar, and A. Saraf, "An epidemiological study of emotional and behavioral disorders among children in an urban slum," Psychological Health and Medicine, vol. 18, no. 2, pp. 223–232, 2013.

79.M. H. Swahn, J. B. Palmier, R. Kasirye, and H. Yao, "Correlates of suicide ideation and attempt among youth living in the slums of Kampala," International Journal of Environmental Research and Public Health, vol. 9, no. 2, pp. 596–609, 2012.

80.International Labour Organisation, World Social Security Report 2010-2011: Providing Coverage in Times of Crisis and Beyond, International Labor Organisation, Geneva, Switzerland, 2011.

81.O. Atilola, "Partaking in the global movement for occupational mental health: what challenges and ways forward for sub-Sahara Africa?" International Journal of Mental Health Systems, vol. 6, no. 1, p. 15, 2012.

82.O. Animashaun, "Casualisation and casual employment in Nigeria: beyond contract," Labor Law Review, vol. 1, pp. 14–34, 2008.

83.O. Bodipe, The Extent and Effects of Casualisation in Southern Africa: Analysis of Lesotho, Mozambique, South Africa, Swaziland, Zambia and Zimbabwe: A Research Report for the Danish Federation of Workers, National Labor and Economic Development Institute, Johannesburg, South Africa, 2006.

84.International Labour Organisation, "A global alliance against forced labor," Report of the Director-General, International Labour Organisation, Geneva, Switzerland, 2005.

85.International Labour Organisation, Global Employment Trends, January 2010, International Labour Organisation, Geneva, Switzerland, 2010.

86.N. Cassirer and L. Addati, "Expanding women's employment opportunities: informal economy workers and the need for childcare," Conditions of Work and Employment Programme, International Labour Organisation, Geneva, Switzerland, 2007.

87.International Labour Organisation, ILO Database on Conditions of Work and Employment Laws, ILO, Geneva, 2012.

88.ILO International Labour Organisation, African Employment Trends, ILO International Labour Organisation, Geneva, Switzerland, 2007.

89.J. T. Addison, "Urie Bronfenbrenner," Human Ecology, vol. 20, no. 2, pp. 16–20, 1992.

90.C. Harper, N. Jones, A. McKay, and J. Espey, Children in Times of

Economic Crisis: Past Lessons, Future Policies, Overseas Development Institute, London, UK, 2009.

91.UN World Youth Report, Juvenile Delinquency, United Nations, Geneva, Switzerland, 2003.

92.Urban Management Programme, "Street children and gangs in African cities: guidelines for local authorities," Working Paper Series 18, Urban Management Programme, Nairobi, Kenya, 2000.

93.O. Ogundipe, "Management of juvenile delinquency in Nigeria," in Proceedings of the International Conference on Special Needs Offenders, Nairobi, Kenya, October 2011.

94.C. Petty and M. Brown, "Justice for children: challenges for policy and practice in Sub-Saharan Africa," Save the Children, 1998.

95.A. Sam, Child Justice in Africa, PREDA Foundation, Olongapo City, Philippines, 2007.

96.O. Atilola, "Corrective seclusion or punitive incarceration: an overview of the state of the Nigerian juvenile justice system," European Psychiatry, vol. 25, no. 1, p. 669, 2010.

97.Commission for Africa, "Our Common Interest," Report, Commission for Africa, London, UK, 2005.

98.B. Davis, M. Gaarder, S. Handa, and Y. Yablonski, "Evaluating the impact of cash transfer programmes in sub-Saharan Africa: an introduction to the special issue," Journal of Development Effectiveness, vol. 4, no. 1, pp. 1–8, 2012.

99.A. Barrientos, "Introducing basic social protection in low-income countries: lessons from existing programmes," BWPI Working Paper 6, Brooks World Poverty Institute, Manchester, UK, 2007.

100.A. Barrientos, M. Nino-Zarazua, and M. Maitrot, Social Assistance in Developing Countries Database, Brookings World Poverty Institute and Chronic Poverty Research Centre, Manchester, UK, 2010.

101.N. Jones, Strengthening Social Protection For Children. West and Central Africa, ODI and Unicef, London, UK, 2009.

102.M. Nino-Zarazua, A. Barrientos, D. Hulme, and S. Hickey, Social Protection in Sub-Saharan Africa: Getting the Politics Right, World Poverty Institute, The University of Manchester, Manchester, UK, 2010.

103.S. Timimi, Naughty Boys: Anti-Social Behaviour, ADHD, and the Role of Culture, Palgrave Macmillan, Basingstoke, UK, 2005.

104.M. Mweru, "Why are Kenyan teachers still using corporal punishment eight years after a ban on corporal punishment?" Child Abuse Review, vol. 19, no. 4, pp. 248–258, 2010.

105.O. O. Omigbodun and M. O. Olatawura, "Child rearing practices in Nigeria: implications for Mental Health," Nigerian Journal of Psychiatry, vol. 6, no. 1, pp. 10–15, 2008.

106.K. J. Aucoin, P. J. Frick, and S. D. Bodin, "Corporal punishment and child adjustment," Journal of Applied Developmental Psychology, vol. 27, no. 6, pp. 527–541, 2006.

107.E. Durrant, "Corporal punishment: prevalence, predictors and implications for child behaviour and development," in Eliminating Corporal Punishment, S. N. Hart, Ed., pp. 49–90, UNESCO, Paris, France, 2005.

108.WHO, Eliminating Female Genital Mutilation. An Interagency Statement, World Health Organization, Geneva, Switzerland, 2008.

109.WHO Study Group, "Female genital mutilation and obstetric outcomes," The Lancet, vol. 367, no. 9525, pp. 1835–1841, 2006.

110.A. Elnashar and R. Abdelhady, "The impact of female genital cutting on health of newly married women," International Journal of Gynecology and Obstetrics, vol. 97, no. 3, pp. 238–244, 2007.

111.C. Oleke, A. Blystad, and O. B. Rekdal, " 'When the obvious brother is not there': political and cultural contexts of the orphan challenge in northern Uganda," Social Science and Medicine, vol. 61, no. 12, pp. 2628–2638, 2005.

112.L. Rose, Children' s Property and Inheritance Rights and their Livelihoods: The Context of HIV and AIDS in Southern and East Africa,

Food and Agricultural Organization of the United Nations, Rome, Italy, 2006.

113.E. Cooper, Inheritance Practices and the Intergenerational Transmission of Poverty: A Literature Review and Annotated Bibliography, Overseas Development Institute（ODI）and Chronic Poverty Research Centre（CPRC）, London, UK, 2006.

114.K. Bird and I. Shinyekwa, "Multiple shocks and downward mobility: learning from the life histories of rural Ugandans," Working Paper 36, Overseas Development Institute（ODI）and Chronic Poverty Research Centre（CPRC）, London, UK, 2004.

115.M. R. Carter and C. B. Barrett, "The economics of poverty traps and persistent poverty: an asset-based approach," Journal of Development Studies, vol. 42, no. 2, pp. 178–199, 2006.

116.K. Bird, N. Pratt, T. O'Neil, and V. Bolt, "Fracture points in social policies for chronic poverty reduction," Working Paper 47, Overseas Development Institute（ODI）and Chronic Poverty Research Centre（CPRC）, London, UK, 2004.

117.Unicef, Early Marriage: A Harmful Traditional Practice, Unicef, Geneva, Switzerland, 2005.

118.R. Jensen and R. Thornton, "Early female marriage in the developing world," Gender and Development, vol. 11, no. 2, pp. 9–19, 2003.

119.United Nations, Convention of the Rights of the Child, UN General Assembly, Geneva, Switzerland, 1989.

120.M. M. Mulinge, "Implementing the 1989 United Nations' Convention on the Rights of the Child in sub-Saharan Africa: the overlooked socioeconomic and political dilemmas," Child Abuse and Neglect, vol. 26, no. 11, pp. 1117–1130, 2002.

121.M. M. Mulinge, "Persistent socioeconomic and political dilemmas to the implementation of the 1989 United Nations' Convention on the Rights of the Child in sub-Saharan Africa," Child Abuse and Neglect, vol. 34, no. 1, pp. 10–17, 2010.

122.African Union, Plan of Action on the Family in Africa, African Union, Addis Ababa, Ethiopia, 2004.

123.T. Maundeni, "Residential care for children in Botswana: the past, the present, and the future," in Residential Care for Children: Comparative Perspectives, M. E. Courtney and D. Iwaniec, Eds., Oxford University Press, New York, NY, USA, 2009.

124.C. M. Miller, S. Gruskin, S. V. Subramanian, D. Rajaraman, and S. J. Heymann, "Orphan care in Botswana's working households: growing responsibilities in the absence of adequate support," American Journal of Public Health, vol. 96, no. 8, pp. 1429–1435, 2006.

125.D. Bhugra and A. Mastrogianni, "Globalisation and mental disorders: overview with relation to depression," British Journal of Psychiatry, vol. 184, pp. 10–20, 2004.

126.L. J. Kirmayer, N. Nutt, L. Lecrubier, L. Lepine, and D. Davidson, "Cultural variations in the clinical presentation of depression and anxiety: implications for diagnosis and treatment," Journal of Clinical Psychiatry, vol. 62, supplement 13, pp. 22–30, 2001.

127.S. Timimi, Pathological Child Psychiatry and the Medicalization of Childhood, Brunner-Routledge, London, UK, 2002.

128.E. Hong, Globalisation and the Impact on Health, A Third World View-Impact of SAPs in the Third World, The Peoples' Health Assembly, Savar, Bangladesh, 2000.

129.A.O. Ong'ayo, "Political instability in Africa: where the problem lies and alternative perspectives," in Paper Presented at the Symposium: 'Afrika: een continent op drift', Stichting National Erfgoed Hotel de Wereld Wageningen, Istanbul, Turkey, September 2008.

130.V. Patel, A. J. Flisher, S. Hetrick, and P. McGorry, "Mental health of young people: a global public-health challenge," The Lancet, vol. 369, no. 9569, pp. 1302–1313, 2007.

131.C. Lund, S. Kleintjes, V. Campbell-Hall, et al., "Mental health policy development and implementation in South Africa: a situation analysis," Phase 1 Country Report, Mental Health and Poverty Project, Cape Town, South Africa, 2008.

132.O. Atilola, "Child mental-health policy development in sub-Saharan Africa: broadening the Perspectives using Bronfenbrenner's ecological model," Health Promotion International. In press.

第二编

青少年心理健康与教育环境之间的相互作用

第三章 学校班级构成和青春期末期的自杀意念之间的关系：来自YOUNG-HUNT 3研究的结果

Joakim D. Dalen

3.1 引言

自杀意念可以被定义为：一种倾向于结束自己生命的想法[1]，它是心理健康问题易感性和自杀企图风险的重要指标[2,3]。自杀意念在青春期非常普遍，从12岁开始逐渐增加，到16岁时达到峰值，之后到20多岁一直保持较高水平[1]。

对于青少年来说，在校的班级是一个重要的社会环境。在班级里，青少年要和同学们共同度过大部分的日常时间，他们的同学并非自己能选择、却又不得不与他们打交道[4]。班级中的学生们在这种持续交往过程中构建起独特的、受到许多因素影响的心理社会环境，包括信仰、情绪、习惯和来自同伴的压力[4,5]。这些环境对学生的心理健康会产生积极的影响，但也会有消极影响[5]。因此，很有可能学校中一些班级有自杀意念的学生要比另外一些班级多。

也有一些研究表明，自杀意念可能会在学校里集中发生，因为与那

些有自杀意念的学生相处可能会导致自杀行为的传递[6]。也就是说，当环境中有自杀意念的学生向外表达想自己结束生命的念头时，自杀意念发生的比例会更高。如果真是这样，那么就会出现这样的情形：本来没有自杀意念的学生在与高自杀风险的学生有深入接触后，他们也会产生自杀意念，其自杀风险也会升高。

多层回归分析在检验学校班级环境的重要性时特别有效，因为这种方法可以对个体与小组之间的变化进行评估[7]。然而，采用多层次研究调查学校环境与自杀意念之间的关系的研究还很少见[6,8,9]。在唯一报告了自杀行为的校际差异的研究中，Young等人[9]发现，在自杀企图(1%)、自杀风险(1.3%)与自残(1.6%)行为中，只有很小一部分变异与学校层面有关。尽管一些关于心理健康的研究结果表明，班级间的差异要大于学校之间，然而，目前尚未有研究采用多层回归的方法对自杀意念与学校班级环境之间的关联强度进行分析[10~12]。

可以说，社会环境对心理健康的影响，如自杀意念的传递，与性别和班级内部的社会经济地位有关。社会经济地位和性别作为背景特征常常与自杀意念和心理健康相联系。对于青少年来说，父母的经济地位高则其往往会有更少的心理健康问题[13,14]，而相比于男孩，女孩往往有更高的自杀意念[3,15~19]。在女生或者家庭经济贫困的学生比例较高的班级内，如果他们与处于危险中的个体有较深入的接触，那么该班级自杀意念的比例就会增加。此外，研究还发现，跟学业成就有关的校园文化很大程度上依赖于学生的社会经济状况[5]。同样的，一些研究也表明，除了个人社会经济特征之外，学校当中的社会经济构成也与心理健康状况有关系[6,20~22]。大多数研究都发现社会经济地位与心理健康存在正相关，但是就学校情境而言，专门考察在校班级学生的社会经济构成与心理健康的关系的研究比较少。但学校班级很有可能像学校本身一样，会产生独特的社交环境，暗示着高水平的社会经济背景在班级当中也可能会有积极效应。

类似地，性别构成也是个人心理社会环境的一部分。在一篇综述文章中，Belfi[23]等人指出，单一性别学校的学生会比男女混校的学生更加健康，尽管这种性别效应仅在女生中有记录。目前很少有多层回归研究分析班级性别构成和学生心理健康之间的联系，仅有的几项研究对性别构成与心理健康之间的关系进行了考察,并没有发现显著的效应[10]。

本研究旨在考察挪威青少年自杀意念与学校班级构成之间的关系。自杀在挪威青少年中是比较普遍的问题。研究表明,自杀企图和自残的比例在3.0%到8.2%之间[24]。另外一个对挪威应征士兵的研究发现,有21.7%的士兵终身都存在自杀意念[25],而针对高中学习最后一年(18~19岁)的青少年的第二次研究发现,在最近一周内存在自杀意念的个体比例达到了10.9%。

为了研究自杀意念和学校班级构成之间的关系,我们提出了下面两个研究问题:

·自杀意念的变化在多大程度上可以归因于两个学校班级之间的不同?

·考虑到性别和父母教育方面的因素,自杀意念和学校班级构成是否有关?

3.2 方法

3.2.1 数据

参与者通过Young-HUNT 3 研究确定,被试全部来源于挪威Nord-Trøndelag郡的中学生(13~19岁)。调查于2006年到2008年间完成,数据都是通过问卷以及后续的健康检查来收集,问卷全部都是在在校时间内完成,因而辍学学生被排除了。有关自杀意念问题只对高中生提问。全郡13所高中就读的4 357名学生均被邀请参与,共回收3 353名学生的问卷,回收率为77%。去除缺失的数据,最后被分析的学生总数为2 923名,分布在379个班级。参与者均为自愿,并且要求提供签名的知情同意书。其他的信息通过在挪威国家注册中心检索父母受教育状况得到。研究通过了地区医学和健康伦理委员会的批准。

3.2.2 挪威的学校系统

在完成十年的义务教育之后,挪威的青少年可以继续高中的学习,在三种普通教育(普通中学)和九种职业教育(职业中学)间进行选择。

从挪威的全体青少年来看，大约96%的学生会选择上高中，尽管相当一部分学生会在3~4年之后辍学。大多数学生(96%)都会选择郡级的公立高中就学。

3.2.3 变量

自杀意念通过一个单独的问题进行测量，旨在了解参与者是否曾有过自杀意念。这个问题是："你曾经想过结束自己的生命吗？"可能的回答包括"是"和"否"两种。

个体解释变量包括：性别、年龄、社会经济状况、生活状况以及父母的婚姻状况。社会经济状况由父母受教育水平来反映，包括两类："父母学历达本科"和"父母学历低于本科"。如果可以收集父母双方的受教育信息，那么用相对较高的学历代表父母的受教育水平；如果只能收集父母一方的信息，则用收集到的那个信息代表父母的受教育水平。对于生活状况，将青少年根据下面几种情况分组："同时与父母生活在一起""单亲(或者是主要由父母一方抚养)""离家(独自或和朋友一起生活)"或者是"其他可能的生存状况"。

描述学校班级构成的指标包括：高学历父母的比例和学生男女比例。这些变量通过整合参加本研究的所有学生的父母受教育情况和性别信息来构建。最后，分析的变量包括中学类型(普通中学或职业中学)和学校年级。

3.2.4 数据分析

为了考察环境对自杀意念这个二分变量(有或无)的效应，我们采用了多层回归分析的方法。该模型的最大优势在于不仅可以分解难以解释的由环境和个体变量引起的差异，还能在环境水平上分析变量不同语境层面的效应。在分析中，个体被按照班级来分组。自杀意念的可能性用$\pi_{ij}=\Pr(y_{ij}=1)$表示，其中i是在学校班级j中的个体，这个模型可以被写成：

$$\log(\pi_{ij}/[1-\pi_{ij}])=\beta_0+\beta x_{ij}+\beta z_j+u_j$$

β_0是截距，而βx_{ij}是个体水平的矢量系数，βz_j是学校班级水平的矢量系数，最后，u_j表示学校班级的随机效应。假设这个随机效应符合正态

分布 $u_j \sim N(0, \sigma_u^2)$，其中 σ_u^2 是学校班级间残余方差的方差参数。使用MLwiN，所有的模型都用MCMC方法来估计[27]。

3.3 结果

表1为描述性统计结果，其中22.8%的青少年报告存在自杀意念。相比男生，女生存在的自杀意念比例更高（$p<0.001$），相比父母学历较高的青少年，父母学历较低的青少年存在更高的自杀意念比例（$p<0.05$）。父母离异或者不和父母生活在一起的青少年也显示出更高的自杀意念比例（$p<0.001$）。

学籍在职业中学的学生，其自杀意念的比例要比普通中学的学生高9.6%。在379个学校班级中，241个（63.6%）是来自职业中学。但是，职业中学班级中学生人数只占学生总数的46.7%。这表明，平均来说，职业中学的班级要比普通中学的班级规模小。最后，从表中数据可以看出，在高中三年级学生中，学生产生自杀意念的现象比较少。

表1　描述性统计结果

个体变量		*N*	%	存在自杀意念的比例（%）
自杀意念	有	668	22.8	
	无	2255	77.2	
性别	男生	1404	48.0	20.2
	女生	1519	52.0	25.3
年龄	16岁	780	26.7	22.8
	17岁	1085	37.1	24.3
	18岁	879	30.1	20.7
	19岁	179	6.1	23.3
父母受教育水平	大学以下学历	1588	54.3	24.5
	大学学历	1335	45.7	20.8
年级	一年级	914	31.3	25.5
	二年级	1195	40.9	25.3
	三年级	814	27.9	16.3

续表

个体变量		N	%	存在自杀意念的比例(%)
生活状况	和父母一起	1749	59.8	18.6
	单亲家庭	643	22.0	28.7
	离家住	417	14.3	27.6
	其他	114	3.9	37.7
父母是否离异	是	839	28.7	29.5
	否	2084	71.3	20.2
教育项目类型	职业中学	1366	46.7	28.0
	普通中学	1557	53.3	18.4
	总计	2923		22.8
学校班级变量		N	%	平均数(标准差)
教育项目类型	职业中学	241	63.6	
	普通中学	138	36.4	
父母有更高学历的比例				0.40(0.27)
女生比例				0.52(0.35)
年级	一年级	133	35.1	
	二年级	166	43.8	
	三年级	80	21.1	
总计		379		

在多层模型当中,无解释变量的模型可用以估计班级内相关系数(intra-class correlation coefficient,ICC)[28]。ICC可以理解成多层回归分析中的更高层的变异量部分。因此,ICC可以反映关于自杀意念在班级内集中出现的程度。在空模型(empty model)当中(结果中没有呈现)ICC的估计值为0.053,表明有5.3%的变异量可以归因于学校班级水平的作用。

表2中的模型1包括个体水平的解释变量。在控制其他变量之后,结果显示男生的自杀意念比例低于女生,而父母的受教育水平和年龄对其的影响非常小。在这个模型当中,ICC降低至2.7%。该结果提示,在

学校班级的水平上，有接近一半的变异可以用个体变量各水平的不均匀分布来解释。

在模型2中，学校班级水平上的各变量被引入。尽管父母高学历者的比例对自杀意念几乎没有影响，但结果总体上显示了年级、教育类别和性别的关键作用，尤其是年级的影响显示三年级的自杀比例最低。至于教育类别，职业中学当中的自杀意念比率要比普通中学高得多。对于性别构成来说，结果显示在女生比例高的班级，自杀意念的比率更高，甚至在去除了性别上的个体效应的基础上依然如此。需要注意的是，当学校班级变量被纳入分析后，性别效应降低并且未达显著水平。

表2　青少年自杀意念的多层回归分析

	模型1	模型2
个体水平变量		
性别（参考：男生）	1.28（1.07~1.54）**	1.10（0.88~1.37）
年龄（参考：16岁）		
17岁	1.05（0.83~1.33）	1.30（0.97~1.75）
18岁	0.88（0.68~1.14）	1.77（1.22~2.57）**
19岁	0.89（0.59~1.34）	1.85（1.13~3.05）*
父母受教育水平（参考：低）	0.88（0.68~1.14）	0.99（0.80~1.21）
生存状态（参考：父母都在）		
单亲	1.40（1.01~1.91）*	1.41（1.03~1.94）*
远离家庭生活	1.43（1.08~1.89）**	1.42（1.07~1.87）*
其他	2.45（1.61~3.72）***	2.38（1.56~3.62）***
父母离异（参考：未离异）	1.24（0.94~1.65）	1.20（0.91~1.58）
学校水平变量		
职业科目		1.46（1.16~1.84）**
父母高学历的比例		1.07（0.65~1.84）

续表

	模型1	模型2
女生的比例		1.93(1.33~2.79)***
年级(参考:一年级)		
二年级		0.77(0.58~1.02)
三年级		0.37(0.25~0.54)***
方差等级2(标准误)	0.11(0.06)	0.02(0.030)
ICC(%)	3.2①	0.6
异常	3088.1	3043.7

*:$P<0.05$;**:$P<0.01$;***:$P<0.001$。相对危险度 *OR*(95%*CI*)。

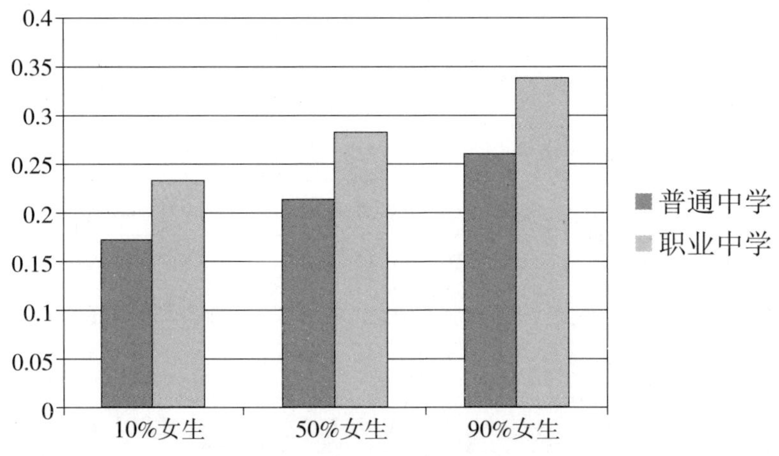

图1　根据性别构成和教育类别来预测自杀意念的比率

图1显示的是性别构成和教育类别对自杀意念比率的预测情况。当所有其他解释变量保持不变时,自杀意念比率的差异是明显的。普通中学班级的学生自杀意念比率比职业中学高6%~8%。然而,当比较职业中学中拥有高比例女生的班级和普通中学中拥有高比例男生的班级

①译者注:此处数据与前文"ICC降低至2.7%"存在出入,但英文原书数据如此,我们无法判断哪个数据有误,故不做处理。

时，差异最为明显，前者的自杀意念比率要比后者高出两倍。

个体和情境变量的效应可能在男生和女生之间有差异。为了考察这种可能性，我们按性别分别使用同样的方法进行分析。在这种情况下，发现所有效应对男女的影响都很相似，任何变量在性别间的差异均不显著。

3.4 讨论

本研究结果显示，自杀意念的大部分变异可以归因于班级的差异。然而，在控制个体水平变量之后，由于个体因素引起的处于危机中的学生分布不均匀显然可以解释大部分的变异。而且，在女生比例较高的班级中，自杀意念的比率更高，同样，职业中学的班级中自杀意念比例也相对更高。

性别构成对自杀意念的影响让人感到惊讶，因为之前并没有研究报道类似的效应。一个可能的解释是，在女生比例较高的班级当中，和其他有自杀意念的学生接触的可能性要更高一些，因此整体上女孩存在自杀意念的风险更高。女孩也会在她们的社会关系中倾向于有紧密的情感交流、亲密和回馈[29]，这种关系模式可能会增加讨论心理问题的机会，比如说自杀想法，因此增加了传递自杀行为的风险。因为大部分是女孩的班级必然会有更多的包括女孩的社会关系，结果就是在这些班级中的学生可能会有更多的自杀想法。

然而，部分由性别构成所带来的变异可以由未纳入模型的中间因素或者混淆变量来解释。在情景变量水平，一方面，有可能是由于女孩比例较高的班级会营造一种心理社会环境，这种环境会增加一些学生产生自杀意念的风险；另一方面，一些模型中可能没有考虑个体水平变量的分布不均匀，也会影响性别效应。例如，学校有关的问题，如校园霸凌、社会排斥、学业压力和学习成就都被发现与自杀意念相关[30~32]。在我们的样本中，如果类似的问题未按照性别构成均匀分布的话，那么这些变量的存在就可以削弱或者移除被观测的效应。最终，当控制了性别构成之后，个体的性别效应消失，意味着在以往文献中观察到的自杀意念的性别差异或许可以部分归因于社会环境。

父母的受教育程度和自杀意念之间没有明显联系，这个结果令人感到意外，因为二者的关系常见于心理健康有关的文献中[13,14]。然而，这个差异很有可能是由所分析的样本的局限性造成的。Nord-Trøndelag郡是挪威人口同质性最高的郡之一，相比其他人口组成较异质的郡，其受教育水平与收入、社区条件等反映经济状况的因素的相关较低。值得注意的是，这里大部分高中是公立和免费的，这进一步加强这种解释的可能。因而，与那些对学校的选择更依赖家庭经济状况的地区相比，挪威的学校班级较少地受到父母的社会经济状况的影响。

本研究发现，教育类别与自杀意念之间具有显著相关，类似结果在关于心理健康测量的文献中也有报道[10]。可能原因是职业班级的氛围与普通教育差异迥然，这种氛围会影响自杀意念产生的概率。另一种可能性是存在一种"选择效应"，这种效应由与构思过程和选择学校类别相关的因素引起。例如，在挪威，预测一个人教育类别选择的最重要因素是其在初中最后一年的学业成绩[33]。而因为学业成绩与产生自杀意念的风险相关[34,35]，在青春期早期有自杀意念的青少年更可能会选择职业教育。选择效应也可能扩展到性别构成效应。普通中学教育男女比例相对均衡一些，而很多职业中学则不然。因此，观测到的性别构成效应可能来自教育类别的选择，并非其本身。

由于因变量为迄今一生中的自杀意念，结果显示三年级学生的自杀意念比率最低，这在某种程度上令人意外。然而，这个效应可能是来自辍学学生较高的自杀意念比率[36]，也可能是由于个体存在忘记自杀意念的倾向[37]。因为自杀意念发生率的顶峰在16岁[1]，与一年级相比，三年级学生很有可能忘记了他们以前出现过的自杀意念。

3.4.1 局限性

学校班级变量和自杀意念之间的因果关系并不明确，这是本研究的主要局限之一。这个局限还会随自杀意念的表述问题而更加严重。例如，这个问题没有提及个体想到要结束生命的具体时间，因此会被一些学生理解为一生中任何时候出现的自杀意念都算。结果是，青少年可能把发生在高中以前的自杀意念也报告出来了。此外，自杀意念的误报也可能会发生,不论是无意间的回忆偏差,还是由于非匿名调查而有意为之。为了将这个问题降到最小,我们向参与者保证问卷是保密的,任何学校人员都不得查看。然而,这种保证措施依然不能确保报告的完全准确。

另一个潜在的局限是自杀意念变量并没有将自杀意念的严重性考虑进去。有自杀意念的青少年并不一定就有心理健康问题或者有自杀计划。如果把自杀意念的严重性考虑进去,则有可能会得出不同的结果。

最后,个体水平变量都被限制为背景变量。模型中如果包括更多的个体水平变量,可能会改变所观测到的学校班级变量的效应,而且也可以解释那些学校班级水平没有解释的变异量。

3.5 结论

从学校班级的视角来研究自杀意念的主要原因在于其将有利于对自杀意念的干预。本研究结果显示青少年的自杀意念与性别构成和教育类别存在联系。因此,将具有此类特征的班级作为主要的干预目标或许是一个有效的方法,因为这样可以将更多有自杀意念的学生纳入干预项目中来。

参考文献

1.Nock MK, Borges G, Bromet EJ, Cha CB, Kessler RC, Lee S: Suicide and Suicidal Behavior. Epidemiol Rev 2008, 30:133-154.

2.Andrews JA, Lewinsohn PM: Suicidal Attempts among Older Adolescents: Prevalence and Co-occurrence with Psychiatric Disorders. J Am Acad Child Adolesc Psychiatry 1992, 31:655-662.

3.Bridge JA, Goldstein TR, Brent DA: Adolescent suicide and suicidal behavior. J Child Psychol Psychiatry 2006, 47:372-394.

4.Eccles JS, Roeser RW: Schools as Developmental Contexts During Adolescence. J Res Adolesc 2011, 21:225-241.

5.Kahlenberg RD: All together now: creating middle-class schools through public school choice. Washington, D.C.: Brookings Institution Press; 2001.

6.Bernburg JG, Thorlindsson T, Sigfusdottir ID: The spreading of suicidal behavior: The contextual effect of community household poverty on adolescent suicidal behavior and the mediating role of suicide suggestion. Soc Sci Med 2009, 68:380–389.

7.Sellström E, Bremberg S: Is there a "school effect" on pupil outcomes? A review of multilevel studies. J Epidemiol Community Health 2006, 60: 149–155.

8.Thorlindsson T, Bernburg JG: Community structural instability, anomie, imitation and adolescent suicidal behavior. J Adolesc 2009, 32:233–245.

9.Young R, Sweeting H, Ellaway A: Do schools differ in suicide risk? The influence of school and neighbourhood on attempted suicide, suicidal ideation and self-harm among secondary school pupils. BMC Publ Health 2011, 11:874.

10.Andersson H, Bjørngaard J, Kaspersen S, Wang C, Skre I, Dahl T: The effects of individual factors and school environment on mental health and prejudiced attitudes among Norwegian adolescents. Soc Psychiatry Psychiatr Epidemiol 2010, 45:569–577.

11.Opdenakker M-C, Van Damme J: Effects of Schools, Teaching Staff and Classes on Achievement and Well-Being in Secondary Education: Similarities and Differences Between School Outcomes. Sch Eff Sch Improv 2000, 11: 165–196.

12.Van den Oord EJCG, Rispens J: Differences between School Classes in Preschoolers' Psychosocial Adjustment: Evidence for the Importance of Children's Interpersonal Relations. J Child Psychol Psychiatry 1999, 40: 417–430.

13.Fryers T, Melzer D, Jenkins R: Social inequalities and the common mental disorders. A systematic review of the evidence. Soc Psychiatry Psychiatr Epidemiol 2003, 38:229–237.

14.Yu Y, Williams DR: Socioeconomic Status and Mental Health. In Handbook of the sociology of mental health. Edited by Aneshensel CS, Phelan JC. NewYork:Springer; 1999: 151–166.

15.Allison S, Roeger L, Martin G, Keeves J: Gender differences in the relationship between depression and suicidal ideation in young adolescents. Aust N Z J Psychiatry 2001, 35:498–503.

16.Beautrais AL: Gender issues in youth suicidal behaviour. Emerg Med 2002, 14:35–42.

17.Nock MK, Borges G, Bromet EJ, Alonso J, Angermeyer M, Beautrais A, Bruffaerts R, Chiu WT, de Girolamo G, Gluzman S, de Graaf R, Gureje O, Haro JM, Huang Y, Karam E, Kessler RC, Lepine JP, Levinson D, Medina-Mora ME, Ono Y, Pasada-Villa J, Williams D: Cross-national prevalence and risk factors for suicidal ideation, plans and attempts. Br J Psychiatry 2008, 192:98–105.

18.Ursoniu S, Putnoky S, Vlaicu B, Vladescu C: Predictors of suicidal behavior in a high school student population: a cross-sectional study. Wien Klin Wochenschr 2009, 121:564–573.

19.Wunderlich U, Bronisch T, Wittchen H-U, Carter R: Gender differences in adolescents and young adults with suicidal behaviour. Acta Psychiatr Scand 2001, 104: 332–339.

20.Botticello A: A Multilevel Analysis of Gender Differences in Psychological Distress Over Time. J Res Adolesc 2009, 19:217–247.

21.Saab H, Klinger D: School differences in adolescent health and wellbeing: Findings from the Canadian Health Behaviour in School-aged Children Study. Soc Sci Med 2010, 70:850–858.

22.Wight R, Botticello AL, Aneshensel CS: Socioeconomic Context, Social Support, and Adolescent Mental Health: A Multilevel Investigation. J Youth Adolesc 2006, 35:115–126.

23.Belfi B, Goos M, De Fraine B, Van Damme J: The effect of class composition by gender and ability on secondary school students' school well-being and academic self-concept: A literature review. Educ Res Rev 2012, 7:62–74.

24.Nrugham L, Herrestad H, Mehlum L: Suicidality among Norwegian youth: Review of research on risk factors and interventions. Nordic J Psychiatry 2010, 64:317–326.

25.Mehlum L: Suicidal ideation and sense of coherence in male conscripts. Acta Psychiatr Scand 1998, 98:487–492.

26.Halvorsen JA, Stern RS, Dalgard F, Thoresen M, Bjertness E, Lien L: Suicidal Ideation, Mental Health Problems, and Social Impairment Are Increased in Adolescents with Acne: A Population-Based Study. J Investigative Dermatol 2011 , 131:363–370.

27.Browne WJ: MCMC estimation in MLwinN. Bristol: University of Bristol; 2009.

28.Hox JJ: Multilevel analysis. Techniques and Applications. Second edition. New York: Routhledge; 2010.

29.Cyranowski JM, Frank E, Young E, Shear MK: Adolescent Onset of the Gender Difference in Lifetime Rates of Major Depression: A Theoretical Model. Arch Gen Psychiatry 2000, 57:21–27.

30.Ayyash-Abdo H: Adolescent Suicide:An Ecological Approach. Psychol Schools 2002, 39:459–475.

31.Töero K, Nagy A, Sawaguchi T, Sawaguchi A, Sotonyi P: Characteristics of suicide among children and adolescents in Budapest. Pediatrics Int 2001 , 43:368–371.

32.Kaltiala-Heino R, Rimpelä M, Marttunen M, Rimpelä A, Rantanen P: Bullying, depression, and suicidal ideation in Finnish adolescents: school survey. BMJ 1999, 319:348–351.

33.Markussen E: Valg og gjennomføring av videregående opplæing før Kunnskapsløftet. Acta Didactica Norge 2010, 4(17): 1. 18

34.Ang R, Huan V: Relationship between Academic Stress and Suicidal Ideation: Testing for Depression as a Mediator Using Multiple Regression. Child Psychiatry Hum Dev 2006, 37:133–143.

35.Borowsky IW, Ireland M, Resnick MD: Adolescent Suicide Attempts: Risks and Protectors. Pediatrics 2001 , 107:485–493.

36.Daniel S, Walsh AK, Goldston DB, Arnold EM, Reboussin BA, Wood FB: Suicidality, School Dropout, and Reading Problems Among Adolescents. J Learn Disabilities 2006, 39:507–514.

37.Klimes-Dougan B, Safer MA, Ronsaville D, Tinsley R, Harris SJ: The Value of Forgetting Suicidal Thoughts and Behaviour. Suicide Life-Threatening Behav 2007, 37:431–438.

第四章　在小升初时，个人背景和学校背景因素在学业能力和心理健康功能上的影响

Sharmila Vaz, Richard Parsons, Torbjörn Falkmer, Anne Elizabeth Passmore, and Marita Falkmer

4.1 引言

4.1.1 问题：从小学到中学的过渡

众所周知，对于大多数学生来说，从小学到中学是他们一生当中一个非常重要的转变[1~3]。尽管教育体制各不相同，但是在这个过程中，依然有很多相似的特点[4]。最为典型的是，在向中学转变时同时存在着学校环境、关系和学业期望三种转变[1,5~7]。包括澳大利亚在内的西方社会的学生，他们会在这种发展过程中向学校妥协，同时他们也要努力争取从父母那里获得独立，逐渐建立自我同一性[8,9]，并从同龄人那里获得支持和认同[10]。适应小初衔接的变化是一种挑战，如果过渡不成功，可能导致学生出现退行，其带来的影响不仅是短期的，还可能是长期且深远的。

The Impact of Personal Background and School Contextual Factors on Academic Competence and Mental Health Functioning across the Primary-Secondary School Transition.

4.1.2 小升初转变对正常发展的学生的学业能力(AC)和心理健康功能(MHF)的影响

小升初的过渡会对大多数正常发展的学生的学业能力(Academic Competence, AC,有时候也称为学业表现或者学习能力)和心理健康功能(Mental Health Functioning, MHF)产生影响,且有证据表明这些影响之间存在混淆。有研究表明,学业成绩平均分在最初的适应期显著下降[3,13~15],但每个学生所经历的变化程度甚至方向不尽相同。举个例子,学业能力差的学生对新学校体制的适应性较差[1,18]。相比女孩来说,与学业能力有关的自我意识对男孩的负面影响会更大,这种影响会导致自尊水平的下降以及过渡后的调整问题。在整个过渡期,学业能力的变化可以归因于很多因素,包括:研究设计和测量问题(例如:学习的类型,数据收集时间,测量工具的信效度)带来的偏差,社会参照群体变异,学校之间在结构和哲学观上的差异,以及由于性别角色认同和人格带来的差异[3,15,16,18~23]。由于转变和随后的成就之间尚未能建立因果关系,因此转变本身在学业成就下降当中扮演的角色仍然不明确[3]。

在有关升学的文献中,学生心理健康功能中的变化是显而易见的。举例来说,在一个来自澳大利亚的研究当中(仅仅局限于两所小学和一所高中),多数学生(55%)表现出稳定的心理健康功能;20%的学生心理健康功能有所提升,25%的学生在小升初中心理健康功能出现降低[24]。心理健康功能的多变性在美国也有报道,在美国,中学的结构是相同的。比如说,Chung和他的团队[26]发现,学生的心理健康功能(从5年级到6年级)有着三条轨迹(从平均水平到高;低于平均值;一直很高),相比同龄人,那些心理健康功能更差的学生在升学时会更容易出现适应困难。其他的研究报告了那些有某种心理健康问题的学生会在升学时更加不利。比如说,研究显示,受欺负与抑郁有着很强的相关,与焦虑的相关较弱[28]。而其他研究显示,具有问题行为(攻击性或分裂性)的学生在适应初中学校时会有更多的问题[1,29]。心理健康功能也存在性别差异,女孩显示出更多的内化[30]和焦虑的问题[31],而男孩看起来更容易显示出外化的问题[24,32]。总的来说,小升初的心理健康功能在正常发展的学生中变化范围比较大。有些人认为升学的要求过高，而有些人则把升学看成一种挑战。[33]因此，在这个问题上，学生本身也并不是同质群体。

4.1.3 较少受到关注的小升初对残障学生的心理健康功能和学业能力的影响

很少有研究考虑小升初对残障学生心理健康功能和学业能力的影响[34]。有研究报道，障碍学生经历了学业能力的下降[35]，而相对应的正常发展的学生却表现出分数的增加。有学习障碍的学生心理健康功能的信息是可变的，主要依赖于心理健康评估采用的结构。比如说，当依据自尊来定义时，一些研究就报道出那些有特殊教育需求[36]和学习特别困难[37]的学生较他们的同龄人来说并没有更大的风险。然而，有特殊教育需求的学生在初中时期遭受欺凌的风险更高（110个有特殊需求的学生当中有37%报告曾经遭受校园欺凌，而同龄人中没有特殊需求的学生，受到欺凌的比例只有25%）[36]。在另一研究中[37]，由老师报告有特定学习困难的学生相比他们的同龄人在外向性和主观性上要表现得更加显著；若由学生自己报告，则问题显著减少。因此，测量方式也可能对残障学生群体的心理健康方面数据的准确性产生影响[34]。

4.1.4 学校环境变量对学业能力和心理健康功能的影响

尽管学校环境因素对小升初转变的影响并不明显，但在学业能力和心理健康功能上，得到了一些不是非常肯定的证据支持。比如学校规模、部门、组织系统和学校的社会经济状况（基于学校所处地的邮编所得；SES）[38~44]等因素都会产生影响。但是在澳大利亚的主流研究样本中，依然没有研究很好地探究学校环境因素对小升初后的功能有什么样的影响。

4.1.5 在澳大利亚开展的对小升初转变的研究

关于小升初，澳大利亚的文献当中绝大多数都是案例研究和文献综述[23,45~52]。样本容量、设计（比如方便取样）或者是范围（比如主要聚焦于心理健康、欺凌或者是学校环境的转变）等问题也限制了研究结论的推广[24,33,50,53,54]。在澳大利亚，很少有学校会设计小升初方面的研究，要探索学生学业能力和心理健康功能的学校效应非常困难(Fitz-Gibbon，1996；Smyth，1999)。相似的，在澳大利亚或者是国际的研究中，没有哪个考虑了在小升初的过程中残障学生的学业能力和心理健康功能，尽管这些学生在常规的学校系统当中已经存在数十年之久[34]。这些数量有限、范围有限的研究无法考察这些亚团体被试在小升初时是否会处于更加不利的地位，因为他们之前就已经比正常发展的同龄人的基线更低了。

4.2 方法

4.2.1 目标和任务

本研究的目标是探索和比较正常发展的学生与残障学生的学业能力和心理健康功能，为此分别考察他们在小升初6个月之前和6个月之后的学业能力和心理健康水平。本研究的任务是：

·判定在小升初之前和之后，个人背景因素(如：性别、是否障碍、社会经济地位)对学业能力和心理健康功能的影响与交互作用。

·在控制个人背景变量之后，检验在小升初之前和之后学校环境变量(如：学校区域、组织构架、学校SES的平均水平)对学业能力和心理健康功能的影响。

·探明小升初时，个人背景变量和学校环境变量分别对学生的学业能力和心理健康功能的改变有何影响。

本研究是一项有关小升初时影响学生学业能力、社会情感和参与性适应因素的大型研究中的一部分。[55]

4.2.2 设计

这是一个前瞻性的追踪研究，对两个数据收集点(时间点1[T1]和时间点2[T2])的数据进行采集。本研究得到了学校校长、家长、教师和参与学生的书面知情同意书。如果学生拒绝参加，即使其家长同意，他们也未被纳入研究对象的范畴。所有的参与者均为自愿参与到这次研究当中，他们可以随时选择离开，不需要任何理由，也不会产生任何的偏见。本研究的全过程均通过了国家健康和医药研究委员会的道德标准指导原则[56],通过了西澳大利亚(引用号 HR194/2005)科廷大学健康研究道德委员会完整的伦理审批。

4.2.3 招募

在招募本研究的被试时,我们采用以下标准:

1. 在珀斯城市地区或者是西澳大利亚的其他主要城市的教育区域的常规学校上学。

2. 由于不管是向初中升学还是向高中升学都是在2007年或者2008年的1月,所以2006年1月或者2007年1月的学年开始的时候对处于小学或初中的最后一年的学生进行登记。西澳大利亚学校系统的更多细节详见附录A。

如果学生报告有医学诊断、障碍或者是慢性疾病,而且由父母或者监护人确保其在必要额外的支持下保持每周在校时间都参与了常规学习(每周超过80%的时间在学校),那么他们就会被分到障碍学生组。因此,我们对于残障采用的是一个更宽泛的定义:即日常生活受到潜在影响并需要额外的医疗卫生条件的个体。

我们运用了几个招募被试的策略,以最大程度地增加被试覆盖率和代表性:

1. 将一个预付费的包裹(包括海报、邀请函和给学校部门的信件)邮寄给250所列在西澳大利亚教育和培训部网站上的学校。涉及坎宁(Canning)、福利曼特尔-皮尔区、斯旺(Swan)、珀斯西海岸教育地区和奥尔巴尼(Albany)、班伯里(Bunbury)、中西地带、内地大部分中心区域的学校,以及西澳大利亚当中埃斯佩兰德(Esperance)教育区域的学校。

2. 遵循结构化的程序;按顺序依次取得校长、老师、家长和学生的同意书。

3. 海报和邀请函需要在残疾人服务委员会(DSC)中广泛传播,这个组织是向西澳大利亚学校中的为残疾学龄儿童提供服务的主要政府组织。DSC也要在网站上挂出本研究的连接。

4. 将一个预付费的包裹(包括海报、邀请函、学校和DSC通过的信件)邮寄给已知的服务提供机构、消费者群体、支持者群体、个人资助的残疾人学生家庭以及任何对这个研究表示出了兴趣的个体。为了收集残疾人样本，我们另外通过参与者向朋友和家庭进行宣传，采取滚雪球抽样法。

T1时间点数据的收集时间定在确保父母已经从中学获取了肯定的接受信，以便确定在接下来的一年可以联系到该学校的时候。初次对父母开展问卷调查时(T1)，要求父母列出他们计划把自己的孩子送去上学的初中学校名单，以便日后追踪。对被试的追踪，也是使用上面提到的招募程序。T2时间点数据的收集在小升初之后的6个月(第三学期和第四学期)，此时学生已经适应了小升初的过渡变化，有时间去体验新环境(无论该环境是否有利于他们的转变)。

4.2.4 数据收集

数据主要是通过纸笔测验的问卷来进行收集的。T1数据收集开始于2006年或者是2007年1月开始的学年，在小学的最后一年(6年级或者7年级)的下学期。在这个时间点，来自学生、父母(或者主要看护人)和主要班级老师的数据都收集了。为了确保管理的一致性，所有的问卷都是由第一作者或者研究助理进行现场施测，用测试指导语以便大程度降低施测偏差。学生问卷被设计成可以在他们的一次常规课堂时间(35~40分钟)内完成。在完成了问卷之后，学生将问卷交给工作人员，且会拿到一个信封，里面装了预先设计好的父母问卷和回寄邮费，带回家中给父母做。万一学生在数据收集的那天缺席，父母和学生的问卷会被整理好(问卷和填写指南)邮寄到他们的住处。在T1时间点，总共收集到了75所小学的395个学生的数据。在两年的学校抽样当中仅缺失了30个学生的数据。

后续程序还需要对家长/学生/老师问卷签署一个协议，内容包括：收到问卷之后两周内要接受一次电话访问；如果问卷没有返回的话，四周内会收到提醒邮件；接受至少两周一次的提醒电话。

T2的问卷实施会在小升初6个月之后进行。在日常的课堂时间施测。因为这是被试第二次接受调查，我们决定将40%的学生和家长的问卷寄到学生的居住地，同样其中会包含着问卷指导语以及回寄邮费的信封。T2时间点收集的是学生和家长(或者主要看护人)的数据。学生样本的流失率为32.7%,在T2时间点,总共收集到152所中学的266个被试。

4.2.5 统计检验力计算

为了估计样本容量大小,我们假设在最后的线性模型当中(对学业能力或者是心理健康功能)大概有10个独立变量。为了使检验力达到0.9(β=0.1),α值为0.05(I型错误),至少需要215个样本容量来检测到较小或中等效应量0.1(样本容量程序:PASS)[57]。当α值为0.05,β值为0.2时,本研究中最小的分类组是69个残障儿童组,因此,任意两组间的比较可以检测到的差异需要科恩d值为0.47或者更大。

4.2.6 数据收集工具

4.2.6.1 学业能力(AC)

采用《青少年自我认识量表》(Self-Perception Profile for Adolescents, SPPA)中有关学业成绩的条目来测量学生对自己学业能力的认知(Harter,1988)。SPPA用于有学习障碍(α=0.89)或行为失调(α=0.85)的学生有比较高的内部一致性[58]。学业能力量表的聚合效度、区分效度和结构效度在美国和澳大利亚的样本当中都已经被证实[59~61]。得分高显示在学业能力当中表现得更好。

4.2.6.2 心理健康功能:《长处和困难自评问卷》(Strengths and Difficulties Questionnaire, SDQ)

采用《长处和困难自评问卷》的父母版本评估学生总体的心理健康功能[62]。SDQ总分的计算方法是把活动性、情绪症状、品行问题和同伴问题分量表的得分相加[62]。报告显示,量表有着中等偏上的内部一致性(α=0.70~0.80)[63]。实证研究支持了该量表的区分效度和预测效度[62,65]。SDQ与儿童行为检查表(Child Behaviour Checklist)[64]有着强相关,但是在探测活动性上更加敏感,在探测儿童和青少年的外化和内化的问题上同样有效果[65]。SDQ的澳大利亚常模已经发表过,高分反映心理健康功能低下。

4.2.6.3 家庭人口学特征和学校背景特征

家庭人口学特征：项目来自《社会和家庭功能量表指针（第一版）》（Indications of Social and Family Functioning Instrument Version-1，ISAFF）[66]以及澳大利亚统计局（ABS，2001）的调查。由父母报告有关家庭的人口学特征的细节、居住地邮编和儿童的残障情况。关于学校的信息、学生所入学校的邮编和每所学校的组织架构，都从西澳大利亚的教育和训练部（Department of Education and Training）的记录中获得。学校的邮编是用于计算学校的社会经济地位指数（SEIFA 指数），用联邦教育部、人力资源部和职场关系部的数据测量相对社会经济的优势和劣势[67]。在本研究当中，SEIFA 的十分位数被用于测量学校的平均社会经济地位，较低的十分位数意味着学校位置处于相对较差的地区。

4.2.7 数据管理

数据用社会科学统计软件包（SPSS）20.0 和统计分析软件（SAS）9.2进行整理和分析。2006 年和 2007 年的数据集在所有因素上都很相似。因此，为了后面的分析，我们将样本整合在一起。偏态/峰态的测试显示数据有合理的对称性。在问卷水平上，只有 1.8%~2.5%的数据丢失。用最大似然值法和最小卡方检验证实数据的丢失是随机的，概率水平为0.05[68,69]。根据 SDQ 开发者推荐的标准指南对缺失数据进行替代，灵敏度检测是用来确保置换技术数据的有效性。用虚拟变量来代表个人背景和学校环境因素中的分类变量（即自变量），从而进入回归方程[68]。

4.2.8 分析

本研究采用一般线性模型（GLM）进行数据处理。这个模型首先需要对所有的个人背景因素（比如：性别、残障和社会经济地位）及它们之间的交互作用进行检验。由于所有的交互作用在统计上都未达显著水平，所以我们将交互作用项从模型中移除。我们给出了针对 T1 和 T2 时间点每一个结果的最优模型，模型中包括个人背景和学校环境因素。模型中结果包括了 R^2，或者结果变量中可以被个人背景因素解释的变异量；未标准化的回归系数（B）和它们的标准误（SE），最小均方值（LS）（或估计的样本边际均值），它们都是在控制了模型中其他效应之后的组内均值。[70]

4.3 结果

在T1时间点,收集了75所小学的395个学生的数据。学生的平均年龄为11.89岁(*SD*=0.45岁,中位数=12岁)。在T2时间点,收集到了来自152所初中的266个被试的数据,学生样本的流失率为32.7%。卡方检验和配对样本T检验显示,在T2时间点继续参与本研究的被试与那些没有继续的被试在性别、残障、社会经济状况等级、学业能力和心理健康功能方面并无显著差异。本文呈现的是在T1、T2两个时间点都作答了问卷的266个学生的数据。联系第一作者可以获得完整数据。

表1和表2显示了学生样本的重要人口统计学特征。残障组的大部分学生患有哮喘、听觉障碍或者是学习障碍。76%(*n*=203)的学生来自双亲(原生或者是生物学上的父母)家庭,11%(*n*=29)是来自混合的/扩展的/组合的家庭,而12.8%(*n*=34)来自单亲家庭。英语是主要的交流语言,在调查家庭当中有95.5%(*n*=252)的家庭说英语。样本中23%(*n*=60)的母亲没有中专教育学历证书。而那些有了中专教育学历证书的母亲当中,有5%(*n*=13)完成了中职教育课程,31.5%(*n*=82)从大学或者是培训与继续教育中完成了职业教育并取得培训证书,20%(*n*=52)有本科学历,20.4%(*n*=53)有着研究生学历。82%的母亲(*n*=218)从事着有薪水的工作,53.5%(*n*=142)的在职母亲有着职业或者管理方面的职称。剩下的则从事办公或行政、技术或者是销售岗位。T2的数据在12个月以后收集。在T2时间点,学生的平均年龄为12.9岁(*SD*=0.57岁,中位数=13岁)。

表1　T1时间点学生的人口学特征:性别、健康状况和家庭社会经济地位水平

特征	T1时间点	
	N=266	%
性别		
男生(平均年龄11.98岁,*SD*=0.44岁)	124	46.6
女生(平均年龄11.77岁,*SD*=0.46岁)	142	53.4

续表

特征	T1时间点	
	N=266	%
健康状况		
无疾病（平均年龄11.84岁，*SD*=0.41岁）	197	74.1
有疾病（平均年龄11.96岁，*SD*=0.58岁）	69	25.9
家庭社会经济地位水平[66,122]		
1~599美元/周（低水平）	23	8.7
600~1999美元/周（中等水平）	154	58.3
2000美元以上/周（高水平）	87	33.0

本实验邀请250名小学生参加，其中有175名学生中途放弃导致被试的流失率为70%。另外还有10名（总人数67人，占14.9%）残障学生来自校外招募（通过DSC和滚雪球式招募）。T1和T2时间点当中266个学生的学校特征呈现在表3至表5中。

在T1时间点，47%的学生（*n*=125）就读于公立学校，29%（*n*=77）就读于天主教学校，剩下24%（*n*=64）的学生来自独立或私立学校。在T2时间点上，学生会从公立学校向天主教学校和独立学校升学。在T1时间点上，有60%的公立学校学生在T2时选择留在公立学校，而其他种类学校的学生有超过85%在T2时间点依然留在了原来的地区。大约有80%（*n*=213）的学生所在学校是采用了K7–K10/12的组织体系。T1和T2样本中的大部分学生（T1=53.0%，*n*=141；T2=45.1%，*n*=120）都在中等大小规模的学校中接受教育。超过90%（*n*=240）的学生在完成第七年的学业时进入中学，79%（*n*=211）的学生选择就读的中学和他们就读的小学没有任何联系。用Kappa统计检验T1和T2时间点，同意参加实验的学校之间的差异是否超过随机水平[71]。如表4和表5所示，可以发现，在小升初的过程中，总体样本和残障组学生选择学校时有一个显著的改变（Kappa系数=0.64）。

表2 学生样本中存在的疾病种类

疾病种类	*n*	%
哮喘	13	18.8
听觉障碍	11	15.9
学习障碍	8	11.6
尿路感染	6	8.7
注意力缺陷多动障碍	6	8.7
亚斯伯格症	5	7.2
视觉障碍	5	7.2
注意缺陷障碍	4	5.8
幼年型糖尿病	2	2.9
脆骨症	2	2.9
孤独症谱系障碍	1	1.4
臂丛神经症	1	1.4
糖尿病	1	1.4
遗尿症	1	1.4
癫痫症	1	1.4
血友病	1	1.4
甲状腺功能减退	1	1.4
总计	69	100

表3 T1和T2两时间点上的学校特征(266名被试均在两时间点上接受了调查)

	T1时间点	T2时间点
学校种类		
天主教学校	77(29.0%)	81(30.5%)
公立学校	125(47.0%)	79(29.7%)
私立学校	64(24.0%)	106(39.9%)

续表

	T1时间点	T2时间点
学校组织构架		
小学(K-7)	209(78.6%)	
中学(Y8-10/12)		173(65.0%)
K-12不带中学	33(12.4%)	52(19.6%)
K-12带中学	24(9.0%)	41(15.4%)
学校平均社会经济(引入SEIFA[1]十分位数)		
1~6	45(16.9%)	37(13.9%)
7~8	47(17.7%)	51(19.2%)
9	117(44.0%)	112(42.1%)
10	57(21.4%)	66(24.8%)
基于学生总数的小学规模		
小规模=<375	67(25.2%)	
中等规模=375~975	141(53.0%)	
大规模=>975	58(21.8%)	
基于学生总数的中学规模		
小规模=<700		67(25.2%)
中等规模=700~1250		120(45.1%)
大规模=>1250		79(29.7%)
升学年级		
6年级	26(9.8%)	
7年级	240(90.2%)	
与小学相同的中学		
否		211(79.3%)
是		55(20.7%)

[1]SEIFA十分位数反映的是学校社会经济地位的平均值，较低的十分位数表示该学校处于相对劣势的地区。

表4　小升初过渡中学校类别选择的变化(总体样本 *N*=266)

学校类别(T1)	学校类别(T2)			总量(%)
类别	公立	天主教	私立/独立	
公立	75(60.0%)	14(11.2%)	36(28.8%)	125(100)
天主教	2(2.6%)	66(85.7%)	9(11.7%)	77(100)
独立/私立	2(3.1%)	1(1.6%)	61(95.3%)	64(100)

注:每个单元格中的数字反映了学生的数量和他们所占的比例。

表5　小升初过渡中残障组学生的学校类别选择的变化(*n*=69)

学校类别(T1)	学校类别(T2)			总量(%)
类别	公立	天主教	私立/独立	
公立	25(69.4%)	2(5.6%)	9(25%)	36(100)
天主教	1(5.9%)	14(82.3%)	2(11.8%)	17(100)
独立/私立	0(0.0%)	0(0.0%)	16(100%)	16(100)

4.3.1 在T1时间点学业能力(AC)的预测模型

如表6所示,个人背景因素可以解释T1时间点上学业能力的14.2%的变异。而模型中包含的“性别”,与T1和T2时间点的学业能力相关不显著,与小升初过程中学业能力的变化也不相关。

残障学生的学业能力显著低于正常发展的学生。家庭社会经济状况与T1时间点的学业能力线性相关;社会经济状况更好的家庭有着最高的学业能力得分,而那些经济处于劣势的家庭则得到了最低分。

在考虑了个人背景因素之后,学校环境因素可以额外解释T1时间点上学业能力变异量的3.1%。来自天主教学校的学生学业能力最低,其次是公立学校的学生,而私立学校的学生学业能力最好。在规模大的学校的学生显示出了比其他学校学生更低的学业能力得分。

表6 在T1、T2时间点以及在小升初过程当中，个人背景和学校环境因素与学业能力的关系（高的值代表结果更好）

	变量	*B*(*SE*)	平均值	*P*值
	T1时间点学业能力的预测模型			
步骤1：个人因素 R^2=14.2%	性别			
	男	0.09(0.08)	2.74	0.2818
	女		2.66	
	是否存在障碍			
	是	−0.42(0.09)	2.49	<0.0001
	否		2.91	
	家庭社会经济地位			
	低水平=<599美元	−0.67(0.17)	2.35	<0.0001
	中等水平=600~1999美元	−0.30(0.09)	2.73	
	高水平=2000美元以上		3.02	
步骤2：学校环境因素 R^2=17.3%	T1时间点的学校类别			
	天主教	−0.62(0.23)	2.40	0.0236
	公立	−0.48(0.22)	2.54	
	私立		3.02	
	T1时间点学校规模			
	小规模=<375	0.61(0.23)	2.84	0.0215
	中等规模=375~975	0.64(0.24)	2.88	
	大规模=>975		2.23	
	T2时间点学业能力的预测模型			
步骤1：个体因素 R^2=5.1%	性别			

续表

	变量	*B*(*SE*)	平均值	*P*值
	男	0.13(0.08)	2.91	0.1021
	女		2.78	
	是否存在障碍			
	是	−0.18(0.09)	2.75	0.0495
	否		2.93	
	家庭社会经济地位			
	低水平=<599美元	−0.39(0.16)	2.65	0.0226
	中等水平=600~1999美元	−0.19(0.09)	2.85	
	高水平=2000美元以上		3.03	
步骤2:学校环境因素 R^2=10.5%	T1学校类别			
	天主教	0.39(0.38)	2.98	0.0131
	公立	0.85(0.39)	3.44	
	私立		2.59	
	T1学校规模			
	小规模=<375	0.85(0.38)	3.27	0.0514
	中等规模=375~975	0.92(0.38)	3.33	
	大规模=>975		2.42	
	从T1到T2学业能力变化的预测模型			
步骤1:个人因素 R^2=5.2%	性别			
	男	0.04(0.07)	0.16	0.5483
	女		0.12	
	是否存在障碍			
	是	0.23(0.08)	0.26	0.0046

续表

	变量	B(SE)	平均值	P值
	否		0.03	
	家庭社会经济地位			
	低水平=<599美元	0.29(0.14)	0.29	0.1168
	中等水平=600~1999美元	0.11(0.08)	0.12	
	高水平=2000美元以上		0.01	
步骤2:学校环境因素 R^2=9.8%	T1时间点的学校构架			
	K-12带中学	−0.46	−0.28	0.0016
	K-12不带中学	0.06	0.24	
	小学(K-7)		0.19	

4.3.2 对T2时间点的学业能力的预测模型

在T2时间点上,个人背景变量只能解释学业能力变量5.1%的变异。残障学生的学业能力依然要低于正常发展的同龄人(p=0.0495),但是差异程度要小于T1时间点。T2时间点的学业能力和家庭社会经济状况依然存在线性相关(高经济水平>中等水平>低水平),但是相关强度显著降低了。

在考虑了个人背景变量之后,T2时间点的学校环境因素无法解释学业能力分数的任何变异。T1时间点的学校规模和学校类型依然可以解释T2时间点学业能力的5.4%的差异。在T1时间点就读的学校规模越大,其之后的学业能力得分越低(即T2时间点的学业能力)。T1时间点就读于K-7组织结构学校的学生其学业能力得分最低。

4.3.3 小升初过程中学业能力变化的预测模型

个人背景因素可以解释在小升初的过程当中5.2%学业能力的变化。残障学生相比于其他学生在学业能力上出现了一定的改善。在小升初的过程当中,相比来自其他学校组织类型的学生,那些就读于K-12带中学的学校的学生出现了学业能力得分的下降。

4.3.4 T1时间点心理健康功能的预测模型

在T1时间点，个体背景因素可以解释21.4%心理健康功能的变异（表7）。男孩和残障学生比女孩和无残障学生的心理健康功能得分更低。结果证实了心理健康功能和家庭社会经济状况之间的负相关，来自经济状况良好家庭的学生心理健康功能最好，中等家庭次之，最后是经济状况较低家庭的学生。除了上述个人背景因素外，对于T1时间点心理健康功能，学校环境因素不能解释任何额外的变异。

表7 在T1、T2和T1到T2的转移过程当中，个人背景和学校环境因素与心理健康功能的关系（高的值代表更差的结果）

	变量	*B*(*SE*)	平均值	*P*值
	T1时间点心理健康功能的预测模型			
步骤1：个体因素 R^2=21.4%	性别			
	男	1.40(0.61)	9.47	0.0229
	女		8.06	
	是否障碍			
	是	4.82(0.70)	11.18	<0.0001
	否		6.35	
	家庭社会经济地位			
	低水平=<599美元	3.82(1.24)	10.96	0.0078
	中等水平=600~1999美元	1.06(0.66)	8.20	
	高水平=>2000美元		7.14	
步骤2：学校环境因素 R^2=22.8%	T1时间点的学校结构			
	K-12带中学	0.12(1.15)	9.05	0.0855
	K-12不带中学	−2.13(0.97)	6.81	
	小学(K-7)		8.93	

续表

	变量	$B(SE)$	平均值	P值
	T2时间点心理健康功能的预测模型			
步骤1：个体因素 R^2=20.1%	性别			
	男	1.09（0.59）	9.11	0.0656
	女		8.02	
	是否存在障碍			
	是	4.58（0.67）	10.86	<0.0001
	否		6.27	
	家庭社会经济地位			
	低水平=＜599美元	2.74（1.23）	9.91	0.0228
	中等水平=600~1999美元	1.45（0.63）	8.62	
	高水平=＞2000美元		7.17	
步骤2：学校环境因素（无其他学校因素有更多贡献）	T1时间点学校类别			
	心理健康功能变化的预测模型（T1到T2时间点）			
步骤1：个体因素 R^2=2.1%	性别			
	男	−0.13（0.46）	−0.43	0.7755
	女		−0.030	
	是否存在障碍			
	是	−0.32（0.53）	−0.53	0.5375
	否		−0.20	
	家庭社会经济地位			
	低水平=＜599美元	−1.78（0.97）	−1.61	0.1075

续表

	变量	$B(SE)$	平均值	P值
	中等水平＝600~1999美元	0.18(0.50)	0.35	
	高水平＝＞2000美元		0.17	
步骤2:学校环境因素 R^2=7.0%	T1时间点的学校类别			
	天主教学校	−1.87(0.64)	−0.70	0.0017
	公立学校	−2.10(0.60)	−0.92	
	私立学校		1.18	

4.3.5 T2时间点上的心理健康功能的预测模型

在T2时间点，个人背景变量解释了20.1%的心理健康功能的差异。心理健康功能的性别差异在T2时间点减小了，其差异未达统计显著性。在T2时间点上(与T1类似)，残障学生的心理健康功能得分显著低于正常学生。家庭社会经济状况和心理健康功能间的负相关在中学之后依然存在。与T1时间点的模型类似，除了上述讨论的个人背景因素，学校环境因素将无法再额外解释心理健康功能的差异。

4.3.6 小升初过程中，心理健康功能变化的预测模型

个人背景因素解释了小升初过渡中2.1%的变化量，所有的个体变量与心理健康功能变化的相关都不显著。一个意料之外的发现是，在小升初的过程中，T1时间点学校种类对心理健康功能的变化具有预测作用(解释了5.9%的心理健康功能变化)，T1时间点就读私立学校的学生在T2时间点表现出更差的心理健康功能。而就读其他学校的学生在心理健康功能上则有小幅提升。

4.4 讨论

本研究发现，有关升学期过渡对学生学业能力和心理健康功能影响的证据较为混杂。研究者通常都认为学生群体的同质性较高[12,72]。通过

前瞻性的纵向研究设计，本研究考察了个体背景因素（例如：性别、是否残障以及家庭的社会经济情况）和学校环境因素（例如：规模、区域，种类、组织模型和平均社会经济地位）在小升初过程中对自我感知到的学业能力和总体心理健康功能的影响。

4.4.1 在小升初过程中不同的时间点，个体因素对学业能力和心理健康功能的影响

本研究发现，在升学前后，个体背景因素都解释了学业能力和心理健康功能的大部分变异。学业能力得分在整个时间点过程当中保持稳定，这让我们感到意外，然而在小升初后，个体背景因素对学生学业能力的影响显著降低。这个发现提示我们，除了性别、残障和家庭社会经济地位之外，还有其他因素对T2时间点的学业能力产生影响[55]。至于心理健康功能，个体背景因素的影响在任何时间都广泛且稳定地存在，这与前人的研究相一致[73]。

相比正常发展的同龄人，残障学生的学业能力得分更低。这与前人的研究一致[35,58,74,75]。残障学生的学业能力较低的现象，可以用负面社会比较过程理论解释（被称为大鱼—小池塘效应（Big-fish-little-pond effect, BFLPE）[76]。根据BFLPE理论假设，学生的自我概念与他们的同龄人的自我意识呈负相关。因此，一个学生的学业自我意识不仅仅与他自己的学业成就有关，也与学校里其他学生的学业成就有关。研究中残障学生持续存在的低学业能力现象提示我们，学校有必要重新认识和处理此问题。

有趣的是，在小升初完成后，残障学生的学业能力有所提升。这提示我们，在中学时期，BFLPE的现象相对不明显，这也有可能是由于收集数据时间为小升初之后的6个月，时间还不够长，因此还不足以让学生间分出明显的小团体。一个贯穿整个中学阶段的长期追踪研究，将有助于探明相对于正常发展的同龄人，升学过渡对残障学生学业能力的影响，尤其是当有证据显示，残障青少年在学业完成率和就业率上的表现都更差的情况下[77,78]。

本研究发现，造成残障学生心理健康功能持续较弱的几个因素包

括:生理作用(例如:认知能力、语言和交流、社会技能方面的不足)、药物作用、残障所带来的心理负担以及精神障碍与生活方式等危险因素[79~86]。鉴于积极的心理健康对个体的重要意义,以及精神疾病对个人和社会的长期不利影响[87~94],本研究结果强调了当前于澳大利亚中小学执行的这一全面的心理健康预防程序的重要意义[95~97]。

关于性别和学业能力的关系,我们的研究结果支持了过去十年提出的去性别刻板印象的平等理论。这应该归功于一些措施的干预和法案的建立,它们旨在提高女孩的学习动机和学术追求。未来的研究应该考察是否需要在一些特殊学科领域(例如:数学、计算机、科学、历史)运用平等主义模式,以帮助那些最需要帮助的人。至于心理健康功能,女孩在小学阶段的优势效应十分显著。该发现可能是由于在该学年的最后一个学期学生的行为表现较差(即测量的时间点效应)。在小升初之后的中学阶段,性别与心理健康功能的关系不再显著,这是由于男孩的心理健康功能总体有所提升,这是一个积极的结果。我们的发现提示,中小学学校应该对男、女生的学业能力和心理健康功能进行同样敏感的关注与回应。

与之前的研究相一致[1,15],本研究证实了社会弱势群体在学业能力和心理健康功能方面处于不利地位。根据家庭投资模型(Family Investment Model, FIM),经济状况良好的家庭可以在儿童发展上投入更充足的资源条件,而条件相对不佳的家庭则只能将资金投入在即时的需求中[98,99]。经济剥夺能够通过增加家庭压力影响家庭的幸福,这反过来亦会降低家庭为儿童提供稳定的、充足关注的监督和激励的能力[100]。倘若能摒除家庭经济状况带来的不利影响,那么对学生学业能力和心理健康功能都将有积极意义。此外,研究发现升入初中后,弱势社会地位与学业能力和心理健康功能之间的相关强度降低了,家庭社会经济地位较低的学生心理健康功能有所改善。这可能由很多因素导致,包括:本研究中的升学趋势(即就读私立学校的人数增加了)、测量效应(即所使用量表的天花板效应,或是低家庭经济状况组的样本容量过小,由于统计效力的问题,使得探测到显著差异更加困难)。这表明,升学对来自低经济状况家庭的学生的学业能力和心理健康功能具有积极的意义。尽管如此,他们所需要的支持仍然要远远多于家庭富裕的同龄人。

4.4.2 在升学过程中的不同时间点,学校环境因素与学业能力、心理健康功能的关系

总的来看,学校环境因素的作用非常小,如果有的话,也是体现在心理健康功能的变异上,但随着时间的推移,心理健康功能的变化更大。这一发现与过去的研究相一致:学校因素对学生心理健康功能的作用比较小[101~104],而对学业能力的作用相对较大[105,106]。这也表明,关于学校环境,大多数学生的记忆是类似的[107],或者是对于学业能力和心理健康功能,学校环境因素并不如个体背景因素那么重要。而且,中学环境特征(例如:规模、学校区域、组织模型、平均学校社会经济地位或者是他们的交互作用)不会影响学业能力和心理健康功能。这就意味着相比现有的中学环境因素,学生个体因素和小学的环境因素对于学生升学后的适应情况的影响更大。因此,关于劣势群体的升学需求的满足,小学方面有很大的责任。迄今为止,学校种类(公立或者是私立)效应仍然无法明确。一些研究表明,一旦考虑到学生家庭经济状况,私立学校的优势就会消失或者变得微不足道[38,39]。而另一些研究却表明私立教育依然更具优势[40,108,109]。在本研究中,我们发现即使在考虑了个人背景因素之后,就读私立小学仍与高学业能力相关,但是其也与更差的前瞻性心理健康功能相关。在私立小学就读对于学业能力的益处可以归因于其拥有更好的资源、更加有效和更具支持性的学校氛围,或者是在这些学校中更少的纪律问题[40]。令人意外的是,在天主教学校就读的学生学业能力水平更低,这与过去研究当中强调天主教学校的益处——天主教学校都有稳定的资金来源,并且允许计划、预算和制度上的自主性——的结果完全相反。[40]

在调查的所有的群体中(包括残障学生群体),学生们都有从公立学校转到私立学校来就读中学的趋势。这个趋势在之前澳大利亚的研究当中已经得以观察[41,42]。尽管有这种升学的趋势,但在控制了个人背景因素之后,学校的社会经济状况(以SEIFA得分为指标)对学生学业能力和心理健康功能的影响不再显著,无论何种学校类型和社会阶层都是如此。这一发现具有一定的积极意义,它表明就我们现有的样本而言,关于学生的学业能力和心理健康功能,个人的家庭社会经济状况要比学校

平均的社会经济状况更加重要。考虑到参与本研究的学校分布呈现出相对偏态，十分位数更高，因此其很有可能由于统计检验力的问题，使得我们难以探查到显著的差异。因此，在对这些结果进行解释时，我们应该秉持更加谨慎的态度。

4.5 局限性

学生样本主要取自西澳大利亚首府珀斯地区和主要市中心地区，并没有包括来自农村郊县地区，或者是澳大利亚的其他首府城市。尽管采取了大规模取样的形式，接近70%的学校都参与到了研究中，但依然无法排除其中的一些偏差。研究样本群中包括了29%的天主教学校，47%的公立学校和24%的私立学校，这与西澳大利亚学校类型的比例有较大差异（分别为15%、72%、13%），这可能会限制本研究结果的普遍性。

大多数残障学生都患有哮喘、听觉障碍或者是学习障碍。对于残障学生的纳入标准，本研究将一些在生理、认知社交以及情绪上有障碍的学生排除在外[110]。因此，本研究的发现也许忽略了在小升初过程当中更加严重的疾病的影响。从统计上来说，将不同质的残障亚组组合起来，可能会降低分析的敏感性[111]。另外，我们也没有考虑在学业能力和心理健康功能当中疾病严重性和疾病状态之间的交互作用[112]。本研究的发现需要在来自其他种类学校的学生中进行重复验证，例如在教育支持团体、有严重疾病的特殊学校或者是在家接受教育的、有着更严重疾病的学生当中，以此来扩展本研究结果的普遍性。

在本研究中，学业能力仅仅由学生自己来评估。自我报告的社会期望偏见可能会夸大预测变量和学生取得的学业能力得分的关系。通过SDQ，父母对其子女总体心理功能的报告，会倾向于过分强调外在行为特征。尤其是在青春期，比起他们的父母，他们很有可能对自身的心理健康功能有着更好的洞察力。研究者们有必要采取进一步的研究来验证这些结果，而这些研究必须收集包含来自学生、父母、教师或者可能的临床访谈等多种来源数据[113]。

与过去的研究结果相一致[114]，来自低社会经济状况家庭的学生在样本当中代表性很低。尽管人数很少，但该群体表现出的显著劣势表明他们确实面临着巨大的不公平（即真实的影响力可能会更大）。同时，我们没有明确地区分来自本地和托雷斯海峡社区的个体。因此，还需要更多的研究去探索本研究在澳大利亚其他人口当中是否适用。

同样地，两点纵向的研究设计无法对学业能力和心理健康功能在升学过程中更加长期的效应进行考察，这一点亦值得深入探究。

4.6 结论

本研究分别考察了残障和正常学生在小升初的过程当中，个人背景因素和学校环境因素对学生学业能力和心理健康功能的影响，因为有关的研究为数不多。我们的研究结果强调了学生学业能力和心理健康功能的组内差异，并且关于劣势群体的升学需求的满足，小学方面有较大的责任，这是由于这些学生在升到中学之后还将继续处于弱势地位。

我们必须承认，风险会在各个发展背景中逐渐累积和聚集[115,116]。在小升初的过程中，我们对影响学生学业能力和心理健康功能的个人背景与学校环境因素进行了详尽的、多角度的评估。此类研究对于常规学校系统开展针对小升初的专项干预将非常有价值。

4.7 A1 附录 A：西澳大利亚州的学校系统

西澳大利亚（WA）的学校教育是在《国家教育法》（1999）、《课程委员会法》（1997）、《21 世纪学校国家教育阿德莱德宣言》（MCEETYA，2004）的背景下开展的。入选标准在西澳大利亚的课程组织结构中有所体现[117,118]。

西澳大利亚有政府（公立）学校和非政府（私立）学校两种。公立学校由国家教育与训练部直接负责，由教育与训练部管辖。私立学校由天主教教育办公室（Catholic Education Office，CEO）和私立学校委员会（Association of Independent School，AISWA）管辖。澳大利亚三分之一的学生在非政府学校就读，其中大多数学生的家庭经济状况处于中等偏上水平[119]。西澳大利亚政府学校都是混合学校，而私立学校在中小学当中有混合学校和单一性别学校两种。

在大部分公立或私立学校中，三阶段的教育构架占主要地位，包括学前教育、小学教育和中学教育。学校的组织构架变化包括：传统中小学配置（学前班到7年级，以及8~12年级），从学前班到12年级（K-12）这样大框架下的独立结构，以及专门指定的中学（从6/7年级到8年级，或从6/7年级到10/12年级）[120]。相对于美国和澳大利亚的其他地区，西澳大利亚单独的中学机构相对较少[120]。在本研究的数据收集期间，西澳大利亚的小升初会在7年级（比如，学生已经13岁时）结束后开始。2009年以后，作为全国范围内的计划框架中的一部分，7年级学生开始小升初的计划在一些学校开始逐步实施。

另外，西澳大利亚常规学校也接收残障学生就读，这种模式的变数较大，取决于这些学生联系常规学校的时间。在其中一些此类的学校中，在常规课堂上课的残障学生会学习一些特殊内容，或者专门针对他们的需要特别设计的课程。有慢性疾病的学生有时也会在医院/家里，或者从学校护士那里得到护理帮助。本文所说的常规学校为较主流的情况，即80%的校园时间都为课堂时间。如果学生有需要，他们也可以从一些特殊服务提供者那里获得支持。

参考文献

1.Anderson LH, Jacobs J, Schramm S, Splittgerber F（2000）School transitions: Beginning of the end or a new beginning? International Journal of Educational Research 33.

2.Seidman E, French S（2004）Developmental trajectories and ecological transitions: A two-step procedure to aid in choice of prevention and promotion interventions. Development and Psychopathology 16: 1141–1159.

3.West P, Sweeting J, Young R（2010）Transition matters: pupils' experiences of the primary-secondary school transition in the West of Scotland and consequences for well-being and attainment. Research Papers in Education 25: 21–50.

4.Humphrey N, Ainscow M（2006）Transition Club: Facilitating Learning, Participation and Psychological Adjustment during the Transition to Secondary School. European Journal of Psychology of Education 21: 319–331.

5.Hargreaves A（1986）Two cultures of schooling: The case of middle schools. London: Falmer Press.

6.Juvonen J, Vi-Nhuan L, Kaganoff T, Augustine C, Constant L（2004）Focus on the wonder years: Challenges facing the American middle school. Santa Monica: Rand Corporation.

7.Eccles JS, Midgley C, Wigfield A, Buchanan CM, Reuman D, et al.（1993）Development during adolescence: The impact of stage-environment fit on adolescents' experiences in school and in families. American Psychologist 48: 90–101.

8.Erikson EH（1968）Identity: Youth and crisis. New York: Norton.

9.Weiss RS（1973）Loneliness: The experience of emotional and social isolation. Cambridge, MA: MIT Press.

10.Larson RW, Verma S（1999）How children and adolescents spend time across the world: Work, play, and developmental opportunities. Psychological Bulletin 125: 701–736.

11.Roeser RW, Strobel K, Quihuis G（2002）Studying early adolescents' academic motivation, social-emotional functioning, and engagement in learning: Variable and person-centered approaches. Anxiety, Stress and Coping 15: 345–368.

12.Lord S, Eccles JS, McCarthy K（1994）Surviving the junior high school transition. Family processes and self-perceptions as protective risk factors. Journal of Early Adolescence 14: 162–199.

13.Wigfield A, Eccles JS（1994）Children's Competence Beliefs, Achievement Values, and General Self-Esteem: Change Across Elementary and Middle School. Journal of Early Adolescence 14: 107–138.

14.Watt HMG（2004）Development of adolescents' self perceptions, values and task perceptions according to gender and domain in 7th through 11th grade Australian students. Child Development 75: 1556–1574.

15.McGee CR, Ward J, Gibbons J, Harlow A（2003）Transition to secondary school: A literature review. A Report to the Ministry of Education. Hamilton, University of Waikato, New Zealand.

16.Block J, Robins RW（1993）A longitudinal study of consistency and change in self-esteem from early adolescence to early adulthood. Child Development 64: 909–923.

17.Harter S（1999）The construction of self: A developmental perspective. New York: Guilford.

18.Galton M, Morrison I, Pell T（2000）Transfer and transition in English schools: reviewing the evidence. International Journal of Educational Research 33: 341–363.

19.Marsh HW（1989）Age and sex effects in multiple dimensions of sel-concept: Preadolescence to early adulthood. Journal of Educational Psychology 81: 417–430.

20.Nottlemann E（1987）Competence and self-esteem during the transition from childhood to adolescence. Developmental Psychology 23: 441–450.

21.Simmons R, Blyth D（1987）Moving into adolescence: The impact of pubertal change and school context. Hawthorn, NJ: Aldine de Gruyter.

22.Eccles JS, Midgley C（1989）Stage-environment fit: Developmentally appropriate classrooms for young adolescents. In: Ames R, Ames C, editors. Research on motivation in education. New York: Academic Press. pp. 139–181.

23.Luke A, Elkins J, Weir K, Land R, Carrington V, et al.（2003）Beyond the middle: A report about literacy and numeracy development of target group students in the middle years of schooling, Volume 1. In: Commonwealth Department of Education SaTatUoQ, editor.

24.Wallis J, Barrett PM（1998）Adolescent adjustment and the transition into high school. Journal of Child and Family Studies 7: 43–58.

25.Barber BK, Olsen JA（2004）Assessing the transitions to middle and high school. Journal of Adolesent Research 19: 3–30.

26.Chung H, Elias M, Schneider K（1998）Patterns of individual adjustment change during middle school transition.The Journal of School Psychology 92: 20–25.

27.Lohaus A, Elben C, Ball J, Klein-Hessling J（2004）School transition from elementary to secondary school: changes in psychological adjustment. Educational Psychology 24: 161–173.

28.Hawker DSJ, Boulton MJ（2000）Twenty Years' Research on Peer Victimization and Psychosocial Maladjustment: A Meta-analytic Review of Cross- sectional Studies. Journal of Child Psychology and Psychiatry 41: 441–455.

29.Berndt TJ, Mekos D（1995）Adolescents' perceptions of the stressful and desirable aspects the transition to junior high school. Journal of Research on Adolescence 5:123–142.

30.Anderman EM（2002）School effects on psychological outcomes during adolescence. Journal of Educational Psychology 94: 795–808.

31.Benner AD, Graham S（2009）The transition to high school as a developmental process among multi- ethnic urban youth. Child Development 80: 356–376.

32.Roderick M (2003) What's happening to the boys? Early high school experiences and school outcomes among African American male adolescents in Chicago. Urban Education 38: 538–607.

33.Bahr N, Pendergast D（2007）The millennial adolescent. Canberra: Australian Council for Educational Research.

34.Hughes LA, Banks P, Terras MM（2013）Secondary school transition for children with special educational needs: a literature review. Support for Leaning 28: 24–34.

35.Forgan JW, Vaughn S (2000) Adolescents With and Without LD Make the Transition to Middle School. Journal of Learning Disabilities 33: 33–43.

36.Evangelous M, Vangelous M, Taggart B, Sylva K, Melhuish E, et al. (2008) Effective Preschool, Primary and Secondary Education 3–14 Project (EPPSE 3–14): What Makes a Successful Transition from Primary to Secondary School ? Nottingham: DCSF Publications.

37.Tur- Kaspa H (2002) The socioemotional adjustment of adolescents with LD in the kibbutz during high school transition periods. Journal of Learning Disabilities 35:87–96.

38.Organisation for Economic Co- operation and Development [OECD] (2003) School factors related to quality and equity: Results from PISA 2000. Paris: OECD.

39.Gorard S (2006) The true impact of school diversity? In: Hewlett M, Pring R, Tulloch M, editors. Comprehensive education: evolution, achievement and new directions. Northampton: University of Northampton Press.

40.Perry LB (2007) School composition and student outcomes: A review of emerging areas of research 2007; Fremantle, WA. Murdoch University

41.Lamb S (2007) School reform and inequality in urban Australia: A case of residualising the poor. In: Teese R, Lamb S, Duru-Belat M, editors. Education and Inequality Dordrecht: Springer. pp. 1–38.

42.Lamb S, Long M, Baldwin G (2004) Performance of the Australian education and training system. Melbourne: Centre for Post compulsory Education and Lifelong Learning, University of Melbourne.

43.Lamb S, Walstab A, Teese R, Vickers M, Rumberger R (2004) Staying on at school: Improving student retention in Australia. Brisbane: Queensland Department of Education and the Arts.

44.Bonell C, Parry W, Wells H, Jamal F, Fletcher A, et al. （2012）The effects of the school environment on student health: A systematic review of multi-level studies. Health & Place.

45.Edgar D （2001）The patchwork nation: Re-thinking government–re-building communiity. Pymble, N.S.W.: Harper Collins.

46.Lo Bianco J, Freebody P （1997）Australian literacies: Informing national policies on literacy education. Melbourne: Language Australia.

47.Luke A, Land R, Christie P, Kolatsis A, Noblett G （2002）Standard Australian english and languages for Queensland Aboriginal and Torres Strait Islander students. Brisbane: Indigenous Education Consultative Body.

48.Hanewald R （2013）Transition Between Primary and Secondary School: Why it is Important and How it can be Supported. Australian Journal of Teacher Education 38.

49.Howard S, Johnson B （2004）Transition from primary to secondary school: Possibilities and paradoxes.

50.Kirkpatrick D （1993）Student perceptions of the transition from primary to secondary school. Australian Association for Research in Education Conference. Geelong.

51.Kirkpatrick D（ 1997）Making the Change. The transition from primary to secondary school. Education Australia 36: 17–19.

52.Marston J （2008）Perceptions of students and parents involved in primary to secondary school tranistion programs. Australian Association for Research in Education. Brisbane: Australian Association for Research in Education.

53.Chadbourne R （2001）Middle schooling for the middle years. What might the jury be considering?. Southbank, Victoria: Australian Education Union.

54.Carrington V, Pendergast D, Bahr N, Kapitzke C, Mayer D, et al. (2002)Education futures: Transforming teacher education (Re-framing teacher education for the middle years). Proceedings of the 2001 National Biennial Conference of the Australian Curriculum Studies Association

55.Vaz S (2010) Factors affecting student adjustment as they transition from primary to secondary school: A longitudinal investigation. Perth: Curtin University.

56.National Health and Medical Research Centre [NHMRC] (2005) Human research ethics handbook: A research law collection.

57.NCSS (1996) PASS 6.0 user's guide. Kaysville, UT: NCSS.

58.Harter S, Whitesell N, Junkin L (1998) Similarities and differences in domainspecific and global self-evaluations of learning disabled, behaviorally disordered, and nonnally achieving adolescents. American Educational Research Journal 35:653–680.

59.Zubrick S, Silburn SR, Garton A (1993) Field instrument development for the Westem Australian child health study. Perth, WA: Western Australian Research Institute for Child Health.

60.Passmore A (1998) The relationship between leisure and mental health in adolescents. Perth University of Western Australia.

61.Harter S (1982) The perceived competence scale for children. Child Development 53: 87–97.

62.Goodman R (1997) The strengths and difficulties questionnaire: A research note. Journal of Child Psychology and Psychiatry 38: 581–586.

63.Mellor D (2005) Normative data for the strengths and difficulties questionnaire in Australia. Australian Psychologist 40: 215–222.

64.Achenbach TM (1991) Manual for the youth self-report and 1991 profile. Burlington, VT: University of Vermont Department of Psychiatry

65.Goodman R, Scott S (1999) Comparing the Strengths and Difficulties Questionnaire and the Child Behaviour Checklist: Is small beautiful? Journal of Abnormal Child Psychology 1.

66.Zubrick S, Williams A, Silburn SR, Vimpani G (2000) Indicators of social and family functioning. Canberra: Commonwealth of Australia.

67.Australian Bureau of Statistics [ABS]（2011）2033.0.55.001 - Census of Population and Housing: Socio-Economic Indexes for Areas（SEIFA）. Canberra: ABS.

68.Meyers LS, Gamst G, Guarino AJ（2006）Applied multivariate research: Design and implication. CA: Sage Publications, Inc.

69.Tabachnick B, Fidell L（2007）Using multivariate statistics. Boston, MA: Pearson Education Inc. and Allyn & Bacon.

70.Tabachnick B, Fidell L（2001）Using multivariate statistics Boston, MA: Allyn and Bacon.

71.Cohen JM（1960）A coefficient of agreement for nominal scales. Educational and Psychological Measurement 20: 37–46.

72.Bahr N（2005）The middle years learner. In: Pendergast D, Bahr N, editors. Teaching middle years: Rethinking curriculum, pedagogy and assessment Crows Nest, NSW: National Middle School Association pp. 49–64.

73.Davis C, Martin G, Kosky R, 0'Hanlon A（2000）Early Intervention in the Mental Health of Young People: A Literature Review. Monograph published by The Australian Early Intervention Network for Mental Health in Young People.

74.Snowling M, Muter V, Carroll J（2007）Outcomes in adolescence of children at family-risk of dyslexia. Journal of Child Psychology & Psychiatry 48: 609–618.

75.Zeleke S（2004）Self-concepts of students with learning disabilities and their normally achieving peers: a review. European Journal of Special Needs Education 19:145–170.

76.Marsh HW, Hau KT（2004）Big fish, little pond effect. On academic self- concept. Self Concept Research, Driving International Research Agendas. Manly.

77.Howlin P, Moss P（2012）Adults with autism spectrum disorders. The Canadian Journal of Psychiatry 57: 275–283.

78.AVECO (2012) Youth unemployment: The crisis we cannot afford. London: AVECO.

79.Haager D, Vaughn S (1995) Parent, teacher, and self-reports of the social competence of students with learning disabilities. Journal of Learning Disabilities 28:205–215.

80.Newman L (2004) Family involvement in the educational development of youth with disabilities: A special topic report of findings from the national longitudinal transition study-2(NLTS-2). Menlo Park, CA: SRI International.

81.Prince M, Patel V, Saxena S, Maj M, Maselko J, et al. (2007) No health without mental health. The Lancet 370: 859–877.

82.Lucas RE (2007) Long-term disability is associated with lasting changes in subjective well-being: evidence from two nationally representative longitudinal studies. J Person Soc Psychol 92: 717–730.

83.Emerson E, Honey A, Llewellyn G, Madden R (2009) The Well-being of Australian Adolescents and Young Adults with Self-reported Long-term Health Conditions, Impairments or Disabilities: 2001 and 2006. Australian Journal of Social lssues 44:39–54.

84.Gallo LC, Matthews KA (2003) Understanding the association between socioeconomic status and physical health: do negative emotions play a role? Psychol Bull 129: 10–51.

85.Sawyer MG, Arney FM, Baghurst PA, Clark JJ, Graetz BW, et al. (2000) The mental health of young people in Australia: Child and adolescent component of the National Survey of Mental Health and Wellbeing. Canberra, Australia: Department of Health and Aged Care, Mental Health and Special Programs Branch.

86.Wight RG, Botticello AL, Aneshensel CS (2006) Socioeconomic context, social support, and adolescent mental health: A multilevel investigation. Journal of Youth and Adolescence 35: 115–126.

87.Zubrick S, Silburn SR, Gurrin L, Teoh H, Shepherd C, et al. (1997) The Western Australian Child Health Survey: Education, health and competence. Perth, WA: Australian Bureau of Statistics and the Institute for Child Health Research.

88.Zubrick S, Silburn SR, Burton P, Blair EM（2000）Mental health disorders in children and young people: Scope, cause and prevention. Australian and New Zealand Journal of Psychiatry 34: 570–578.

89.Rutter M（1995）Relationships between mental disorders in childhood and adulthood. Acta Psychiatrica Scandinavica 91: 73–85.

90.Petticrew M, Chisholm D, Thomson H, Jane- LLlopis E（2005）Generating evidence on determinants, effectiveness and cost effectiveness. In: Herrman I, Saxena H, Moodie R, editors. Promoting Mental Health: Concepts, Emerging Evidence, Practice. Geneva: World Health Organisation.

91.Geller B, Zimerman B, Williams M, Bolhofuer K, Craney JL（2001）Bipolar disorder at prospective follow-up of adults who had prepubertal major depressive disorder. American Journal of Psychiatry 158: 125–127.

92.Geller B, Zimerman B, Williams M, Bolhofner K, Craney JL（2001）Adult Psychosocial Outcome of Prepubertal Major Depressive Disorder. Journal of the American Academy of Child and Adolescent Psychiatry 40: 673–677.

93.Orvaschel H, Lewinsohn PM, Seeley JR（1995）Continuity of Psychopathology in a Community Sample of Adolescents. Journal of the American Academy of Child and Adolescent Psychiatry 34: 1525–1535.

94.Cicchetti D, Rogosch FA（1999）Psychopathology as Risk for Adolescent Substance Use Disorders: A Developmental Psychopathology Perspective. Journal of Clinical Child Psychology 28: 355–365.

95.Roberts C, Ballantyne F, Van der Klift P（2002）Aussie Optimism: Social life skills program. Teacher resource. Perth, WA: Curtin University of Technology.

96.Cross D, Erceg E（2002）Friendly schools and families. Perth:

Edith Cowan University.

97.World Health Organisation [WHO] (1996) Promoting health through schools - The World Health Organisation's global school health initiative. Geneva: World Health Organisation.

98.Becker GS, Thomes N (1986) Human capital and the rise and fall of families. Journal of Labor Economics 4: 1–139.

99.Bradley RH, Corwyn RF (2002) Socio-economic status and child development. Annual Review of Psychology 53: 371–399.

100.Hauser RM, Brown BV, Prosser WR (1997) Indicators of children's wellbeing New York Russell Sage Foundation.

101.Saab H, Klinger D (2010) School differences in adolescent health and wellbeing: Findings from the Canadian Health Behaviour in School-aged Children Study. Social Science & Medicine 70: 850–858.

102.Andersson H, Bjørngaard J, Kaspersen S, Wang CA, Skre I, et al. (2010) The effects of individual factors and school environment on mental health and prejudiced attitudes among Norwegian adolescents. Social Psychiatry and Psychiatric Epidemiology 45: 569–577.

103.Roeger L, Allison S, Martin G, Dadds V, Keeves J (2001) Adolescent depressive symptomatology. Australian Journal of Psychology 53: 134–139.

104.Konu AI, Lintonen TP, Autio VJ (2002) Evaluation of Well-Being in Schools - A Multilevel Analysis of General Subjective Well-Being. School Effectiveness and School Improvement 13: 187–200.

105.Hattie J (1999) Influences on student learning. University of Auckland

106.Hattie J (2003) Teachers make a difference: What is the research evidence? Council for Educational Research Annual Conference on Building Teacher Quality. Melbourne.

107.Rutter M, Maughan B (2002) School Effectiveness Findings 1979–2002. Journal of School Psychology 40: 451–475.

108.Waters SK, Cross D, Shaw T（2010）Does the nature of schools matter? An exploration of selected school ecology factors on adolescent perceptions of school connectedness. British Journal of Educational Psychology 80: 381–402.

109.Waters SK, Cross D, Shaw T（2010）How important are school and interpersonal student characteristics in determining later adolescent school connectedness, by school sector? Australian Journal of Education 54: 6.

110.Bell M, Dempsey I（2001）Enrolment and placement practices for students with special needs in NSW government schools: A critical analysis of current policy. Special Education Perspectives 10: 3–14.

111.Portney LG, Watkins MP（2000）Foundations of clinical research: Applications to practice.Upper Saddle River, New Jersey: Prentice-Hall.

112.Yeo M, Sawyer S（2005）Chronic illness and disability. British Medical Journal 330: 721–723.

113.Stone LL, Otten R, Engels RC, Vennulst AA, Janssens JM(2010) Psychometric. Properties of the parent and teacher versions of the strengths and difficulties questionnaire for 4-to 12-year-olds: a review. clinical child and family psychology review 13: 254–274.

114.Kipke RC（2008）Culture in rvaluation #6: Low socio-economic status populations in California. UC Davis: Tobacco Control Evaluation Center.

115.Gutman LM, Sameroff AJ, Cole R（2003）Academic growth curve trajectories from 1st grade to 12th grade: effects of multiple social risk factors and preschool child factors. Dev Psychol 39: 777–790.

116.Jimerson S, Egeland B, Sroufe LA, Carlson B（2000）A Prospective Longitudinal Study of High School Dropouts Examining Multiple Predictors Across Development. Journal of School Psychology 38: 525–549.

117.Council Curriculum（1998）Curriculum framework for kindergarten to year 12 education in Western Australia. Perth. Western Australia.

118.Department of Education and Training [DET]（2004）Pathways to the Future: A Report of the Review of Educational Services for Students with Disabilities in Government Schools. East Perth, W.A.

119.Ryan C, Watson L（2004）The drift to private schools in Australia: Understanding its features（No. Discussion Paper No. 479）. Australian National University.

120.Council of Government School Organisations [COGSA]（2005）Middle schooling concepts and approaches: A council of government school organisations' discussion paper. Northern Territory: The Northern Territory Council of Government School Organisations.

121.Department of Education and Training [DET]（2007）The future placement of year 7 students in WA public schools: A study. Perth Government of Western Australia.

122.Australian Bureau of Statistics [ABS]（2001）ABS 2001 Census Dictionary（Cat. No. 2901.0）.

第五章　青春期的心理健康问题和教育成就：一项长达9年的TRAILS追踪研究

Karin Veldman, Ute Bültmann, Roy E. Stewart, Johan Ormel, Frank C. Verhulst, and Sijmen A. Reijneveld

5.1 引言

优秀的教育成就(至少可以上初中)与许多成年后良好的社会经济成就有关,包括:职业成就、经济保障或者是积极的生活方式。心理健康问题有可能会对教育成就产生不利影响,从而使得人生走向完全相反的道路[1]。童年时期心理问题的经济花费是巨大的,Smith JP与Smith GC[2]曾经进行了计算:美国童年期心理健康问题会使净家庭年收入降低10 400美元。心理健康问题涵盖范围比较广,从情绪问题到行为问题都列在其中,总结起来可以概括为:外化问题(攻击性和反规则行为)、内化问题(抑郁和焦虑问题、自闭行为以及躯体症状)和注意力问题。

Lee及其同事[3,4]对9个高收入国家和7个中低收入国家进行了调查,发现精神障碍与低教育成就有关。已有研究表明,对于个体的外化问题,其与教育成就有着持续的负相关,比如行为障碍和对立违抗性障碍都与教育成就存在负相关[5~8]。

关于教育成就和内化问题之间的联系，目前的研究结果仍存在争议。一些研究指出，内化问题与教育成就并无相关[6,8~11]；另一些研究则表明，内化问题与高中辍学、高中肄业和高考的失利有关[7,12~15]。关于注意力，有研究显示，个体的注意力障碍与低教育成就有着显著相关[5,6,8,16]。

迄今为止，关于心理健康问题对教育成就的影响的证据尚不明确，这可能是因为方法论的差异。首先，虽然几乎大多数的研究都采用纵向数据[5,8,11,13~15]，但在整个过程当中心理健康问题的改变却很少被提及[12,16]。其次，由于数据仅仅来自报告者的单方报告，测量误差可能相对较大。多个报告者的数据获取方式可以提高信息的可信度，但目前尚没有研究采用多源报告的方式，一般都仅获取了青少年[8,10]或者父母[9,12]其中一方的信息。最后，大多数研究都是基于美国背景，欧洲背景下的研究较少[3,4,11]。当我们对这些来自美国的结果进行解释时，必须考虑到国家福利系统间的差异，也就是说，基于自由体系下得出的结果不能直接推广和适用于民主制度中。

因此，本研究旨在考察个体11岁时心理健康问题和11~16岁间心理健康问题的变化与其19岁时的教育成就之间的前瞻性关系。同时，采用多源报告者的方法获取青少年和他们父母报告的信息。此外，根据性别进行分层分析。

5.2 方法

5.2.1 伦理学申明

青少年个人生活追踪调查（TRacking Adolescents’ Individual Lives Survey, TRAILS）研究方案通过了荷兰人类行为研究中心委员会批准。所有儿童和他们的父母都提供了书面形式的参与本研究的知情同意书。

5.2.2 研究设计和样本

TRAILS是一个对于荷兰青少年的前瞻性群组研究，目的在于探究病因学和精神病理学的进程[19,20]。研究开始于2001年3月，荷兰北部的5个省份，包括了城市地区和郊县地区，被试要求提供在1989年10月1日—1990年9月30日（前2个省）或者是1990年10月1日—1991年9月30日

(后3个省份)出生的所有儿童的姓名和地址。所有的儿童(*N*=3 145)都被邀请参与该研究,其中6.7%因为心理或精神上能力丧失,或者因为语言问题被排除在外。对于可以参与该研究的儿童(*N*=2 934),有2 230人与他们至少一方父母提供了参与研究的知情同意书(76%,平均年龄11.09岁,*SD*=0.55)。在基线水平上,应答者和没有应答者在精神病理学上没有显著差异[20]。在首次参与者(*N*=2 230)中,2 149名儿童参与到了第二次的追踪当中(96.4%,平均年龄13.5岁,*SD*=0.53),1 816名儿童参与到了第三次追踪当中(81.4%,平均年龄16.25岁,*SD*=0.69),1 881名儿童参与到了第四次追踪当中(84.3%,平均年龄19.05岁,*SD*=0.58)。关于设计、样本、流程和无应答的分析的更多详尽细节,可见具体文献[19~21]。本研究使用了1 711名TRAILS参与者(76.7%)的数据,他们的教育状况或者任职状况在19岁时进行调查。

5.2.3 测量

教育成就在被试19岁时由两个问题来测量:所获得的最高学历,或者是当时仍然在上学的受教育水平。教育成就被分为:低等(小学、初级职业教育或者是初级中学教育)、中等(中级职业教育和中级中学教育)、高等(高级中学教育、高级职业教育或者是大学)三种(见图1)。

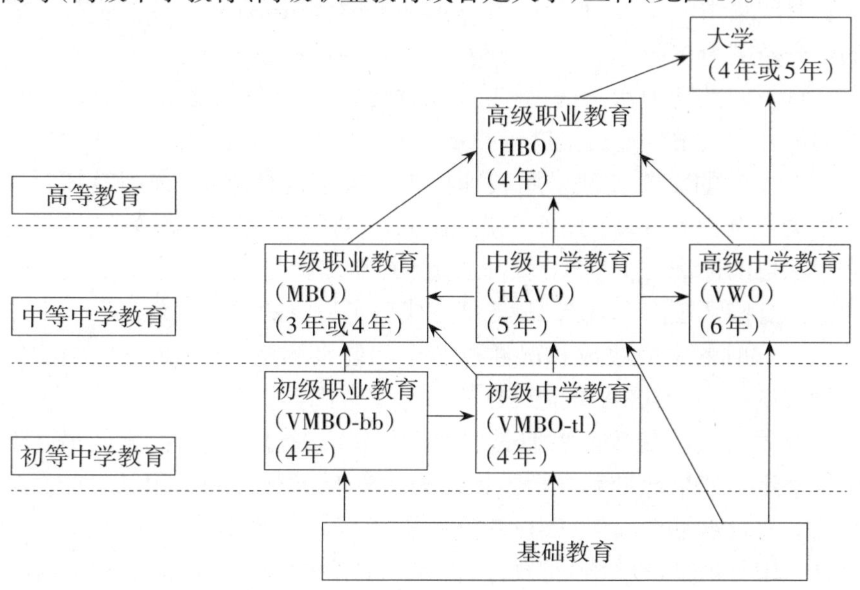

图1　荷兰教育系统

5.2.4 荷兰教育系统

荷兰教育系统如图1所示。儿童在4~12岁就读小学。根据小学教师的建议和国家考试的结果(CITO),儿童将进入中学。中学教育由不同的、多重的轨迹构成:提供职业教育或者是工作训练的教育,以及进入高等校园的预备教育。

本研究分别在被试11岁和16岁时采用《青少年自陈量表》(Youth Self Report, YSR)和《儿童行为核查表》(Child Behavior Checklist, CB-CL)对其心理健康问题进行测量[22]。YSR和CBCL量表包含了行为和情绪问题的一系列项目,根据在过去的6个月当中出现题项所描述的情况进行选择:“否”得0分,“有时是”得1分,“经常”得2分。因为多源信息能更好地预测心理健康问题[17,18],所以标准化的YSR和CBCL得分会和另一种测量评分结合。外化问题量表由攻击性行为和拖延行为分量表构成(α=0.85)。外化问题量表的得分范围为0分到64分,高分表示有更多的外化问题。内化问题量表由焦虑/抑郁行为、躯体症状和孤独/抑郁行为三个分量表组成(α=0.87)。量表的得分范围为0分到62分,高分表示有更多的内化问题。注意力分量表包含了关于注意力集中困难、无法长时间集中注意力、开小差或是走神等项目(α=0.68)。注意力分量表的得分范围为0分到18分,高分表示有更多的注意力问题。

11岁时的智力水平通过《韦氏儿童智力量表(修订版)》(WISC-R)[23]的词汇和木块图分量表来进行测量[24,25]。

11岁时的学业表现采用教师报告的方法进行测量,询问教师对其学生关于努力和成就的5个问题,比如“该学生工作模式较好”“该学生表现在他的标准之下”等。教师通过5点李克特量表对其学业表现进行评估。有些问题需要重新编码,高分代表了更好的学业表现。

11岁时的家庭组成状况通过两个问题来测量,一个是家庭当中的父母数量,另一个是从出生到11岁父母是否离异。

11岁时父母受教育水平通过询问父亲或者母亲其所获得的最高学历来确定。如果父母双方学历均已知(85%的父母),则采用二者的最高学历。教育水平被分为三组:初等水平(小学、初级职业教育和初级中学教育)、中等水平(中级职业教育、中级中学教育和高级中学教育)以及高等水平(高级职业教育或者大学)。

11岁时的身体健康状况通过一个问题来测量，即“你最近两年身体健康状况如何?”。参与者通过5点李克特量表来评价他们的身体状况(1=非常差，5=非常好)，再通过重新编码的形式，即以“1=不健康(1，2)”“2=一般健康(3)”和“3=很健康(4，5)”进行记录。

5.2.5 数据分析

第一，为了检验初等、中等、高等教育水平之间的差异，对分类变量(例如:性别、父母受教育水平、家庭组成和身体健康状况)进行卡方检验，而对连续变量(例如:年龄、智力、学业表现以及外化、内化和注意力问题)采用方差分析进行检验。

第二，为了考察个体在11岁和16岁时的外化、内化和注意力问题能否预测19岁时的教育成就，采用多层回归分析。之所以采用多层回归，而不是有序回归分析方法，是因为平行线检验结果显示注意力问题和对数优势比之间的关系并非在所有对数优势比上(X^2=5.62，P=0.02)都相同。原始的联系先被计算出来(模型1)，随后根据年龄、性别、IQ、父母受教育水平和身体健康状况(模型2)进行调整。模型3则额外对内化、外化和注意力问题进行调整。模型4则根据学业表现进行调整(没有展示数据)。

第三，为了考察个体在整个期间，教育成就与心理健康问题关系的变化情况，我们对在11岁和16岁之间外化、内化和注意力问题的分数差异进行计算。为了检验11岁和16岁之间在外化、内化和注意力问题的分数差异是否与19岁时的教育成就有关，采用多层回归进行分析。模型1是对基线心理健康问题进行调整，模型2额外对年龄、性别、IQ、父母受教育水平和身体健康进行调整。模型3另外对内化、外化和注意力问题进行调整。而模型4则对学业表现进行调整(模型4数据未展示)。

因为完整样本分析(complete-case analyses)只能用于1 142名青少年(占总体样本的66.7%)，所以研究中采用了多重替代法进行。内化、外化和注意力问题的数据缺省率为6.8%~24.8%。缺省数据的多重替代在项目水平上进行，并且进行三十次以最大程度降低造成偏差和失去统计效力的风险[26]。这种方法假设数据的丢失是随机的(MAR)或者完全随机的(MCAR)[27]。

所有对总体样本的分析都分别对男生和女生进行，统计软件为SPSS 20.0。

5.3 结果

5.3.1 样本特征

在总体样本（*N*=1 711）中，107 名青少年（6.3%）为低等教育成就，1 211 名（70.7%）为中等教育成就，394 名（23.0%）为高等教育成就。在年龄、父母受教育水平、家庭构成、IQ、学业表现、身体健康状况、外化问题（自我报告和父母报告）、注意力问题、差异外化问题得分（自我报告和父母报告）以及差异内化得分（父母报告）上，不同的教育成就组间的差异均显著。表 1 显示了每一个教育成就组的样本特征。

表 1　因变量、自变量和混淆变量的描述性统计

变量	年龄	教育成就			*P* 值
		低等	中等	高等	
性别（N，%）	11				0.18
男		55（51.4）	650（53.7）	231（58.6）	
女		52（48.6）	561（46.3）	163（41.4）	
年龄（平均值、标准差）	19	19.2（0.66）	19.0（0.58）	19.1（0.56）	0.01
父母受教育水平（N，%）	11				<0.001
初等		47（44.3）	281（23.2）	25（6.4）	
中等		46（42.5）	489（40.4）	69（17.6）	
高等		14（13.2）	441（36.4）	300（76）	
家庭组成（N，%）	11				<0.001
单亲		37（34.6）	262（21.6）	60（15.2）	
双亲		70（65.4）	949（78.4）	334（84.8）	
IQ（平均值，标准差）	11	87.9（13.8）	96.5（13.1）	110.8（12.3）	<0.001
学业表现（平均值，标准差）	11	3.0（0.8）	3.6（0.8）	4.4（0.5）	<0.001

续表

变量	年龄	教育成就			P值
		低等	中等	高等	
身体健康状况(N,%)	11				0.01
不好		3(2.8)	18(1.5)	8(2.0)	
一般		11(10.3)	106(8.8)	23(5.8)	
好		93(86.9)	1 087(89.8)	363(92.1)	
外化问题(平均值,标准差)	11				
自我报告(YSR)		10.2(7.6)	8.9(6.4)	7.8(5.3)	<0.001
父母报告(CBCL)		9.5(6.9)	7.8(6.4)	5.3(4.6)	<0.001
内化问题(平均值,标准差)	11				
自我报告(YSR)		13.0(8.7)	11.7(7.5)	11.2(7.1)	0.09
父母报告(CBCL)		8.3(6.6)	7.9(6.1)	7.3(5.9)	0.15
注意力问题(平均值,标准差)	11				
自我报告(YSR)		4.9(2.8)	4.5(2.8)	3.9(2.4)	<0.001
父母报告(CBCL)		5.8(3.8)	4.5(3.3)	2.3(2.1)	<0.001
外化问题(11岁的平均变化,标准差)	16				
自我报告(YSR)		3.0(8.9)	1.5(7.7)	0.3(6.3)	<0.001
父母报告(CBCL)		1.3(7.2)	−1.6(6.1)	−1.7(4.4)	<0.001
内化问题(11岁的平均变化,标准差)	16				
自我报告(YSR)		1.1(10.9)	−1.8(8.3)	−2.0(7.8)	0.71
父母报告(CBCL)		0.3(6.2)	−1.6(6.0)	−2.2(5.9)	0.01
注意力问题(11岁的平均变化,标准差)	16				
自我报告(YSR)		1.2(3.7)	0.9(3.3)	0.8(3.1)	0.52
父母报告(CBCL)		−0.9(3.1)	−0.9(3.1)	−0.5(2.1)	0.05

分类变量采用卡方检验,连续变量采用单因素方差分析。

5.3.2 11岁时的心理健康和19岁时的教育成就

外化问题、内化问题和注意力之间存在显著的相关(模型1)。在对年龄、性别、IQ、父母受教育水平和身体健康状况进行调整之后,内化问题与低等教育成就之间的相关不再显著(模型2)。模型3显示了在调整了其他的心理健康问题之后,只有11岁时的注意力问题与低等教育成就依然存在显著的相关。而对学业表现进行调整后,注意力问题和19岁时的低等教育成就之间的相关则不再显著(没有展示数据)。

结果在男孩和女孩之间无显著差异(见表2)。

表2 对19岁时教育成就和11岁时外化、内化、注意力问题的多层回归分析

	模型1		模型2		模型3	
	OR	95%*CI*	*OR*	95%*CI*	*OR*	95%*CI*
低等教育成就与高等教育成就						
外化问题	2.33***	1.78~3.06	1.70**	1.18~2.46	1.41	0.94~2.11
内化问题	1.36*	1.04~1.77	1.32	0.93~1.88	0.70	0.48~1.02
注意力问题	3.48***	2.60~4.66	1.78**	1.20~2.64	3.19***	2.11~4.83
中等教育成就与高等教育成就						
外化问题	1.71***	1.44~2.03	1.56**	1.21~2.01	1.34*	1.03~1.74
内化问题	1.14	0.98~1.32	1.25	1.00~1.56	0.75*	0.60~0.94
注意力问题	2.35***	1.97~2.81	1.53**	1.19~1.96	2.28***	1.77~2.95

*$P<0.05$,**$P<0.01$,***$P<0.001$。模型1:初始模型;模型2:对年龄、性别、IQ、父母受教育水平和身体健康状况进行调整之后;模型3:对年龄、性别、IQ、父母受教育水平、身体健康状况、内化问题、外化问题、注意力问题进行调整之后。

表3　对19岁时教育成就与11~16岁间外化问题、内化问题、注意力问题的变化值的多层回归分析

	模型1		模型2		模型3	
	OR	95%*CI*	*OR*	95%*CI*	*OR*	95%*CI*
低等教育成就与高等教育成就						
外化问题	3.12***	2.20~4.44	3.34***	2.12~5.28	3.12***	1.83~5.32
内化问题	1.72**	1.20~2.46	1.52	0.92~2.52	0.71	0.42~1.19
注意力问题	2.30***	1.55~3.41	2.34**	1.42~3.86	1.51	0.85~2.68
低等教育成就与高等教育成就						
外化问题	1.70***	1.38~2.10	1.92***	1.42~2.58	1.63**	1.18~2.23
内化问题	1.21*	1.00~1.45	1.37*	1.04~1.80	0.74*	0.57~0.96
注意力问题	1.64***	1.34~2.02	1.95***	1.47~2.59	1.66**	1.22~2.24

*P<0.05，**P<0.01，***P<0.001。模型1：初始模型；模型2：对年龄、性别、IQ、父母受教育水平和身体健康状况进行调整之后；模型3：对年龄、性别、IQ、父母受教育水平、身体健康状况、内化问题、外化问题、注意力问题进行调整之后。

5.3.3 11~16岁之间的心理健康问题的变化与19岁时教育成就之间的关系

表3显示对总体样本而言，无论是初始模型，还是在控制了年龄、性别、IQ、父母受教育水平和身体健康状况之后的模型（模型1和模型2）中，增加的外化问题、内化问题和注意力问题均与19岁时的教育成就有很强的相关。根据性别进行分层分析，发现只在女生中存在内化问题升高与低等教育成就的显著相关（*OR*= 2.21，1.25~3.94）。

根据其他心理健康问题进行调整后，外化问题、内化问题、注意力问题的升高与低等教育成就之间的相关不存在性别差异。对于总体样本来说，只有在11岁与16岁之间升高的外化问题与低等教育成就之间的相关仍然有统计上的显著性。

5.4 讨论

本研究考察了青少年11岁到16岁之间心理健康问题的变化与19岁时的教育成就之间的前瞻性关系。我们发现,11岁时的外化问题和注意力问题可以预测19岁时的低等教育成就。此外,11岁到16岁期间个体增加的外化问题和内化问题(仅对于女孩来说)可以预测19岁时的低等教育成就。

关于外化问题和注意力问题与低等教育成就的前瞻性相关,这一发现与之前在美国的研究结果一致[5,6,8]。这表明了外化问题和注意力问题不仅仅在自由福利系统中对学校的成就有着负面影响,在荷兰这一社会民主福利系统当中也是如此。关于这两种背景下的影响机制,两者可能具有一定的相似性。其中最可能的机制之一是社会选择,即心理健康问题导致社会经济地位低下。就现有的数据来说,我们无法得出强调社会因果关系的结论,但倘若我们获取TRAILS研究更加长期的数据,或许能够得出社会经济地位低下与心理健康问题间的因果关系。外化问题和注意力问题与低等教育成就的负相关可能源自外化问题和注意力问题对其他人的影响,比如说教师。表现出外化问题和注意力问题的儿童和青少年往往与行为不良的同龄人接触、不在课堂上的时间或者是可能接受到负面的反馈都更多,因此可能导致其低等教育成就[28]。

在对内化问题和注意力问题进行调整之后,11岁时的外化问题与19岁时的低等教育成就的关系不再显著。这也许解释了为什么有注意力问题的儿童更加容易出现外化问题[29]。McLeod和Fettes通过对整个时间段内变化的观察,对教育成就上外化问题、内化问题的轨迹进行分析。他们关于外化问题的发现与我们的研究相类似,例如增长的外化问题与低等教育成就间存在显著相关。

关于11岁时的内化问题,在对外化问题和注意力问题进行调整之后,19岁时低等教育成就与其关系不再显著。先前的研究存在一些有争议的发现,一个可能的解释是早前的研究当中发现的相关来自内化问题、外化问题和注意力问题的共现关系,这一解释也被一些研究所支持:当对精神并发症进行调整之后,内化问题与低等教育成就间则不存在显著相关[5,6,11],然而若不进行调整,它们之间则存在显著相关。我们的研究则发现,11岁至16岁期间增长的内化问题与19岁时的低等教育成就显著相关。内化问题加重的女孩是未来教育成就低下的高风险人群,需要予以特别的关注。我们可以推测,这种情况是由于她们陷入了一个恶性循环,内化问题可能引起更多的其他问题,而这又会反过来引起更多的内化问题。

注意力问题和低等教育成就的相关在控制了学业表现之后同样不再显著。也许注意力问题和学业表现都会与教育成就相联系。此外,注意力问题和学业表现可能也存在相关。例如有注意力问题的儿童更加可能出现较差的学业表现。本研究中,所得得分均由行为问卷进行测量。注意力问题的问卷主要包含了注意力方面的问题,而仅有几项涉及多动症状,因此无法从该量表中反映ADHD的问题。然而,一些研究显示相比多动症症状,儿童的注意力问题能够更好地预测教育成就[16,30,31]。

本研究同时存在一些优点和不足之处。研究数据来自对具有代表性样本的9年的大规模追踪,重复的测量方法使得我们可以从生命历程的视角来考察心理健康问题的发展与变化。另一个优势是样本在不同的测量中仍然有很高的保留率,从81.4%到96.4%。此外,我们从不同的多重信息源当中获取青少年的心理健康问题的数据,这减少了信息偏差[17,18]。本研究中自我报告与父母报告的心理健康问题得分间不存在差异,这一点非常理想。当然,如果存在差异,其本身也是能反映一定信息的。心理健康问题的等级是基于自我报告和父母报告的,并非诊断性的访谈这个黄金标准。在本研究中,除了对严重心理健康问题的负面影响进行分析,我们对一般心理健康问题的影响同样感兴趣。此外,本研究采用了具有高信效度的测量工具来评估心理健康问题(即YSR和CBCL)[22]。

关于本研究的局限性,我们所得结果的前提是研究中数据的缺失是随机的。如果这个假设不成立(即没有参加实验的青少年正是因为其存在心理健康问题而没有参与),那么其可能使结果产生偏差。我们比较了整个样本当中的估算数据,并没有观察到差异性。另一个值得注意的问题是,我们计算的是11岁到16岁期间心理健康问题的变化得分。因此,我们无法得知持续严重存在的心理健康问题对教育成就的负面影响将是如何。对此问题的探索亦是我们的兴趣所在,但由于在青少年样本中表现出严重且持续心理健康问题的人数过少，因此尚无法实现[32]。

我们的研究有力地展示了前青春期心理健康问题和其变化情况与低等教育成就间的强相关性。这强调了早期检测的重要性，比如通过儿童评估和学校监控[33]等各种手段。而当测得儿童的心理健康问题随着时间的推移逐渐严重时，尤其需要给予关注，因为他们有低等教育成就的风险会更高。

如果只是进行了早期检测而没有及早干预，也是徒然。举例来说，我们可以通过对教师和学校其他职员进行培训，以期为儿童和家长提供适当的帮助，满足儿童的特殊需求。行为问题和健康问题之间并不是相互独立的，它们之间存在非常强的联系[34]。因此，干预项目应该聚焦于儿童和青少年可能出现的那些异常行为，同时还需要一套完整的方案来帮助改善他们的心理健康问题，使他们日后能够顺利地进入职场工作。

参考文献

1.Ettner SL, Frank RG, Kessler RC（1997）The impact of psychiatric disorders on labor market outcomes. Ind Labor Relat Rev 51: 64−81.

2.Smith JP, Smith GC（2010）Long-term economic costs of psychological problems during childhood. Soc Sci Med 71: 110−115.

3.Lee S, Tsang A, Breslau J, Aguilar-Gaxiola S, Angermeyer M, et al.（2009）Mental disorders and termination of education in high-income and low- and middle-income countries: Epidemiological study. Br J Psychiatry 194: 411−417.

4.Lee S, Tsang A, Breslau J, Aguilar-Gaxiola S, Angermeyer M, et al.（2011）Mental disorders and termination of education education in high-income and low- and middle-income countries: Epidemiological study: Correction. Br J Psychiatry 198: 327.

5.Breslau J, Lane M, Sampson N, Kessler RC（2008）Mental disorders and subsequent educational attainment in a US national sample. J Psychiatr Res 42: 708−716.

6.Breslau J, Miller E, Joanie Chung W-J, Schweitzer JB（2011）Childhood and adolescent onset psychiatric disorders, substance use, and failure to graduate high school on time. J Psychiatr Res 45: 295–301.

7.Kessler RC, Foster CL, Saunders WB, Stang PE（1995）Social consequences of psychiatric disorders, I: Educational attainment. Am J Psychiatry 152: 1026–1032.

8.Miech RA, Caspi A, Moffitt TE, Wright BRE, Silva PA（1999）Low Socioeconomic Status and Mental Disorders: A Longitudinal Study during Young Adulthood. Am J Sociol 104: 1096–1131.

9.Duchesne S, Vitaro F, Larose S, Tremblay RE（2007）Trajectories of Anxiety During Elementary- school Years and the Prediction of High School Noncompletion. J Youth Adolesc 37: 1134–1146.

10.Woodward LJ, Fergusson DM（2001）Life course outcomes of young people with anxiety disorders in adolescence. J Am Acad Child Adolesc Psychiatry 40: 1086–1093.

11.Jonsson U, Bohman H, Hjern A, von Knorring L, Olsson G, et al.（2010）Subsequent higher education after adolescent depression: a 15-year follow-up register study. Eur Psychiatry 25: 396–401.

12.McLeod JD, Fettes DL（2007）Trajectories of Failure: The Educational Careers of Children with Mental Health Problems. Am J Sociol 113: 653–701.

13.Needham BL（2009）Adolescent Depressive Symptomatology and Young Adult Educational Attainment: An Examination of Gender Differences. J Adolesc Heal 45: 179–186.

14.Fletcher JM（2008）Adolescent depression: diagnosis, treatment, and educational attainment. Health Econ 17: 1215–1235.

15.Fletcher JM（2010）Adolescent depression and educational attainment: results using sibling fixed effects. Health Econ 19: 855–871.

16.Pingault J-B, Tremblay RE, Vitaro F, Carbonneau R, Genolini C, et al.（2011）Childhood Trajectories of Inattention and Hyperactivity and Prediction of Educational Attainment in Early Adulthood: A 16-Year Longitudinal Population-Based Study. Am J Psychiatry 168: 1164–1170.

17.Achenbach TM, McConaughy SH, Howell CT（1987）Child/adolescent behavioral and emotional problems: implications of cross- informant correlations for situational specificity. Psychol Bull 101: 213–232.

18.Verhulst FC, van der Ende J（1992）Agreement between parents' reports and adolescents' self-reports of problem behavior. J Child Psychol Psychiatry 33: 1011–1023.

19.Huisman M, Oldehinkel AJ, de Winter A, Minderaa RB, de Bildt A, et al.（2008）Cohort profile: the Dutch "TRacking Adolescents" Individual Lives' Survey'; TRAILS. Int J Epidemiol 37: 1227–1235.

20.De Winter AF, Oldehinkel AJ, Veenstra R, Brunnekreef JA, Verhulst FC, et al.（2005）Evaluation of non-response bias in mental health determinants and outcomes in a large sample of pre-adolescents. Eur J Epidemiol 20: 173–181.

21.Ormel J, Oldehinkel AJ, Sijtsema J, van Oort F, Raven D, et al.（2012）The TRacking Adolescents' Individual Lives Survey（TRAILS）: design, current status, and selected findings. J Am Acad Child Adolesc Psychiatry 51: 1020–1036.

22.Achenbach T, Rescorla L（2001）Manual for the ASEBA School-Age Forms & Profiles. Burlington VT: University of Vermont, Research Center for Children, Youth, & Families.

23.Wechsler D（1974）Wechsler Intelligence Scale for Children - Revised. New York:Psychological Corporation.

24.Sattler J（1992）Assessment of Children. San Diego: Author.

25.Silverstein AB（1967）Validity of WISC short forms at three age levels. J Consult Psychol 31: 635–636.

26.White IR, Royston P, Wood AM（2011）Multiple imputation using chained equations: Issues and guidance for practice. Stat Med 30: 377–399.

27.Graham JW（2009）Missing data analysis: making it work in the real world. Annu Rev Psychol 60: 549–576.

28.Henry KL, Huizinga DH（2007）School-related risk and protective factors associated with truancy among urban youth placed at risk. J Prim Prev 28: 505–519.

29.Monuteaux MC, Biederman J, Doyle AE, Mick E, Faraone S V（2009）Genetic risk for conduct disorder symptom subtypes in an ADHD sample: specificity to aggressive symptoms. J Am Acad Child Adolesc Psychiatry 48: 757–764.

30.Massetti GM, Lahey BB, Pelham WE, Loney J, Ehrhardt A, et al.（2008）Academic achievement over 8 years among children who met modified criteria for attention-deficit/ hyperactivity disorder at 4–6 years of age. J Abnorm Child Psychol 36: 399–410.

31.Lee SS, Hinshaw SP（2010）Predictors of Adolescent Functioning in Girls With Attention Deficit Hyperactivity Disorder（ADHD）: The Role of Childhood ADHD, Conduct Problems, and Peer Status. J Clin Child Adolesc Psychol: 37–41.

32.Jaspers M, de Winter AF, Veenstra R, Ormel J, Verhulst FC, et al.（2012）Preventive child health care findings on early childhood predict peer-group social status in early adolescence. J Adolesc Health 51: 637–642.

33.Jaspers M, de Winter AF, de Meer G, Stewart RE, Verhulst FC, et al.（2010）Early findings of preventive child healthcare professionals predict psychosocial problems in preadolescence: the TRAILS study. J Pediatr 157: 316–321.

34.Van Nieuwenhuijzen M, Junger M, Velderman MK, Wiefferink KH, Paulussen TWGM, et al.（2009）Clustering of health-compromising behavior and delinquency in adolescents and adults in the Dutch population. Prev Med（Baltim）48: 572–578.

第六章　学校心理健康服务：有心理健康障碍的青少年使用校外服务的指示牌？一项基于全美代表性样本的研究

Marion Tegethoff, Esther Stalujanis, Angelo Belardi, and Gunther Meinlschmidt

6.1 引言

心理健康障碍对健康护理系统构成了一个巨大的挑战。它们不仅在成年人当中非常普遍，而且在青少年和儿童中也很常见[2,3,4,5,6,7]，这种情况对健康、有品质的生活和良好的经济状况都有着巨大的影响[9]。许多卫生机构和科学杂志已经意识到将心理健康服务整合到健康研究和医疗服务供给的各个方面的紧迫性。比如《柳叶刀》(Lacent)杂志曾经记录了《全球精神卫生倡议书》和美国儿科学会的重大挑战项目所提出的全球心理健康和战略研究目标以及健康计划的相关内容[10~12]。

对于心理健康障碍，目前虽然已经研究出了行之有效的治疗方法，但许多有心理障碍的儿童和青少年仍无法获得充分适当的照料和治疗[13,14]。虽然早期干预的实施有望避免患者出现长期心理健康问题并改善他们的健康和生产力状况[17]，但患者从第一次出现心理障碍到第一次接受相关治疗的平均间隔时间达将近10年[16]。

据报道，学校部门是有情绪或者行为问题的儿童和青少年与治疗服务部门之间的衔接纽带[13,18,19,20]，大力发展以学校为基础的儿童和青少年心理健康促进项目已经被列为“全球心理健康倡议中的巨大挑战”的十大挑战之一[10]。国际学校心理学调查结果显示学校心理医生和学生的配对比高得让人担忧，在意大利，每470个学生配有一位在校心理医生，而在德国，每26 000个学生才配有一位心理医生[21]。除了学校心理医生与学生的配对比例很低之外，学校心理医生的工作职责也过于繁杂，他们需要做各种工作，对学生提供心理干预仅仅是其中的一项[22]。这也表明，当前的日常校园环境中，为具有心理障碍的儿童和青少年提供完善且全面的治疗方案仍十分困难。相反地，学校是儿童和青少年寻求帮助的重要渠道，也正因为如此，人们才期望学校能够在儿童和青少年出现心理问题的早期阶段为他们联系到能够解决他们的心理健康问题并提供优质治疗的校外服务机构。然而，学校作为转诊校外服务机构的指引者，其角色依然未得到应有的重视[18,23]。为了加强对儿童和青少年寻求心理健康服务援助一般流程的理解，我们急需厘清卫生保健部门的使用顺序，并把研究重点从单一部门的使用转向更多相关的部门使用模式[13,24]。

本研究旨在对美国全国代表性的群体进行评估，关注那些一直以来存在心理健康障碍的青少年以及学校心理健康服务机构作为治疗心理障碍的校外服务机构指引者的角色。

6.2 材料和方法

6.2.1 研究样本

本研究的数据来自全美疾病调查副本青少年扩展版（NCS-A）。NCS-A对具有全国代表性的10 148名美国青少年（13~18岁）进行面对面的调查，这次调查是在2001年2月到2004年1月[25~27]之间进行的双重框架设计指导下开展的，并已有了详细描述[25,26,28]。我们的分析是基于10 123名样本中的6 483名青少年子团体，这些青少年在调查进行期间还在学校上学，可以接受访谈，并且他们的父母也能够接受长版本的问卷调查。

6.2.2 伦理学声明

青少年及其父母提供了书面的知情同意书，NCS-A的使用通过了哈佛医学院和密歇根大学的人体实验委员会的批准。

6.2.3 心理障碍的评估

为了评估青少年的心理障碍，经过培训的访谈工作者使用的调查工具是WHO的综合诊断访谈（Composite International Diagnostic Interview, CIDI）3.0版，这是一个结构性的临床访谈，用于评估DSM-IV中主要种类的障碍，包括了情感障碍（即主要的抑郁症、心境抑郁、双相障碍I型和双相障碍II型）、焦虑障碍（广场恐惧症、广泛焦虑障碍、社交焦虑、特殊恐惧症、惊恐性障碍、创伤后应激障碍和分离焦虑障碍）、行为障碍（注意力缺乏障碍、对抗性障碍、行为失常）、成瘾（酒精滥用或依赖、药物滥用或依赖）和进食障碍（神经性厌食症、神经性暴食症和暴食症）。采用电脑辅助施测，已经对青少年样本进行了调整，以确保访谈的质量和临床再测样本之间的一致性[25,27~29]。除了对青少年进行CIDI访谈，父母或者监护人也需要完成自我报告的问卷（SAQ）来评估他们的孩子是否患有注意力缺乏或是涣散障碍、行为失常、对抗性障碍、抑郁障碍和心境障碍，对于这些障碍，父母的评估具有额外的诊断价值[30~32]。当能够从青少年和父母两方面得到信息时，这些信息都会被整合，而现在我们根据父母或者青少年一方报告的数据是否符合DSM-IV的诊断标准来判断青少年是否患有心理障碍。发病的年龄是指明确的心理障碍第一次出现的年龄。如果同一心理障碍类别中有不止一种心理障碍存在，就将这种类别当中首次表现出的心理障碍的发病年龄定义为该障碍类别的发病年龄。相应的，在分析患有“任意心理障碍”的儿童和青少年的亚样本时，先出现的心理障碍发生的年龄被认为是该样本的发病年龄。

6.2.4 服务使用的评价

青少年和父母填写《儿童和青少年服务评估问卷》以提供儿童或青少年在各种部门当中的心理健康服务使用的信息[33]。父母和青少年签署同意书[13,33]。回答者会被问到青少年在至今为止的生活当中是否针对他们的情绪、行为或者是酒精和药物使用向任何专业或者是机构进行过咨询，包括门诊或者非门诊机构。根据先前的研究，服务使用被归类为以下几种[13]：(1)学校服务，包括个人或团体的心理咨询或治疗。(2)校外服务，包括①心理健康专业部门，其中有社区心理健康中心或者是临床心理健康门诊，半住院治疗或者是日间治疗程序，药物或者酒精治疗单元或是临床治疗，医院或住宅治疗中心；②医疗专业部门，包括急诊、儿科或者家庭医生；③其他服务，包括电话热线、自助团体、咨询或者是家庭护工、感化官或少年司法预警或法院顾问、宗教导师、临时护工，其他种类的治疗者、团体家庭、收养家庭、拘留中心，以及监狱或者是临时庇护所。而且，回答者会被问及他们在第一次使用这些服务时的年龄。

6.2.5 数据分析

所有的数据分析均基于进行过事后分层处理的加权数据，这样能对于样本和总体之间在学校或者社会人口学特征分布上的微小差异进行修正[25]。我们对离散变量进行描述性统计，计算不同种类的服务机构以及样本的社会人口学特征的频率和百分比。我们在非参数基准风险函数的基础上计算了离散时间比例风险模型，并采用补充性对数回归来估计校内和校外心理障碍服务使用的时间关系，在此模型中，我们把校内服务使用（相对于校外服务而言）定义为随时间变化的预测变量，将心理健康专业部门、医疗专业部门、其他服务及校外服务部门的服务使用情况定义为结果变量[34]。对有着以下状况的儿童和青少年的亚团体进行分析：(1)情感障碍；(2)焦虑障碍；(3)行为障碍；(4)物质使用障碍；(5)进食障碍；(6)精神障碍。我们计算出风险比（hazard ratios，*HR*）及其95%的置信区间（confidence intervals，*CI*），使用泰勒系列线性化技术来解释调查数据的复杂结构。

表 1　不同部门的心理健康服务使用信息以及研究样本的社会人口统计学特征（*N*=3656*）

服务使用			
服务部门		*n*	比例(%)
学校心理健康服务部门		842	25.24
校外服务部门		1908	55.87
心理健康专业部门		1129	32.70
医疗专业部门		350	10.01
其他校外服务部门		552	16.73
社会人口统计学特征			
社会人口统计学因素	分类	*n*	比例(%)
性别	女	1 907	49.58
	男	1 749	50.42
年龄	13~14 岁	1 364	34.28
	15~16 岁	1 428	41.36
	17~18 岁	864	24.36
种族	西班牙裔	475	15.52
	黑人	667	15.95
	其他	227	5.10
	白人	2 287	63.44
父母受教育水平(父母中任一方的最高教育学历)	高中以下	470	14.10
	高中	1 092	29.42
	大学或大专	826	23.22
	大学以上	1 268	33.27

续表

服务使用			
服务部门		*n*	比例(%)
贫困指数比例	≤1.5	560	15.82
	≤3	711	20.26
	≤6	1 209	32.47
	>6	1 176	31.46
地区	东北地区	674	16.93
	中西部地区	1 187	23.93
	南部地区	1 152	34.28
	西部地区	643	24.86
城市化程度	首府城市	1 506	46.45
	其他城市	1 306	39.31
	郊县地区	844	14.24
与青少年一起生活的双亲人数	0	381	11.03
	1	1 517	42.21
	2	1 758	46.77
出生顺序	最长	1 235	36.71
	最幼	1 047	26.54
	其他	1 374	36.75
兄弟姐妹数量	0	161	4.10
	1	939	25.80
	2	963	27.92
	3个或更多	1 593	42.19

[a]NCS-A亚团体包括了所有提供了心理障碍的自我报告和父母报告的参与者，这些参与者至少患有一种心理障碍。

我们用霍尔姆公式对进行多重比较的24个主要检验的p值进行了调整,之后重新对结果进行评估[35~37],从而解释了测试的数量问题。

为了验证我们的结果,接着进行了二级分析:因为前人的研究表明,某些社会人口统计学变量会影响儿童和青少年的心理健康服务使用[13,38~40],为了控制这些潜在的混淆变量,我们在调整了一些社会人口统计学因素后再次进行了分析。我们将这些社会人口统计学因素同时纳入分析,并在表1中以分类的形式呈现。这些因素在前人有关儿童和青少年心理健康的流行病学研究中被作为心理障碍患病率的预测指标[7]。此外,我们重复分析了三次,分别控制了心理障碍种类的数量(1/2/≥3)、已经被分析了的子团体当中具有某一心理障碍类型的发病年龄(情绪障碍:1~10岁/11~12岁/13~14岁/15~18岁;焦虑障碍:1~4岁/5~6岁/7~10岁/11~18岁;行为障碍:1~4岁/5~6岁/7~10岁/11~18岁;物品使用障碍:1~13岁/14岁/15岁/16~18岁;进食障碍:1~12岁/13岁/14岁/15~18岁;其他心理障碍:1~4岁/5~6岁/7~11岁/12~18岁;各个类别之间的界限的定义尽可能地靠近各年龄段的四位数)、分析中子团体里并未表现更多类型的心理障碍(用"是"或"否"的形式进行回答)。

对那些在主分析中表现出统计学意义显著性但在霍尔姆修正或二级分析中不稳定的结果,我们做出了谨慎的解释。

有一小部分被试丢失了有关服务使用的信息,我们通过严格处理分析具有完整信息被试的数据来解决数据缺省的问题(见表2)。采用0.05置信水平的双侧显著性检验对结果进行重新评估。统计分析均采用的是STATA/MP 13软件(得克萨斯州,大学城,Stata公司)。

6.3 结果

6.3.1 研究组描述性统计

6 483名青少年当中有3 656人(56.4%)被诊断出曾经患有心理障碍。有关解决心理健康问题的服务部门的使用信息,以及研究组中存在这些心理障碍的青少年的社会人口统计学特征的信息均呈现在表1中。

6.3.2 通过学校心理健康服务的使用预测校外心理健康服务的使用情况

表2显示了在处理曾经有心理障碍的儿童和青少年的心理问题时，学校和随后校外服务使用之间关系的离散时间比例风险分析的结果。学校服务使用预测了随后在处理儿童和青少年的情绪障碍、焦虑障碍、行为障碍、物品使用障碍、进食障碍和其他心理障碍的医疗专业部门的服务使用情况，也预测了随后在处理儿童和青少年的焦虑障碍、行为障碍、物品使用障碍、进食障碍和其他心理障碍的其他服务部门的使用情况，还可以预测随后在处理儿童和青少年的任意心理障碍的心理健康专业部门的使用情况，以及随后的在处理儿童和青少年的焦虑障碍和任何心理障碍的校外服务部门的服务使用情况。

对多重检验调整后，除了对患有其他心理障碍的儿童和青少年的心理健康专业部门和任意校外服务部门的服务使用情况的预测结果以外，其他结果在统计上依然显著。

6.3.3 二次分析

在对社会人口统计因素、表现出的心理障碍种类的数量、分析的亚团体中心理障碍发病年龄或者是在分析的团体中没有描述到的更多的心理障碍类型进行调整之后，我们再次进行了分析，所得结果的显著性水平与表2中呈现的结果相似。然而，调整了社会人口统计学因素（HR=1.36, 95% CI=0.85~2.19, p=0.20）和障碍种类的数量（HR=1.50, 95% CI=0.94~2.39, p=0.08）之后，在有心理障碍的儿童和青少年亚团体中，先前学校服务使用对心理健康专业服务部门服务使用的时间预测不再显著；当第二次分析中调整了社会人口统计学因素（HR=1.48, 95% CI=0.99~2.22, p=0.06）之后，在有心理障碍的儿童和青少年亚团体中，先前接受学校的服务情况对校外服务的时间预测不再显著。相反的是，当第二次分析中调整了障碍类型的数量（HR=1.81, 95% CI=1.04~3.13, p=0.04）和更多的心理障碍类型（HR=1.79, 95% CI=1.05~3.04, p=0.03）之后，在有心理障碍的儿童和青少年亚团体中，先前学校服务使用情况对其他服务使用的时间预测变成了边缘显著。

6.4 讨论

本研究获取了NCS-A中6 483名具有美国全国代表性的青少年样本数据，首次对儿童与青少年心理障碍的校内和校外心理障碍服务机构间的关系进行了评估。结果表明，校内服务可能是校外心理障碍机构的引导者，尤其是医疗专业部门，但对于心理健康专业部门却不是如此。

通过阐述学校服务部门在儿童和青少年对心理障碍的服务使用的流程中所扮演的角色，我们的结果补充了先前关于有心理障碍的青少年服务使用模式的描述性证据[13,18,23]，也证实了学校部门对(校外)医疗专业部门起到了重要的指引作用。

过去的研究已经强调了医疗和心理健康专业部门在心理健康护理中的重要角色。一些研究已经确认，即使心理健康专业部门已经成为有心理障碍的儿童和青少年的主要服务部门[13]，医疗专业部门在提供针对心理障碍的服务方面仍然处于重要地位[41]。此外，医疗专业部门是青少年通过学校服务进入专业服务系统的最普遍的后续服务部门[18]。虽然在过去的十年中，医疗专业部门中的心理健康保健项目对心理障碍有了更深刻的解读、提升了可用的筛选工具的有效性、在当前环境下提供了更多心理治疗服务以及进一步发展和促进了主要由初级护理医师开出的精神科药物[24,42~44]，但是大多数初级护理医生、儿童和青少年心理学家仍认为儿科医生应该进行患者的鉴别和转诊，而不是去治疗患者的心理健康问题[45]。相比心理健康专业部门，医疗专业部门对心理障碍的治疗合理性的确仍然值得讨论[46~50]，我们在评估本研究中观察到的转诊模式时也应该记住这一点。

有相当多的证据表明，社会人口学特征会对有心理健康障碍的儿童和青少年的心理障碍服务使用产生影响，这些社会人口学特征包括种族、家庭收入、不同的患病类型、父母和家庭因素、健康保险覆盖范围以及服务的可用性[13,38~40,51~53]。人们不了解在那些能够使用心理健康护理的案例中，是什么因素影响了他们在服务体系内服务部门的使用顺序，例如是什么因素影响了有心理障碍的儿童或者青少年在医疗部门与心理健康部门服务间的选择。因此，为了更好地理解儿童和青少年在寻求心理障碍帮助时是什么决定了其接受服务的路径[13]，澄清潜在因素是非常重要的，这些潜在因素包括专业的转诊模式、服务的可及性、儿童和家庭的偏好、专业的胜任能力和财务状况。

我们的研究具有一定的优势，其中包括了大规模的全国代表性的样本[25]：一个较高质量的[25,29]、能够覆盖大多数青少年心理障碍的、完整的结构性诊断访谈，以及先前提到的青少年和其父母在青少年心理健康问题上信息的整合[32]。因为本研究数据有很好的应答率和仅少部分的缺省数据，被试数据不会造成相关的选择性偏差。

本研究也存在一些局限性，包括了先前讨论的研究的横断设计[28,54]。

除此之外，服务的使用情况通过自我报告获得，这样的数据在信效度方面可能存在问题，尤其是在那些没有作答和存在回忆偏差的项目上，而在大型的健康护理使用的数据库中就不存在这个问题[55,56]。然而，NCS-A的数据并没有与健康护理使用数据库相连接，而本研究则通过完善的测量工具，收集了针对心理障碍服务使用的自我报告式信息[13,33]。在成年人中，健康护理和心理健康护理的使用情况的自我陈述式信息以及注册数据之间的高一致性已经是公认的了[57~59]，在评估健康护理的使用情况时，由健康调查时无应答项目带来的偏差较低，也鼓励在访谈健康调查中继续使用自陈量表[60]。在作为儿童和青少年服务评价研究基础的“儿童和青少年服务评估”项目中[33]，包括了关于儿童和青少年应答信度的研究。该研究揭示，即便我们知道应答者的作答，他们所报告的接受终身服务的信度也与报告前三个月接受服务的信度相同，而对青少年司法服务机构的住院被试进行施测，其信度要比对门诊被试和学校心理服务机构进行施测所得的信度高[61]。还应该注意到的是，健康护理使用数据库面临着其他的局限性，因为其排除了健康护理系统之外的服务提供机构[56]，而使用日常数据源清单的优势在于其之前就已经被归档了[62]。

第二，即使我们对一些潜在的混淆变量进行了控制，也无法排除其他未考虑到的因素的混淆，比如患者心理障碍的严重程度。不过我们的研究结果并没有显示出学校心理健康服务使用和随后心理健康专业部门的使用之间的相关，在控制了障碍种类的数量之后这一结果也未有改变，表明障碍的严重性并没有通过相关形式对结果产生混淆。

第三,研究发现的联系并不能揭示因果关系,只是表明了时间关系,尽管我们想要研究因果关系,但是在这样大规模的样本中进行因果关系的研究仍旧是一个挑战。正如先前所说,只有完成此类研究,阐明学校在心理障碍相关部门的使用流程中的作用,我们才能够更好地了解儿童和青少年的一般服务使用流程[13]。

第四,我们分析的目的在于评估学校心理健康服务使用是否为校外服务部门的指引者,然而,考虑到学校对更专业部门的服务使用的预测作用,我们没有比较学校服务的使用与校外某一具体专业部门服务使用的预测关系。在未来的研究中,更加具体详尽的预测关系还有待考察,其中对学校心理健康服务来说,本研究中所观察到的转诊模型是否具有特异性还有待考察。

表2　学校心理健康服务使用(随时间变化)预测不同的校外机构服务使用情况的离散时间比例风险模型

	心理健康专业部门			医疗专业部门			其他校外服务部门			校外服务部门		
	HR	95%*CI*	*P*值	*HR*	95%*CI*	*P*值	*HR*	95%*CI*	*P*值	*HR*	95%*CI*	*P*值
情感障碍	1.17	(0.84~1.63)	0.353	3.01	(1.77~5.12)	<0.001	1.67	(0.95~2.91)	0.071	1.16	(0.86~1.57)	0.335
焦虑障碍	1.55	(0.85~2.84)	0.147	3.87	(1.97~7.64)	<0.001	3.15	(2.17~4.56)	<0.001	1.99	(1.41~2.82)	<0.001
行为障碍	1.29	(0.85~1.95)	0.230	2.49	(1.62~3.82)	<0.001	1.99	(1.29~3.06)	0.003	1.50	(0.92~2.45)	0.103
物品使用障碍	1.16	(0.70~1.91)	0.553	4.12	(1.87~9.04)	<0.001	2.48	(1.57~3.94)	<0.001	1.47	(0.92~2.34)	0.102
进食障碍	0.19	(0.02~1.79)	0.144	10.72	(2.31~49.70)	0.003	0.85	(0.15~4.95)	0.857	0.48	(0.13~1.83)	0.276
心理障碍	1.76	(1.11~2.77)	0.017	2.97	(1.94~4.54)	<0.001	2.33	(1.54~3.53)	<0.001	1.71	(1.17~2.49)	0.007

缩写:*CI*,置信区间;*HR*,风险比。

注意:所有的分析都基于可以收集到的有关心理障碍的来自自身和父母双重报告的信息这类样本(*N*=6 483)。因为服务使用的缺省信息,最终样本的规模如下:心理健康专业部门,*n*=6 358;医疗专业部门,*n*=6 326;其他校外服务部门,*n*=6 322;校外服务部门,*n*=6 307。为了计算风险比,没有任何时间的时间段被舍弃。

在力求满足心理障碍患者的治疗需求、改善心理健康护理途径的目的背景下,临床和公共健康与学校服务部门在儿童和青少年心理障碍治疗服务使用流程中各自起的作用已经十分明确[13,16]。一方面,学校心理健康服务对于提供现场的深度治疗方案存在限制;另一方面,他们在评估儿童和青少年的心理障碍并将他们与校外服务机构连接时具有特殊地位。同样明确的还有:学校在提供完善的治疗方案方面的能力有限,它们能够接近有心理障碍的儿童和青少年并且在将他们与校外服务机构相联系时具有独特的作用[21,63]。先前有关不同健康护理部门的协调性不足这一点也曾经遭到批评,因为这样会阻碍患者接受治疗,并且使其不能接受合理的治疗[64]。通过提升学校心理健康服务的单向性转诊模式的意识,我们的研究或许为改善学校心理健康服务系统与各个相关部门的多元合作打下了基础,这也与当前的战略研究目标和任务相一致[10,63]。需要特别指出的是,我们的发现提醒人们关注学校心理健康部门是否充分发挥了其在连接有心理障碍的学生与校外服务系统中的独特作用,这些机构不仅仅限于医疗专业部门。

心理健康服务提供的产品让儿童和青少年可以采取几个行动步骤当中的一个以便利地接触到心理健康服务,而这些步骤都可以促使患有心理障碍的儿童和青少年参与到心理健康服务中来。更进一步的计划包括:拓宽获取心理健康护理选择的信息渠道,将儿童和青少年纳入治疗计划中,为他们找到更加完备的服务系统提供帮助[65]。为了更加有效地改善儿童心理健康护理途径,我们所制订的相关策略不应该仅仅把消除健康护理机构本身的不足(比如医疗保险覆盖不充分)作为目标,更应该关注人们对心理健康问题和心理健康服务在理解上的不足,比如公共教育活动应该帮助民众增强对心理障碍和心理健康服务的意识和知识[66,67]。

本研究发现的美国学校心理健康服务作为校外心理障碍服务机构的指示牌这一作用在其他国家是否同样适用,这仍需要进一步的探究,原因在于各个国家在学校心理健康服务系统以及医疗保险和健康保健系统(包括心理健康保健系统的进入途径)方面都具有很大的差异[64,68]。

未来的研究应该聚焦于学校心理健康服务在其他国家心理健康服务使用中的作用。而且,未来的研究应该将前瞻性数据纳入分析,并且将自我报告和服务使用数据库进行整合。评估以学校心理健康部门为中心的心理健康服务轨迹的适宜性非常重要,如果必要的话,为了能够对这种转诊模式进行引导或者完善,还需要了解影响学校心理健康服务转诊模式的修正因素。

据我们所知,这是目前首篇通过对美国全国代表性的存在心理障碍的青少年的数据进行分析,深入研究学校心理健康部门作为校外心理健康护理部门指引者的文章。结果显示,学校心理健康部门也许是作为患有各种心理障碍的儿童和青少年寻求校外心理健康服务的引导者,尤其是医疗专业部门,但对心理健康专业部门却并非如此。在强调学校心理健康服务在心理护理轨迹中的重要性的同时,为了改善和确保这些青少年能尽早获得适宜的心理护理,研究结果提示更进一步的有关学校心理健康服务和心理健康专业部门之间的联系的调查研究将具有重要意义。

参考文献

1.Wittchen HU, Jacobi F, Rehm J, Gustavsson A, Svensson M, et al.（2011）The size and burden of mental disorders and other disorders of the brain in Europe 2010. European neuropsychopharmacology: the journal of the European College of Neuropsy chopharmacology 21: 655–679.

2.Essau CA, Conradt J, Petermann F（2000）Frequency, comorbidity, and psychosocial impairment of depressive disorders in adolescents. Journal of adolescent research 15: 470–481.

3.Essau CA, Conradt J, Petermann F（2000）Frequency, comorbidity, and psychosocial impairment of anxiety disorders in German adolescents. Journal of anxiety disorders 14: 263–279.

4.Brauner CB, Stephens CB（2006）Estimating the prevalence of early childhood serious emotional/behavioral disorders: challenges and recommendations. Public Health Rep 121: 303–310.

5.Costello EJ, Egger H, Angold A（2005）10-year research update review: the epidemiology of child and adolescent psychiatric disorders: I.

Methods and public health burden. J Am Acad Child Adolesc Psychiatry 44: 972–986.

6.Roberts RE, Attkisson CC, Rosenblatt A（1998）Prevalence of psychopathology among children and adolescents. Am J Psychiatry 155: 715–725.

7.Kessler RC, Avenevoli S, Costello EJ, Georgiades K, Green JG, et al.（2012）Prevalence, persistence, and sociodemographic correlates of DSM-IV disorders in the National Comorbidity Survey Replication Adolescent Supplement. Arch Gen Psychiatry 69: 372–380.

8.Sawyer MG, Whaites L, Rey JM, Hazell PL, Graetz BW, et al.（2002）Health-related quality of life of children and adolescents with mental disorders. Journal of the American Academy of Child and Adolescent Psychiatry 41: 530–537.

9.Guevara JP, Mandell DS, Rostain AL, Zhao H, Hadley TR（2003）National estimates of health services expenditures for children with behavioral disorders: an analysis of the medical expenditure panel survey. Pediatrics 112: e440.

10.Collins PY, Patel V, Joestl SS, March D, Insel TR, et al.（2011）Grand challenges in global mental health. Nature 475: 27–30.

11.Prince M, Patel V, Saxena S, Maj M, Maselko J, et al.（2007）No health without mental health. Lancet 370: 859–877.

12.Foy JM（2010）Enhancing pediatric mental health care: report from the American Academy of Pediatrics Task Force on Mental Health. Introduction. Pediatrics 125 Suppl 3S69–74.

13.Merikangas KR, He JP, Burstein M, Swendsen J, Avenevoli S, et al.（2011）Service utilization for lifetime mental disorders in U.S. adolescents: results of the National Comorbidity Survey-Adolescent Supplement（NCS-A）. Journal of the American Academy of Child and Adolescent Psychiatry 50: 32–45.

14.Offord DR, Boyle MH, Szatmari P, Rae-Grant NI, Links PS, et al.

(1987) Ontario Child Health Study. II. Six-month prevalence of disorder and rates of service utilization. Archives of general psychiatry 44: 832–836.

15.Weisz JR, Jensen-Doss A, Hawley KM (2006) Evidence-based youth psychotherapies versus usual clinical care: a meta-analysis of direct comparisons. The American psychologist 61: 671–689.

16.Wang PS, Berglund P, Olfson M, Pincus HA, Wells KB, et al. (2005) Failure and delay in initial treatment contact after first onset of mental disorders in the National Comorbidity Survey Replication. Archives of general psychiatry 62: 603–613.

17.Kieling C, Baker-Henningham H, Belfer M, Conti G, Ertem I, et al. (2011) Child and adolescent mental health worldwide: evidence for action. Lancet 378: 1515–1525.

18.Farmer EM, Burns BJ, Phillips SD, Angold A, Costello EJ (2003) Pathways into and through mental health services for children and adolescents. Psychiatric services 54:60–66.

19.Burns BJ, Costello EJ, Angold A, Tweed D, Stangl D, et al. (1995) Children's mental health service use across service sectors. Health affairs 14: 147–159.

20.Farmer EM, Stangl DK, Burns BJ, Costello EJ, Angold A (1999) Use, persistence, and intensity: patterns of care for children's mental health across one year. Community mental health journal 35: 31–46.

21.Jimerson SR, Graydon K, Curtis MJ, Staskal R, Oakland TD, et al. (2007) The International School Psychology Survey: Insights From School Psychologists Around the World. The Handbook of International School Psychology. Thousand Oaks, CA, USA: Sage Publications, Inc.

22.Watkins MW, Crosby EG, Pearsson JL (2001) Role of the School Psychologist. School Psychology International 22: 64–73.

23.Wood PA, Yeh M, Pan D, Lambros KM, McCabe KM, et al. (2005) Exploring the relationship between race/ethnicity, age of first school-based services utilization, and age of first specialty mental health care for at-risk youth. Mental health services research 7: 185–196.

24.Wang PS, Demler 0, Olfson M, Pincus HA, Wells KB, et al.（2006）Changing profiles of service sectors used for mental health care in the United States. The American journal of psychiatry 163: 1187–1198.

25.Kessler RC, Avenevoli S, Costello EJ, Green JG, Gruber MJ, et al.（2009）National comorbidity survey replication adolescent supplement（NCS-A）: II. Overview and design. J Am Acad Child Adolesc Psychiatry 48: 380–385.

26.Kessler RC, Avenevoli S, Costello EJ, Green JG, Gruber MJ, et al.（2009）Design and field procedures in the US National Comorbidity Survey Replication Adolescent Supplement（NCS-A）. Int J Methods Psychiatr Res 18: 69–83.

27.Kessler RC, Merikangas KR（2004）The National Comorbidity Survey Replication（NCS-R）: background and aims. Int J Methods Psychiatr Res 13: 60–68.

28.Merikangas K, Avenevoli S, Costello J, Koretz D, Kessler RC（2009）National comorbidity survey replication adolescent supplement（NCS-A）: I. Background and measures. J Am Acad Child Adolesc Psychiatry 48: 367–369.

29.Kessler RC, Avenevoli S, Green J, Gruber MJ, Guyer M, et al.（2009）National comorbidity survey replication adolescent supplement（NCS-A）: III. Concordance of DSM-IV/CIDI diagnoses with clinical reassessments. J Am Acad Child Adolesc Psychiatry 48: 386–399.

30.Cantwell DP, Lewinsohn PM, Rohde P, Seeley JR（1997）Correspondence between adolescent report and parent report of psychiatric diagnostic data. Journal of the American Academy of Child and Adolescent Psychiatry 36: 610–619.

31.De Los Reyes A, Kazdin AE（2005）Informant discrepancies in the assessment of childhood psychopathology: a critical review, theoretical framework, and recommendations for further study. Psychological bulletin

131: 483–509.

32.Grills AE, Ollendick TH（2002）Issues in parent-child agreement: the case of structured diagnostic interviews. Clin Child Fam Psychol Rev 5: 57–83.

33.Stiffman AR, Horwitz SM, Hoagwood K, Compton W 3rd, Cottler L, et al.（2000）The Service Assessment for Children and Adolescents（SACA）: adult and child reports. Journal of the American Academy of Child and Adolescent Psychiatry 39: 1032–1039.

34.Willett JB, Singer JD（2004）Discrete-time survival analysis. In: Kaplan D, editor. The SAGE Handbook of Quantitative Methodology for the Social Sciences. Thousand Oaks, London, New Delhi: Sage Publications, Inc.

35.Aickin M, Gensler H（1996）Adjusting for multiple testing when reporting research results: the Bonferroni vs Holm methods. American journal of public health 86:726–728.

36.Holm S（1979）A Simple Sequentially Rejective Multiple Test Procedure. Scandinavian journal of statistics 6: 65–70.

37.Newson RB（2010）Frequentist q-values for multiple-test procedures. The Stata Journal 10: 568–584.

38.Zahner GE, Daskalakis C（1997）Factors associated with mental health, general health, and school-based service use for child psychopathology. American journal of public health 87: 1440–1448.

39.Cunningham PJ, Freiman MP（1996）Determinants of ambulatory mental health services use for school-age children and adolescents. Health services research 31:409–427.

40.Costello EJ, Janiszewski S（1990）Who gets treated? Factors associated with referral in children with psychiatric disorders. Acta psychiatrica Scandinavica 81: 523–529.

41.Marino S, Gallo JJ, Ford D, Anthony JC（1995）Filters on the pathway to mental health care, I. Incident mental disorders. Psychological medicine 25: 1135–1148.

42.Zito JM, Safer DJ, dosReis S, Gardner JF, Boles M, et al.（2000）Trends in the prescribing of psychotropic medications to preschoolers. JAMA: the journal of the American Medical Association 283:1025–1030.

43.Olfson M, Marcus SC, Druss B, Pincus HA（2002）National trends in the use of outpatient psychotherapy. The American journal of psychiatry 159: 1914–1920.

44.Spitzer RL, Kroenke K, Williams JB（1999）Validation and utility of a self-report version of PRIME-MD: the PHQ primary care study. Primary Care Evaluation of Mental Disorders. Patient Health Questionnaire. JAMA: the journal of the American Medical Association 282: 1737–1744.

45.Heneghan A, Garner AS, Storfer-Isser A, Kortepeter K, Stein RE, et al.（2008）Pediatricians' role in providing mental health care for children and adolescents: do pediatricians and child and adolescent psychiatrists agree? Journal of developmental and behavioral pediatrics: JDBP 29: 262–269.

46.Wang PS, Lane M, Olfson M, Pincus HA, Wells KB, et al.（2005）Twelve-month use of mental health services in the United States: results from the National Comorbidity Survey Replication. Archives of general psychiatry 62: 629–640.

47.Wells KB, Kataoka SH, Asarnow JR（2001）Affective disorders in children and adolescents: addressing unmet need in primary care settings. Biological psychiatry 49: 1111–1120.

48.Wang PS, Berglund P, Kessler RC（2000）Recent care of common mental disorders in the United States: prevalence and conformance with evidence-based recommendations. Journal of general internal medicine 15: 284–292.

49.Wang PS, Demler O, Kessler RC（2002）Adequacy of treatment for serious mental illness in the United States. American journal of public health 92: 92–98.

50.Young AS, Klap R, Sherbourne CD, Wells KB (2001) The quality of care for depressive and anxiety disorders in the United States. Archives of general psychiatry 58: 55–61.

51.Burns BJ, Costello EJ, Erkanli A, tweed D, Farmer EMZ, et al. (1997) Insurance coverage and mental health service use by adolescents with serious emotional disturbances. Journal of Child and Family Studies 6: 89–111.

52.Verhulst FC, van der Ende J (1997) Factors associated with child mental health service use in the community. Journal of the American Academy of Child and Adolescent Psychiatry 36: 901–909.

53.Saxena S, Thornicroft G, Knapp M, Whiteford H (2007) Resources for mental health: scarcity, inequity, and inefficiency. Lancet 370: 878–889.

54.Kessler RC, Avenevoli S, McLaughlin KA, Green JG, Lakoma MD, et al. (2012) Lifetime co-morbidity of DSM-IV disorders in the US National Comorbidity Survey Replication Adolescent Supplement (NCS-A). Psychological medicine 42:1997–2010.

55.Bhandari A, Wagner T (2006) Self-reported utilization of health care services: improving measurement and accuracy. Medical care research and review: MCRR 63:217–235.

56.Schneeweiss S, Avorn J (2005) A review of uses of health care utilization databases for epidemiologic research on therapeutics. Journal of clinical epidemiology 58:323–337.

57.Reijneveld SA, Stronks K (2001) The validity of self-reported use of health care across socioeconomic strata: a comparison of survey and registration data. International journal of epidemiology 30: 1407–1414.

58.Reijneveld SA (2000) The cross-cultural validity of self-reported use of health care: a comparison of survey and registration data. Journal of clinical epidemiology 53: 267–272.

59.Killeen TK, Brady KT, Gold PB, Tyson C, Simpson KN (2004) Comparison of self-report versus agency records of service utilization in a community sample of individuals with alcohol use disorders. Drug and alcohol dependence 73: 141–147.

60.Gundgaard J, Ekholm O, Hansen EH, Rasmussen NK（2008）The effect of nonresponse on estimates of health care utilisation: linking health surveys and registers. European journal of public health 18: 189–194.

61.Farmer EMZ, Angold A, Burn BJ, Costello EJ（1994）Reliability of Self-Reported Service Use: Test-Retest Consistency of Children's Responses to the Child and Adolescent Services Assessment（CASA）. Journal of Child and Family Studies 3:307–325.

62.Knight M, Stewart-Brown S, Fletcher L（2001）Estimating health needs: the impact of a checklist of conditions and quality of life measurement on health information derived from community surveys. J Public Health Med 23: 179–186.

63.Hogan MF（2003）New Freedom Commission Report: The President's New Freedom Commission: Recommendations to Transform Mental Health Care in America. Psychiatric Services 54.

64.Remschmidt H, Belfer M（2005）Mental health care for children and adolescents worldwide: a review. World psychiatry: official journal of the World Psychiatric Association 4: 147–153.

65.Report of the Surgeon Generals Conference on Children's Mental Health: A National Action Agenda. American Journal of Health Education 32:179–182.

66.Jorm AF（2000）Mental health literacy. Public knowledge and beliefs about mental disorders. The British journal of psychiatry: the journal of mental science 177: 396–401.

67.Owens PL, Hoagwood K, Horwitz SM, Leaf PJ, Poduska JM, et al.（2002）Barriers to children's mental health services. Journal of the American Academy of Child and Adolescent Psychiatry 41: 731–738.

68.Jacob KS, Sharan P, Mirza I, Garrido-Cumbrera M, Seedat S, et al.（2007）Mental health systems in countries: where are we now? Lancet 370: 1061–1077.

第七章　两年的追踪:谁能减轻女孩在学校的孤独感?

Audhild Løhre, Marianne N. Kvande, Odin Hjemdal,and Monica Lillefjell

7.1 背景

孤独感(loneliness)给学生的身心健康带来威胁。已有研究指出,在校孤独感同时与情绪和躯体症状有负面的联系,尤其对女孩来说更是如此[1]。研究显示,女孩的孤独感与感知到的在校幸福感间存在着长期的联系[2]。因此,有关孤独感的研究迫切地需要寻找可能减轻女孩孤独负担的因素。其他与孤独感相关的不良因素主要包括由校园欺凌引发的被害经历以及学业上的困难。有证据表明,相比中等水平或者高学业成就的学生,学业成就较低或者存在学习障碍的学生的孤独感更高,并且存在更多的社会适应和情感问题[3~6]。

欺凌所带来的主观体验通常由言语或者身体上的骚扰频率以及社会排斥的频率来衡量[7]。欺凌的定义通常包括了权力的不均衡、攻击性行为和重复性的消极行为[8,9]。即使采用同样的测量方法,受伤害的普遍程度在不同国家之间仍有着很大的差别[10,11]。然而,研究者几乎一致认为受到欺凌与心理健康问题[12]、较差的心理调整能力[13~15]以及较高的身心症状风险相关[16,17]。受欺凌与糟糕的健康状况间的联系也在不同的国

A Two-Year Perspective: Who May Ease the Burden of Girls' Loneliness in School? © *Løhre A,Kvande MN, Hjemdal O, and Lillefjell M.* Child and Adolescent Psychiatry and Mental Health, *8,10(2014), doi:10.1186/1753-2000-8-10.*

家得到证明[18]。此外，研究还发现了受欺凌与糟糕的健康状况之间的剂量效应关系，受欺凌的频率越高，不健康的症状越严重[10,19,20]。

在过去的几十年里，有关孤独感的研究要远远少于欺凌的研究，也更少受到公众的关注。正如Peplau与Perlman[21]总结的，孤独感是指因为个人社会关系缺乏而导致的一种不愉快的或是痛苦的主观体验。对孤独感和独处的区分非常重要，独处能够给个体提供沉思或休息的时间，而孤独感则是一种负面的、能够造成伤害的感觉[23,24]。与受欺凌的研究结果相一致，孤独感也与心理健康和适应问题相关[25]。有力的证据表明，孤独感还与焦虑[26~28]和抑郁[29~31]有关，但是目前很少有研究报告孤独感和躯体症状之间的关系[1]。对儿童与青少年的孤独感的研究主要是在学校环境中进行，很少有研究者探究如何通过主动的行动来减轻孤独感[32~34]。此外，目前还没有研究表示信任或许能够降低校园孤独感的不利影响。

心理韧性(resilience)相关的研究聚焦于能够对伤害和压力生活事件带来的不利影响产生缓冲作用的因素和方法。研究结果一致认为，成长于至少一个可信任的人身边是一个非常重要的保护性因素，这个人可以是父母或者其他的人，比如老师、教练或邻居[35~37]。有关心理韧性的研究一致认为，一段早期建立的、安全的依恋关系对信任能力的发展非常重要，同时也对激发情绪调节和心理能力(比如自我反省等)具有重要意义[35,38]。有一个可以信任的成年人如父母、邻居、教练或者老师，也许是缓解逆境的重要保护性因素。

7.1.1 研究目标

研究的第一个目标是在对由欺凌引起的学业问题和受伤害情况进行调整的模型中，探究女生的孤独感与两年后自我报告的学校幸福感之间的关系。第二个目标是探究孤独感和之后学校幸福感间的关系，并评估当处于受伤害或者困难的处境时，存在可以充分信任的人会给女生带来怎样的影响。

7.2 方法

7.2.1 被试和程序

在本研究中，来自挪威中部的5所方便抽样的公立学校的119个女孩提供了相隔两年的信息：第一次信息采集时间为2002年5月~6月（记为T1时间点），第二次信息采集时间为2004年5月~6月（记为T2时间点）。在T1时间点，女孩就读于1~8年级（年龄为7~14岁），在T2时间点为3~10年级（年龄是9~16岁）。基准线上的女孩和男孩的总数量以及在研究进行期间学生的转学情况均可见详细的描述[2]。两年随访的参与率为99%。

采用《学校幸福感问卷》（School Wellbeing Questionnaire，SWQ）进行数据收集，由学校的护理人员和校长进行数据的采集。年龄较小的学生由经过培训的学校护理人员进行问卷访谈，而年龄较大的学生则在受训老师或者学校护理人员的指导下，在指定的课堂上独自完成问卷。有关测量工具和方法的更多信息详见其他的刊物[1,39]。

7.2.2 测量

SWQ的题项主要包括三种可能的逆境情况：感知到的学业困难、受伤害（被欺凌）以及孤独感。除了学校心理健康的结果，SWQ还测量了学生在遇到困难情境时求助他人的情况。

7.2.2.1 T1和T2时间点的学校幸福感

采用一个有4个选项的日常问题："在学校你感觉怎么样？""1"表示非常不好，"2"表示比较不好，"3"表示好，"4"表示非常好。

7.2.2.2 T1时间点的学业问题

包括4个问题，每个问题与一个主题相关："你在'读''写''数学'或者'外语'方面的学习存在困难吗？"每个问题都有四个选项："1"表示没有问题，"2"表示有一些问题，"3"表示有较多的问题，"4"表示有很多问题。分析时，我们使用4个问题中的得分最高分（最高分，只有一个得分）。

7.2.2.3 T1时间点的受伤害情况

3个问题都采用“在休息期间，你会被一些让你感觉不好的方式所困扰吗？”来提问，接下来是具体描述的选项：被“取笑”；被“打、踢或是推搡”；被“忽视，排挤”。3个问题都有5个选项：“1”表示从来没有过，“2”表示很少，“3”表示有时，“4”表示大约每星期都有，“5”表示几乎每天都有。将3个问题的最高分用作数据分析。

7.2.2.4 T1时间点的孤独感

问题“你在学校里曾感到过孤独吗？”有5个选项：“1”表示从来没有，“2”表示很少，“3”表示有时，“4”表示大约每周都有，“5”表示大概每天都有。

7.2.2.5 T1和T2时间点拥有可信赖他人的情况

5个问题与特定的人群相关联：“当你发生了受伤害或者是遇到困难的情况时，你会和班主任/其他老师/其他学生/父母/其他的成年人倾诉吗？”每个问题都有4个选项：“1”表示从来没有过，“2”表示也许，“3”表示很可能，“4”表示一定会。

7.2.3 数据

119个女孩的分布情况用离散、中位数、结果（T2时间点的学校幸福感）的四分位差以及独立变量来描述。T1和T2两时间点之间的相关采用斯皮尔曼系数来评估。在使用回归分析时，结果被二等分为拥有糟糕（非常糟糕/比较糟糕）的学校幸福感和良好（比较好/非常好）的学校幸福感两类。在调整了年级和早期学校幸福感之后，通过多变量分析来检验潜在的困境和二分结果之间的关系。通过分别纳入5组可信任人群的方式来构建10个多重变量调整模型：首先用T1时间点的得分，再用T1和T2两个时间点的得分。多重变量模型也在对学校调整后进行计算。所有的检验都是双侧检验，P值的显著水平<0.05。统计软件为SPSS的Windows版（SPSS 20.0，伊利诺伊州，芝加哥）。

7.2.4 伦理学和程序

调查通过了法定学校合作委员会的批准，数据收集也通过了挪威数据检视组织的批准。由校长和学校调研员签订的信息信件被发送给所有的父母，对其中研究的目标进行说明，并强调所有的参与都是自愿的，所有收集的信息都是保密的。另外，父母也会在学校会议上被告知调查的内容，在每个班级中老师也会讲述更加详尽的细节。不想参与的学生或父母只需要告知他们的班主任或者是校长，不过在本研究中并没有父母或者学生拒绝参与。

7.3 结果

超过90%的学生自我报告的学校幸福感是比较好或是非常好(表1)，可以看出学校的幸福感总体较高。低于10%的学生报告有相当多或很多的学业问题，大约有6%的学生报告每周或每天都会受欺凌；只有超过3%的学生报告每周或每天都会体验到孤独感。父母是最受信任的群体，在T1时间点大约有80%的女孩，在T2时间点有89%的女孩报告她们自己在遇到困难时很有可能或者确定会向父母诉说。班主任在T1时间点是第二受信任的群体，在T2时间点是第三受信任的群体，这一结果与“其他学生”组成的群体相差无几。而受信任的团体当中增加最快的组是“其他学生”：在T1时间点，女孩报告信任其他学生的比例为58%，而在T2时间点增加到74%。

表1　结果和自变量的选项应答分布

变量	选项					总数	中位数	四分位差[#]
	1	2	3	4	5			
	%	%	%	%	%			
T2[a]的学校幸福感	3.4	3.4	42.4	50.8		118	4	3~4
T1[a]的学校幸福感	0	6.8	47.0	46.2		117	3	3~4
T1[b]的学业问题	34.5	56.3	7.6	1.7		119	2	1~2

续表

变量	选项					总数	中位数	四分位差[#]
	1	2	3	4	5			
	%	%	%	%	%			
T1[c]的受欺凌	50.4	24.4	19.3	3.4	2.5	119	1	1~3
T1[c]的孤独感	52.1	24.4	20.2	1.7	1.7	119	1	1~2
T1[a]班主任	16.0	17.9	16.0	50.0		106	3.5	2~4
T1[a]其他教师	21.1	22.1	18.9	37.9		95	3	2~4
T1[a]学生	15.1	26.4	13.2	45.3		106	3	2~4
T1[a]父母	3.6	16.2	8.1	72.1		111	4	3~4
T1[a]其他成年人	26.7	36.0	17.4	19.8		86	2	1~3
T2[a]班主任	11.1	21.4	13.7	53.8		117	4	2~4
T2[a]其他教师	17.5	28.1	21.9	32.5		114	3	2~4
T2[a]学生	0.9	25.0	21.6	52.6		116	4	2~4
T2[a]父母	3.4	7.6	10.2	78.8		118	4	4~4
T2[a]其他成年人	25.9	33.3	18.5	22.2		108	2	1~3

[#] 25%~75%;[a]从1(最差)到4(最好);[b]从1(最好)到4(最差);[c]从1(最好)到5(最差)。

注:T1时间点的孤独感是T2时间点学校幸福感特殊兴趣的变量。在T1时间点上,对学校幸福感、学业问题和受伤害情况进行调整。对T1时间点女孩十分信任的人进行评估,以探究她们中的某些群体是否对孤独感和之后的学校幸福感之间的关系起修正作用。T2时间点相应的人群被包括在调整之中。

研究还评估了T1和T2两时间点对具体的可信任他人群体的信任感程度的变化(表2),对于班主任、学生以及家长来说,T1和T2时间点之间的相关在统计上是显著的,但是相关系数只有0.40。其他教师和其他成年人在两时间点之间的相关并不显著。

表2　与可信赖的他人的斯皮尔曼相关

	T2班主任	T2其他教师	T2学生	T2父母	T2其他成年人
T1班主任	0.39**	0.21*	0.01	0.08	−0.02
T1其他教师	0.37**	0.19	0.05	0.29**	0.16
T1学生	0.17	0.08	0.37**	−0.03	0.14
T1父母	0.22*	0.27**	0.07	0.25**	0.27**
T1其他成年人	0.38**	0.19	0.12	0.16	0.13

*$p<0.05$；**$p<0.01$。

注：对同样的信任他人的组别，T1和T2时间点之间的相关用加粗的数字标记。

表3　潜在的挫折（T1）和学校幸福感（T2）之间的相关

逆境因素	优势比（95%CI）	*P*值
学业问题	0.89（0.24~3.32）	0.862
受到欺凌	1.91（0.68~5.40）	0.223
孤独感	0.35（0.13~0.92）*	0.033

注：在多重变量的回归分析当中对年级和学校幸福感（T1）进行调整。

*孤独感和之后学校幸福感之间的长程负相关显著，$p<0.05$。

在调整了年级和T1时间点的学校幸福感（表3）之后，通过多变量回归模型方法对T1时间点潜在的逆境与T2时间点的学校幸福感之间的关系进行了分析。与其他女孩相比，觉得孤独的女生在两年后感知到的高水平的学校幸福感的比率下降了65%（*OR*=0.35，95% *CI*=0.13~0.92）。孤独感是唯一有着强烈且负面影响的独立变量。

接下来，探索了每一组被信任的人对T1时间点的孤独感和T2时间点的学校幸福感之间关系的影响。在表4中，调整了年级和T1时间点的学校幸福感后，5组被信任的人中的每一组都被分别加入多重变量分析当中。我们需要探明的问题是：任一种被信任的他人团体是否会缓和孤独感和之后的学校幸福感之间的负性联系。T1时间点可信任他人的得分一个接一个地被纳入模型1a-e中，而且为了评估T2时间点可信任他人的可能影响,T1和T2时间点信任他人的得分同时被包含在了2a-e模型里,在模型1a中,孤独感对学校幸福感的影响因为有可信赖的班主任而被大大削弱了。在T2时间点上增加了班主任之后(模型2a),孤独感与学校幸福感的这种联系变得更加弱了。另外,T2时间点上的班主任表现出很强的、积极的独立的影响(*OR*=3.68,95%*CI*=1.06~12.79)。T1时间点上其他成年人显示了对孤独感和之后学校幸福感(模型1e)之间关系的修正性的影响,但是这种影响在T2时间点上增加了其他成年人(模型2e)之后降低了。除了把T1时间点和T2时间点的其他教师这一群体同时包含在模型(模型2b)中以外,其他组别的受信任的人(模型b-d中其他老师、学生或者是父母),其孤独感和随后的学校幸福感之间的较强的负相关没有受到影响。

表4 可信赖的他人对孤独感(T1)和学校幸福感(T2)关系的影响

	模型1(a-e)※		模型2(a-e)※	
	OR(95%*CI*)	*P*值	*OR*(95%*CI*)	*P*值
a. 班主任				
孤独感	0.48(0.16~1.41)#	0.181	0.52(0.16~1.68)#	0.272
T1班主任	1.99(0.79~5.01)	0.145	1.51(0.60~3.79)	0.382
T2班主任			3.68(1.06~12.79)	0.040
b. 其他教师				
孤独感	0.30(0.10~0.88)	0.029	0.35(0.12~1.05)#	0.060
T1其他教师	1.02(0.46~2.25)	0.963	1.10(0.49~2.47)	0.813
T2其他教师			1.64(0.67~3.99)	0.279
c. 学生				
孤独感	0.35(0.12~0.97)	0.043	0.25(0.06~0.96)	0.043
T1学生	1.66(0.72~3.83)	0.239	1.20(0.45~3.16)	0.720
T2学生			2.79(0.78~9.95)	0.115
d. 父母				
孤独感	0.26(0.08~0.81)	0.021	0.24(0.07~0.78)	0.017

续表

	模型1(a-e)[※]		模型2(a-e)[※]	
	OR(95%*CI*)	*P*值	*OR*(95%*CI*)	*P*值
T1父母	0.54(0.15~1.91)	0.339	0.58(0.17~2.03)	0.396
T2父母			0.74(0.24~2.24)	0.589
e.其他成年人				
孤独感	0.50(0.17~1.49)[#]	0.212	0.38(0.12~1.27)[#]	0.117
T1其他成年人	1.13(0.41~3.09)	0.813	1.29(0.46~3.61)	0.629
T2其他成年人			0.62(0.25~1.55)	0.307

[※]对多重变量的回归模型中的学业问题、受欺凌、学校幸福感和年级(T1)进行调整。

[#]孤独感的影响变得不再显著($p \geq 0.05$)。

注意:在模型1(a-e)中,T1时间点每一组信任他人的得分都被单独包含在了模型1a到模型1e当中。在表的右侧模型2(a-e)中,T1和T2时间点每一组信任他人的得分都被同时包含了。

本研究中的参与者招募自5个学校,所以应考虑“学校”这个变量是否应该作为协变量与T1时间点的年级和学校幸福感一起被包含在模型中。因为参与者数量相对较少,协变量被保持在了最小值,因此学校并没有被纳入以上的结果当中。不过我们在调整了学校变量之后,对表3和表4中的结果进行了相应的分析,当把学校变量纳入分析后,表4中孤独感和学校幸福感之间的负相关比表3当中更强了(*OR*=0.27, 95%*CI*=0.09~0.76)。当学校变量被纳入时,教师的影响普遍变得更弱了,但是与表格中的结果一致,班主任依然减弱了孤独感和学校幸福感之间的关系。当对比模型2b和模型2e的时候,其他教师、其他成年人的影响分别消失了。学生和父母方面则没有实质性变化。

7.4 讨论

本次纵向研究评价了不同的受信任人群对女孩在学校的孤独感和她们两年之后自我报告的学校幸福感之间的关系的影响。对研究中来自1~8年级的119个女生而言,学校的孤独感与低水平的学校幸福感有着很强的相关。然而,有一个她们充分信任的班主任,在困难或者受欺凌的情境下帮助她们可以有效削弱孤独感与学校幸福感之间的负相关。同样的,其他的成年人也可以削弱孤独感和学校幸福感之间的关系。另一方面,受到信任的人,比如父母、学校的同龄人或者是其他老师并不会对女孩孤独感和随后与学校幸福感之间的关系有实质性的影响。但让人感到意外的是,在这两年间,有80%~90%的女孩报告当她们遇到困难或者是有不好的情况发生时,她们极有可能或者是一定会向她们的父母倾诉。

7.4.1 潜在逆境的影响

对于三个潜在逆境:学业问题、受伤害和孤独感,其中只有孤独感与学校幸福感存在较强的相关。这在之前的横断研究中已经有所显示:相比欺凌带来的伤害以及学业困难,孤独感对学校幸福感的影响可能更大[39~41],但是该关系在之前的追踪研究中并未得到具体的探究[2]。

7.4.2 两年之中信任的稳定性

每一组受信任人群在T1和T2时间点的相关出人意料的低。因为父母在两个数据收集点都是目前最受信任的人群,所以在两个时间点中间,父母被信任程度尤其稳定是在预料之中的,但我们也没有找到对两个时间点上父母相关系数为0.25的理论或实证性的支持。女孩对班主任的信任呈现出最高的稳定性,出现该结果可能是由于挪威学校中班主任的重要作用。相比之下,其他教师和成年人的信任得分稳定性不高,这可能也反映出了其他教师以及成年人,比如说教练,在短短几年之中更换得较为频繁。

7.4.3 信任他人的重要性

我们发现的结果强调了教师对于感到孤独的女孩的重要作用。对于那些有充分信任的班主任、在困难或受伤的情形下能够向班主任寻求帮助的孤独的女孩而言,统计分析的结果显示自我报告的孤独感并没有显著影响到她们随后的学校幸福感,这证实了孤独的女孩很有可能跟不孤独的女孩一样体验到了比较高的学校幸福感。

关于班主任可以影响孤独感和学校幸福感的关系这一点，一个可能的解释是这三种测量指标全都与学校环境有关系。但是这不是唯一的解释，因为我们的数据显示出班级教师和其他教师影响之间的显著差异。这种不同可能与挪威学校系统有关系，在挪威的学校中，班主任因为教授大部分的课程而表现出稳定性，一般要教授(同一班级)3~4年，而其他教师与学生见面的频率比较少，除了能够对孤独感带来的不利影响起缓冲作用外，在T2时间点的可信赖上班主任也显示出了一致的、直接的对女孩的学校幸福感的较强的相关。

结果表明了信任其他教师对女孩的学校幸福感来说并没有那么重要，其他教师对学生的孤独感和两年后学校幸福感之间的负相关也并没有影响，通过在T2时间点增加可信任其他教师这个变量，这种关系也只发生轻微的改变。这与之前心理韧性的研究文献相一致[42,43]，所以我们有理由去相信与主要教师稳定和长程的关系对大多数学生来说都是有价值的，尤其是对那些感到孤独的学生来说。

7.4.4 其他人的角色

我们的结果显示父母是最受信任的人，这与那些有关亲子亲密依恋关系重要性的研究结果相一致[44]。因此，多重变量分析的结果让人感到吃惊：对父母的充分信任并不会减轻孤独感的不利影响，事实上，孤独感和之后的学校幸福感之间的负相关反倒被“可信赖的父母”加强了。一种可能的解释是父母通常是独立于学校环境之外的，他们只是偶尔会与孩子和老师一起参与到学校的活动中来。校园环境中的其他教师的影响也十分微弱，这一结果使得有关“校园环境”这一限制的争论存在疑问。另一种可能的解释是孤独的女孩往往与他们的父母依恋关系非常微弱，很有可能是孤独的女孩不太信任他们的父母，但是我们的研究设计并不能证实这种可能性。第三种可能的解释是孤独的女孩往往将她们与学校孤独感相关的悲伤情绪隐藏起来，不让父母知道，这与抑郁和焦虑的隐形症状有关的羞耻和自卑情绪的表现相一致[46,47]。尽管如此，上述的可能性让问题依然具有开放性：为什么我们未能观察到值得信任的父母对孤独感与学校幸福感之间关系的积极影响？

良好的同龄人关系，比如有朋友、被同龄人接受以及高质量的友谊，都被证实可以缓解孤独感[48,49]。我们没有发现任何有关同龄人在减轻孤独感对个体带来不利影响中的作用。在本研究中，对其他学生的信任对孤独感与之后的学校幸福感间的关系并没有产生任何影响。Cassidy和Berlin的研究表明，良好的同龄人关系在微弱的父母关系和儿童的孤独感之间起到了中介作用[45]。就我们所知，目前尚没有文献对该议题进行探究。

与心理韧性的相关研究结果一致，我们的结果表明，拥有其他可信任的成年人或许可以缓解逆境带来的不利影响，在本研究中的逆境因素就是孤独感。这些成年人可能在学校的环境之外，但是我们的数据并没有对其进行鉴别。他们可能是某个亲戚、教练或者其他值得信任的人，也可能是唯一能够信任的人[50,51]。

7.4.5 优势和局限

基于群体学的纵向调查以及高参与比例的被试是本研究的优点所在。取样的学校全部是公立学校，范围涉及从内地到沿海的农村社区。本研究的不足在于研究未包括来自城市地区的学生，因此方便取样所得结果的普适性无法预料。此外，精神病性并发症（研究中并没有涉及）可能会通过影响孤独感的感知、信任他人、学校幸福感的感知进而影响研究结果。之后的研究应该考虑到情绪症状或疾病的测量。所有的学生都在学校护理人员和教师的指导下回答了同样的问题，所有的施测人员都经过训练并且知晓研究的目的。施测过程中，年龄较小的学生由护理人员采用访谈的形式测量，而年纪较大的学生则由教师和护理人员引导，在课堂上统一完成问卷。这些程序步骤的不同可能会带来低年级和高年级的学生间的系统误差。然而，在该学生样本中，T1和T2时间点有关信任他人的一致影响表明，我们的结果在不同的方法和年龄段中具有稳健性。尽管如此，在更大的样本或者群体中进行重复研究将具有重大的价值。

7.5 结论

女孩的孤独感可以有效预测两年后的学校幸福感。在三种潜在逆境当中，孤独感是唯一与学校幸福感呈现较强负相关的变量。学业问题的认知或是由欺凌带来的伤害,并不会单独对学校幸福感造成影响。但是T1时间点上女孩有一个充分信任的、在压力情形下向其求助的班主任可以有效缓解孤独感,同样的,在T1时间点上有一个能够信任的其他成年人(在本研究中并未确定其具体类别)也可以降低孤独感的负担。相反,在T1时间点有其他信任的人比如父母、同学或者其他老师并没有对孤独感和之后学校幸福感之间的关系产生影响。此外,分别在分析过程中对T2时间点的统一群体的可信任他人进行调整之后,结果并没有出现实质性的变化。这体现了结果的一致性:纵向设计得到的相关结果与横断设计十分类似。其他可信任的成年人的影响应该得到重视,但由于无法确定明确的个体,因此无法对干预进行指导。总的来说,他们的主要教师——班主任的影响应得到学校、健康服务和公共健康机构的重视。这一发现强调了班主任的稳定性和学生对其的信任程度的重要临床意义,尤其是对孤独和脆弱的女孩来说更是如此。

7.5.1 同意书

本出版物中的数据来源于对学校项目的调查。所有的学生和父母都被告知有关本次调查和计划的口头和书面的信息。他们均自愿参与此次调查且所有收集的信息都是保密的。不想参与的学生/父母只需要告知校长或者他们的班主任即可。不过本研究中并没有父母或学生拒绝参与,在参与和完成问卷时需要填写知情同意书。

参考文献

1.Løhre A, Lydersen S, Vatten LJ: Factors associated with internalizing or somatic symptoms in a cross-sectional study of school children in grades 1–10. Child Adolesc Psychiatry Ment Health 2010, 4(1):33.

2.Løhre A, Moksnes UK, Lillefjell M: Gender differences in predictors of school wellbeing? Health Educ J 2014, 73(1):90–100.

3.Kemp C, Carter M: The social skills and social status of mainstreamed students with intellectual disabilities. Educ Psychol 2002, 22(4): 391–411.

4.Nowicki EA: A meta-analysis of the social competence of children with learning disabilities compared to classmates of low and average to high achievement. Learn Disabil Q 2003, 26(3):171–188.

5.Valås H: Students with learning disabilities and low-achieving students: peer acceptance, loneliness, self-esteem, and depression. Soc Psychol Educ 1999, 3(3): 173–192.

6.Williams GA, Asher SR: Assessment of loneliness at school among children with mild mental retardation. Am J Ment Retard 1992, 96(4):373–385.

7.Olweus D: Bullying at School: What we Know and What we can do. Oxford: Blackwell Publishing; 1993.

8.Smith PK: Bullying: Recent Developments. Child Adolesc Ment Health 2004, 9(3):98–103.

9.Smith PK, Brain P: Bullying in schools: lessons from two decades of research. Aggress Behav 2000, 26(1): 1–9.

10.Due P, Holstein BE, Lynch J, Diderichsen F, Gabhain SN, Scheidt P, Currie C: Bullying and symptoms among school-aged children: international comparative cross sectional study in 28 countries. Eur J Public Health 2005, 15(2):128–132.

11.Eslea M, Menesini E, Morita Y, O'Moore M, Mora-Merchán JA, Pereira B, Smith PK: Friendship and loneliness among bullies and victims: data from seven countries. Aggress Behav 2004, 30(1):71–83.

12.Arseneault L, Bowes L, Shakoor S: Bullying victimization in youths and mental health problems: much ado about nothing? Psychol Med 2010, 40(05): 717–729.

13.Gini G, Albiero P, Benelli B, Altoè G: Does empathy predict adolescents' bullying and defending behavior? Aggress Behav 2007, 33(5): 467–476.

14.Nansel TR, Overpeck M, Pilla RS, Ruan WJ, Simons-Morton B,

Scheidt P: Bullying behaviors among US youth: prevalence and association with psychosocial adjustment. JAMA 2001, 285(16):2094–2100.

15.Rigby K: Consequences of bullying in schools. Can J Psychiatry 2003, 48(9):583–590.

16.Gini G, Pozzoli T: Association between bullying and psychosomatic problems: a meta-analysis. Pediatrics 2009, 123(3): 1059–1065.

17.Gini G, Pozzoli T: Bullied children and psychosomatic problems: a meta-analysis. Pediatrics 2013, 132(4):720–729.

18.Nansel TR, Craig W, Overpeck MD, Saluja G, Ruan WJ: Cross-national consistency in the relationship between bullying behaviors and psychosocial adjustment. Arch Pediatr Adolesc Med 2004, 158(8):730–736.

19.Løhre A, Lydersen S, Paulsen B, Maehle M, Vatten LJ: Peer victimization as reported by children, teachers, and parents in relation to children's health symptoms. BMC Public Health 2011, 11:278.

20.Stickley A, Koyanagi A, Koposov R, McKee M, Roberts B, Ruchkin V: Peer victimisation and its association with psychological and somatic health problems among adolescents in northern Russia. Child Adolesc Psychiatry Ment Health 2013, 7(1): 15.

21.Peplau LA, Perlman D: Perspectives on loneliness. In Loneliness: A Sourcebook of Current Theory, Research and Therapy. Edited by Peplau LA, Perlman D. New York: Wiley; 1982:1–18.

22.Galanaki E: Are children able to distinguish among the concepts of aloneness, loneliness, and solitude? Int J Behav Dev 2004, 28(5):435–443.

23.Buchholz ES, Catton R: Adolescents' perceptions of aloneness and loneliness. Adolescence 1999, 34(133):203–213.

24.Larson RW: The uses of loneliness in adolescence. In Loneliness in Childhood and Adolescence. Edited by Rotenberg KJ, Hymel S. Cambridge: Cambridge University Press; 1999:244–262.

25.Rotenberg KJ, Hymel S: Loneliness in Childhood and Adolescence. Cambridge: Cambridge University Press; 1999.

26.Coplan RJ, Closson LM, Arbeau KA: Gender differences in the behavioral associates of loneliness and social dissatisfaction in kindergarten. J Child Psychol Psychiatry 2007, 48(10):988–995.

27.Goossens L, Marcoen A: Adolescent loneliness, self-reflection, and identity: from individual differences to developmental processes. In Loneliness in Childhood and Adolescence. Edited by Rotenberg KJ, Hymel S. Cambridge: Cambridge University Press; 1999:225–243.

28.Inderbitzen-Pisaruk H, Clark ML, Solano CH: Correlates of loneliness in midadolescence. J Youth Adolesc 1992, 21(2):151–167.

29.Galanaki E, Polychronopoulou S, Babalis T: Loneliness and social dissatisfaction among behaviourally at-risk children. Sch Psychol Int 2008, 29(2):214–229.

30.Koenig LJ, Abrams RF: Adolescent loneliness and adjustment: a focus on gender differences. In Loneliness in Childhood and Adolescence. Edited by Rotenberg KJ, Hymel S. Cambridge: Cambridge University Press; 1999:296–322.

31.Qualter P, Brown S, Munn P, Rotenberg K: Childhood loneliness as a predictor of adolescent depressive symptoms: an 8-year longitudinal study. Eur Child Adolesc Psychiatry 2010, 19(6):493–501.

32.Baskin TW, Wampold BE, Quintana SM, Enright RD: Belongingness as a protective factor against loneliness and potential depression in a multicultural middle school. Couns Psychol 2010, 38(5):626–651.

33.Kvarme LG, Helseth S, Sørum R, Luth-Hansen V, Haugland S, Natvig GK: The effect of a solution-focused approach to improve self-efficacy in socially withdrawn school children: a non-randomized controlled trial. Int J Nurs Stud 2010, 47(11): 1389–1396.

34.Besevegis E, Galanaki EP: Coping with loneliness in childhood. Eur J Dev Psychol 2010, 7(6):653–673.

35.Fonagy P, Target M: Attachment and reflective function: their role in self-organization. Dev Psychopathol 1997, 9(04):679–700.

36.Masten AS, Coatsworth JD: The development of competence in favorable and unfavorable environments: lessons from research on successful children. Am Psychol 1998, 53(2):205–220.

37.Werner EE, Smith RS: Journeys from Childhood to Midlife: Risk, Resilience, and Recovery. Ithaca, New York: Cornell University Press; 2001.

38.Werner EE, Smith RS: Overcoming the Odds. High Risk Children from Birth to Adulthood. Ithaca & London: Cornell University Press; 1992.

39.Løhre A, Lydersen S, Vatten LJ: School wellbeing among children in grades 1–10. BMC Public Health 2010, 1 0:526.

40.Løhre A: The impact of loneliness on self-rated health symptoms among victimized school children. Child Adolesc Psychiatry Ment Health 2012, 6:20.

41.Samdal O, Nutbeam D, Wold B, Kannas L: Achieving health and educational goals through schools - a study of the importance of the school climate and the students' satisfaction with school. Health Educ Res 1998, 13(3):383–397.

42.Masten AS: Ordinary magic: resilience processes in development. Am Psychol 2001 , 56(3):227–238.

43.Werner EE: What can we learn about resilience from large-scale longitudinal studies? ln Handbook of Resilience in Children. Edited by Goldstein S, Brooks RB. New York: Springer; 2013:87–102.

44.Bowlby J: A Secure Base: Parent-Child Attachment and Healthy Human Development. New York, NY, US: Basic Books; 1988.

45.Cassidy J, Berlin LJ: Understanding the origins og childhood loneliness: contributions of attachment theory. In Loneliness in Childhood and Adolescence. Edited by Rotenberg KJ, Hymel S. Cambridge: Cambridge University Press; 1999:34–55.

46.Gilbert P: The relationship of shame, social anxiety and depression: the role of the evaluation of social rank. Clin Psychol Psychother 2000, 7: 174–189.

47.Lewis HB: The Role of Shame in Symptom Formation. Lawrence Erlbaum Associates, Inc: Hillsdale, NJ, England; 1987.

48.Asher SR, Paquette JA: Loneliness and peer relations in childhood. Curr Dir Psychol Sci 2003, 12(3):75-78.

49.Parker JG, Saxon JL, Asher SR, Kovacs DM: Dimensions of children's friendship adjustment: implications for understanding loneliness. In Loneliness in Childhood and Adolescence. Edited by Rotenberg KJ, Hymel S. Cambridge: Cambridge University Press; 1999:201-224.

50.Resnick MD, Bearman PS, Blum RW, Bauman KE, Harris KM, Jones J, Tabor J, Beuhring T, Sieving RE, Shew M, Ireland M, Bearinger LH, Udry JR: Protecting adolescents from harm. Findings from the National Longitudinal Study on Adolescent Health. JAMA 1997, 278(10):823-832.

51.Resnick MD, Harris LJ, Blum RW: The impact of caring and connectedness on adolescent health and well-being. J Paediatr Child Health 1993, 29(sl):S3-S9.

第三编

青少年心理健康与同伴关系、家庭关系间的相互影响

第八章　遭受网络欺凌或传统欺凌：青少年心理健康问题和自杀意念的风险因素

Rienke Bannink, Suzanne Broeren, Petra M. van de Looij-Jansen, Frouwkje G. de Waart, and Hein Raat

8.1 前言

近期研究显示，20%~35%的青少年报告自己曾卷入过传统的、非网络中的校园欺凌，他们或作为施暴者，或作为受害者，或二者兼有之[1]。校园欺凌即欺凌弱小，是一种长期、反复施加于无力自保的受害者的攻击性行为，它可能是个人行为，也可能是群体行为[2]。传统意义上的校园欺凌可分为4种形式：身体上的（例如殴打），言语上的（例如恐吓、威胁），关系型的（例如社会排斥），以及间接的（例如散布流言）[3]。随着互联网和智能手机的应用日益频繁，一种新的欺凌方式出现了，它常被称为“网络欺凌”[3~5]。在网络欺凌中，攻击性行为往往通过电子通讯的形式施展[6]。

随着网络环境的覆盖日益广泛，人们也越来越认识到网络欺凌潜在的消极影响[7]。近期的横断研究表明，网络欺凌与心理健康问题，甚至

自杀行为之间都存在关联[4,6,8,9]。尽管有了横断研究的证据，但关于网络欺凌的纵向影响我们依然知之甚少。据我们所知，目前只有 Schultze-Krumbholz 等人曾采用一个相对较小的样本（N=233）研究了网络欺凌与心理健康问题的纵向关联。他们发现网络欺凌受害只与女生（而非男生）的心理健康问题存在显著相关[10]。

目前少数的几个纵向研究考察了传统校园欺凌与心理健康问题或自杀（意念）之间的关系，结果显示，遭受传统校园欺凌会增加其日后生活中出现心理健康问题和自杀行为的风险[6, 11~16]。然而，采用大样本对传统校园欺凌与心理健康问题或自杀（意念）之间的关系进行考察的纵向研究仍十分罕见，这将是未来研究的一个方向[6]。

因此，在大样本条件下对传统校园欺凌与心理健康和自杀（意念）的纵向关联，网络欺凌与心理健康和自杀（意念）的纵向关联的研究，都是我们的兴趣所在。传统校园欺凌对心理健康和自杀的影响可能不同于网络欺凌。例如，网络欺凌的信息可以被屏蔽，这在面对面的校园欺凌中是很难做到的；网络欺凌信息的屏蔽可能减轻网络欺凌对心理健康的影响，相反，网络受众的庞大规模则可能加重网络欺凌对心理健康的影响[3]。

此外，欺凌对男生和女生的影响有可能不同。极少数的纵向研究考察了欺凌与心理健康之间关系的性别差异。这些纵向研究显示，欺凌对男女生有不同的风险预测力[6,17~21]，前期报告遭受欺凌的女生在后期可能会出现抑郁症状或自杀意念[10,17,20,21]，而男生则不会[10, 18~23]。

本研究的目的是在一个大样本的青少年群体中考察传统欺凌及网络欺凌是否与其后两年内的心理健康问题和自杀意念存在关联（控制了心理健康问题或自杀意念的基线水平后）。基于此前的研究发现[6,17~23]，我们假设：遭受传统校园欺凌将与后续两年内的心理健康问题和自杀意念存在关联。基于网络欺凌的横向研究结果[4,6,8,9]，我们假设：网络欺凌与后续两年内的心理健康问题及自杀意念存在关联。另外，受此前研究的启发[6,17~21]，我们还探讨了欺凌所带来的影响是否存在性别差异。

8.2 研究方法

8.2.1 研究设计与被试

本研究是一个持续两年的前瞻性研究，属于鹿特丹青少年监控(Rotterdam Youth Monitor, RYM)项目的一部分。RYM是一个纵向的青少年健康观测系统，它对居住在鹿特丹及其周边荷属地区的0~19岁的儿童和青少年的身心健康、行为表现及其相关因素进行模拟监控。RYM属于青少年预防保健系统护理(常规健康检查)的一部分，用于检测(潜在的)个体健康风险和问题，以便采取必要的预防措施(包括转诊治疗)。

本研究采用了RYM项目里中学生的数据。学生们在中学一年级时接受基线测试(平均年龄=12.50岁，标准差=0.62)，然后在三年级时接受追踪测试(平均年龄=14.31岁，标准差=0.58)。数据采集过程贯穿整个学年，七、八月的暑假除外。学生们在2008年9月至2009年7月期间完成了基线测试问卷，随后在2010年9月至2011年7月期间完成了追踪测试问卷。问卷在校内发放，由受过专门训练的研究员和来自市政公共卫生服务的学校护士以及/或教师担任主试。2008年至2009年期间，8 272名青少年(参与率达95%)接受了测试，其中3 181名被试在2010—2011年接受了追踪测试(38%)。未接受追踪测试(62%)的主要原因为校方不愿再次参与，这导致49%的青少年未能参与追踪测试。其他原因包括：学生们在追踪测试期间旷课(约5%)，学生们转学到未参与追踪测试的学校或留级(约8%)。

8.2.2 伦理学声明

数据来源于政府许可的、为青少年卫生保健预防而开展的常规健康检查，因此不需要单独的知情同意书。问卷基于自愿基础上完成，数据全部匿名。青少年每次填写问卷时都会得到对问卷的口头说明，与此同时，家长们在每次测试时都会收到书面的说明信息。青少年和家长都有权拒绝参与测试。数据的观测研究未纳入荷兰有关人体对象研究的法令范畴，因此不需要获得伦理审查委员会的许可。由于数据是匿名提供给研究者，因此本研究不属于《世界医学协会赫尔辛基宣言》(WMA Declaration of Helsinki)所规定的范围。

8.2.3 测量方法

8.2.3.1 欺凌

在基线测试中，通过两个问题来确定青少年在最近4周内是否遭遇校园欺凌，以及是否遭遇来自互联网或电话或短信的欺凌。回答分为五类：从未，一两次，一周一次，一周数次，每天。为了便于分析，是否在学校里被欺凌(传统欺凌)和是否通过网络或短信等渠道被欺凌(网络欺凌)的受害者被区分为两类：从未被欺凌，至少被欺凌过一次。

8.2.3.2 心理健康问题

在基线测试和追踪测试中，心理健康的评定采用了荷兰版自陈式《长处和困难自评问卷》(Strengths and Difficulties Questionnaire, SDQ)[24, 25]。SDQ包含25个项目，分别描述了青少年身上积极和消极的特性，共分为5个分量表(每个分量表各有5个项目)，即情绪问题、行为问题、多动—注意力不集中、同伴问题以及亲社会行为。每个题目按3级评分，完全不符合记0分，有点符合记1分，完全符合记2分。困难总分为情绪问题、行为问题、多动—注意力不集中和同伴问题这4个分量表的得分总和(范围为0~40；本研究α=0.74)。

和其他研究者一样[13,17,19~23]，我们根据问卷得分将样本进行分组(正常组与边缘/异常组)：正常组(追踪测试中SDQ总分≤80百分位数；分数≤13)，边缘/异常组(追踪测试中SDQ总分＞80百分位数；分数≥14)[26]。这些分界点是基于对荷兰14~15岁青少年实施的大型全国调查而确定的[27]。

8.2.3.3 自杀意念

在基线测试和追踪测试中，通过同一个问题来考察近12个月的自杀意念："在过去12个月中，你是否曾经认真考虑过结束你的生命？"回答按5级评分：从未，偶尔，有时，经常，很频繁。为了便于分析，自杀意念的有无被分为两类:过去1年中从未有过自杀意念;过去1年中至少有过一次自杀意念。

8.2.3.4 混淆因素

青少年的年龄、性别、种族、受教育水平在基线测试中均有测量,并被纳为本研究的潜在混淆变量。年龄分为两类:未满13岁或13岁及以上。受教育水平分为两类:受基本教育/理论职业预备教育;普通中学教育/大学预备教育。[①]种族则依照荷兰统计的定义,分为荷兰人或非荷兰人,即:若青少年的双亲至少有一方不是出生在荷兰,则被归入非荷兰人组。

8.2.4 统计分析

对总样本进行数据分析,采用描述统计来描述研究人群的一般特征。男女生在年龄、种族、受教育水平、欺凌受害、心理健康问题、自杀意念等方面的差异通过卡方检验进行评估。同时用卡方检验来评估传统欺凌受害和网络欺凌受害之间的关联。

此外,采用二元回归分析评估欺凌与后续心理健康状态或自杀意念之间的关联。模型1用于检验传统或网络欺凌受害与后续的心理健康状态或自杀意念之间的关联,控制了混淆变量(即性别、年龄、种族、教育)及其他类型的欺凌受害。模型2则控制了心理健康状态或自杀意念的基线水平[②]。在控制心理健康问题或自杀意念的基线水平后,模型2符合考察欺凌与后续两年内的心理健康状态或自杀意念之间的纵向关联的研究目的。此外,我们通过分别向模型2添加性别×传统欺凌(模型3a)或性别×网络欺凌(模型3b)交互项的方法,来考察两类欺凌对心理健康和自杀意念的影响是否存在性别差异。如果性别与欺凌之间存在显著交互作用,那么男女生的分析结果将单独列出。最后,我们探讨了

① 译者注:查资料得知荷兰的中等教育学校大致分为三类:1.高等教育预备学校(VWO);2.高级一般中等教育(HAVO);3.职业预备中等教育(VMBO)。其中VMBO的学生可在以下四类科目中选择:理论科目、综合科目、中级管理职业科目和基本职业科目。故此处分组中的第一类大约是资料中的第三类职业预备中等教育组,不论其具体科目是理论还是基本。而第二类大约是指资料中的前两类。

② 译者注:指基线测试时测出的结果。

传统欺凌受害和网络欺凌受害对于心理健康和自杀意念的影响是否有显著的交互作用，并计算了优势比（Odds ratio，*OR*）和相应的95%置信区间（95% *CI*）。

统计分析使用SPSS 20.0进行处理。$p<0.05$视为结果显著，但按照Twisk[30]的建议，交互作用只要$p<0.10$就视为显著。

8.3 结果

8.3.1 无应答分析

参加全部测试的被试（N=3 181）和未参加追踪测试的被试（N=5 091）之间的性别差异通过卡方检验加以考察（表1）。对于完成和未能完成追踪测试的被试，卡方检验的结果未发现显著的年龄差异。然而，在教育、种族、心理健康问题、自杀意念和欺凌方面则存在群组差异，相对于参加了追踪测试的被试而言，未参加追踪测试的被试受教育水平更低、为荷兰人的比例更高、存在更多心理健康问题和自杀意念，更多为传统或网络欺凌的受害者（这一点只对女生如此）。

8.3.2 描述统计

本研究样本中青少年的平均年龄为12.47岁（SD=0.62）；样本的51.0%是男生，48.4%是荷兰人（表2）。全部被试中，合计有21.4%是传统校园欺凌的受害者，5.1%是网络欺凌的受害者。在受欺凌状况上未发现显著的性别差异（p=0.10）。与男生相比，女生存在更多的后续心理健康问题（χ^2=10.04，$p<0.002$）和自杀意念（基线测试：χ^2=52.42，$p<0.001$；追踪测试：χ^2=58.69，$p<0.001$）。此外，与非网络欺凌受害者相比，网络欺凌受害者也更可能是传统欺凌受害者（男生：χ^2=60.38，$p<0.001$；女生：χ^2=29.21，$p<0.001$）。

表1　参加及未参加追踪测试的被试的性别差异（N=8 271）

	男生			女生		
	参与追踪测试	未参与追踪测试	p值	参与追踪测试	未参与追踪测试	p值
	n=1 623	n=2 645	（χ^2）	n=1 558	n=2 445	（χ^2）
	%	%		%	%	
年龄（平均年龄=12.50岁，标准差=0.62）						
＜13岁	53.9	51.2	0.09	58.6	56.0	0.09
种族						
荷兰人	50.4	56.9	＜0.001	46.3	55.4	＜0.001
受教育水平						
基本教育/理论职业预备教育组	49.3	63.6	＜0.001	51.0	64.2	＜0.001
欺凌受害类型						
仅受传统欺凌伤害	22.4	25.8	0.01	20.3	24.4	0.002
仅受网络欺凌伤害	4.7	5.3	0.45	5.5	9.0	＜0.001
心理健康问题	20.5	24.9	0.001	20.5	25.5	＜0.001
自杀意念	13.8	17.5	0.002	23.9	26.8	0.04

表2 参加全部测试的被试的一般特征，按性别纵列（N=3 181）

	总样本	男生	女生	p值
	N=3 181	n=1 623	n=1 558	(χ^2)
	%	%	%	
年龄（平均年龄=12.47岁，标准差=0.62）				
<13岁	56.2	53.9	58.6	0.01
种族				
荷兰人	48.4	50.4	46.3	0.02
受教育水平				
基本教育/理论职业预备教育组	50.1	49.3	51.0	0.33
欺凌受害类型				0.10
仅受传统欺凌伤害	18.8	19.6	17.9	
仅受网络欺凌伤害	2.6	2.0	3.2	
二者兼有	2.6	2.8	2.4	
心理健康问题				
基线测试	20.5	20.5	20.5	0.98
追踪测试	15.0	13.0	17.0	0.002
自杀意念				
基线测试	18.8	13.8	23.9	<0.001
追踪测试	11.8	7.5	16.3	<0.001

8.3.3 欺凌与心理健康问题

在总样本中（表3），性别与传统欺凌之间存在显著交互作用（p=0.08）（模型3a）。在男生中，传统欺凌与心理健康问题之间在完全调整模型（OR=1.03；95% CI=0.72~1.47）下没有显著相关。在女生中，传统欺凌与心理健康问题在完全调整模型(*OR*=1.41;95% *CI*=1.02~1.96)下存在显著相关。

性别与网络欺凌之间存在显著相关(p=0.04)(模型3b)。在男生中,是否成为网络欺凌的受害者与心理健康问题之间没有关系(*OR*=1.18;95% *CI*=0.64~2.17),而在女生中,在控制了心理健康的基线水平后,网络欺凌与心理健康问题存在显著相关(*OR*=2.38;95%*CI*=1.45~3.91)。

传统欺凌和网络欺凌在个体心理健康上未发现显著的交互作用。

表3 欺凌与心理健康问题的关联(*N*=3 181)

	模型1		模型2		模型3a		模型3b	
	OR(95%*CI*)	*p*值	*OR*(95%*CI*)	*p*值	*OR*(95%*CI*)	*p*值	*OR*(95%*CI*)	*p*值
社会人口统计特征								
性别,男	0.73(0.60~0.89)	0.002	0.71(0.58~0.88)	0.01	0.80(0.63~1.02)	0.07	0.76(0.61~0.95)	0.01
年龄,<13岁[a]	1.13(0.92~1.39)	0.25	1.10(0.89~1.38)	0.34	1.11(0.90~1.38)	0.34	1.11(0.90~1.39)	0.33
种族,荷兰人	0.95(0.77~1.17)	0.62	0.89(0.72~1.10)	0.29	0.89(0.72~1.11)	0.30	0.88(0.71~1.09)	0.24
基本教育/理论职业预备教育	1.58(1.27~1.96)	<0.001	1.23(0.8~1.54)	0.08	1.23(9.98~1.54)	0.08	1.23(0.98~1.54)	0.08
欺凌受害类型								
传统欺凌受害者	1.64(1.31~2.05)	<0.001	1.20(0.95~1.53)	0.13	1.45(1.06~2.00)	0.02	1.22(0.96~1.54)	0.11
网络欺凌受害者	2.35(1.64~3.36)	<0.001	1.79(1.23~2.61)	0.003	1.81(1.24~2.65)	0.002	2.53(1.55~4.12)	<0.001
基线测试时的心理健康问题			4.59(3.68~5.73)	<0.001	4.59(3.68~5.73)	<0.001		
性别×传统欺凌受害					0.66(0.42~1.54)	0.08		
性别×网络欺凌受害							0.44(0.20~0.95)	0.04

注:*OR* = 优势比(odds ratio);*CI* = 置信区间(confidence interval)。[a]在年龄被作为连续变量分析时获得了类似的结果。模型1是考虑了社会人口统计特征和欺凌两个变量之后的调整模型,心理健康问题为因变量。模型2与模型1相同,但它是考虑了心理健康问题的基线水平之后的调整模型。模型3a与模型2相同,但是增加了性别×传统欺凌受害的交互项。模型3b与模型2相同,但是增加了性别×网络欺凌受害的交互项。

表4 欺凌受害与自杀意念的关联(N=3 181)

	模型1		模型2		模型3a		模型3b	
	OR(95%CI)	p值	OR(95%CI)	p值	OR(95%CI)	p值	OR(95%CI)	p值
社会人口统计特征								
性别,男	0.40(0.32~0.51)	<0.001	0.48(0.37~0.60)	<0.001	0.53(0.41~0.70)	<0.001	0.49(0.38~0.63)	<0.001
年龄,<13岁[a]	0.89(0.71~1.12)	0.31	0.90(0.71~1.15)	0.39	0.90(0.71~1.15)	0.93	0.90(0.71~1.14)	0.39
种族,荷兰人	1.06(0.84~1.34)	0.63	1.10(0.87~1.41)	0.42	1.11(0.87~1.41)	0.41	1.10(0.86~1.40)	0.44
基本教育/或理论职业预备教育	1.32(1.04~1.68)	0.02	1.17(0.91~1.50)	0.22	1.17(0.91~1.50)	0.22	1.17(0.91~1.50)	0.22
欺凌受害类型								
传统欺凌受害者	1.95(1.53~2.48)	<0.001	1.56(1.21~2.02)	<0.001	1.77(1.29~2.44)	<0.001	1.57(1.21~2.03)	0.001
网络欺凌受害者	1.74(1.17~2.61)	0.007	1.22(0.80~1.87)	0.36	1.23(0.80~1.89)	0.34	1.36(0.81~2.28)	0.24
基线测试时的心理健康问题			4.82(3.79~6.12)	<0.001	4.84(3.81~6.15)	<0.001	4.81(3.79~6.10)	<0.001
性别×传统欺凌受害					0.71(0.43~1.20)	0.20		
性别×网络欺凌受害							0.72(0.29~1.79)	0.48

注:OR=优势比(odds ratio);CI=置信区间(confidence interval)。[a]在年龄被作为连续变量分析时获得了类似的结果。模型1是考虑了社会人口统计特征和欺凌两个变量之后的调整模型,自杀意念为因变量。模型2与模型1相同,但它是考虑了自杀意念的基线水平之后的调整模型。模型3a与模型2相同,但是增加了性别×传统欺凌受害的交互项。模型3b与模型2相同,但是增加了性别×网络欺凌受害的交互项。

8.3.4 欺凌与自杀意念

性别与传统欺凌(p=0.20)(模型3a)和网络欺凌(p=0.48)(模型3b)(表4)之间均未发现显著交互作用。在总样本中,完全调整模型中的传统欺凌与自杀意念存在显著相关(模型2:OR=1.56;95% CI=1.21~2.02)。在控制了自杀意念的基线水平后,网络欺凌与自杀意念没有关联（模型2：OR=1.22；95% CI=0.80~1.87）。

传统与网络欺凌在自杀意念上存在显著的交互作用（p=0.01）。后续的回归分析揭示，相比只成为网络欺凌（OR=1.35；95% CI=0.86~2.12）或传统欺凌（OR=1.13；95% CI=0.91~1.41）之一的受害者，同时成为这两类受害者并不会增加青少年产生自杀意念的风险。

8.4 讨论

本研究显示，在控制了心理健康问题的基线水平后，传统欺凌和网络欺凌均与女生的心理健康问题存在相关，但与男生的心理健康问题不存在相关。在控制自杀意念的基线水平后，只有传统欺凌受害与自杀意念存在相关。

正如研究所假设的，在控制了心理健康问题的基线水平后，传统欺凌与心理健康问题存在相关，但这一相关仅出现在女生中。传统欺凌对心理健康的长期影响存在性别差异，该结果已得到此前许多研究的支持[6,17~21]。本研究将这些发现拓展至网络欺凌，并且发现网络欺凌与心理健康问题之间的相关特别容易出现在女生中。

本研究发现的欺凌对心理健康影响的性别差异可以一定程度上由男女生所遭受欺凌形式的不同（例如：身体的、关系的）来解释。关于传统欺凌，此前的研究已经发现女生通常经历关系型的欺凌，这相比于外在的欺凌，其对心理健康问题有更大的影响，而男生则更常经历外在的欺凌[31~33]。然而由于本研究并未对传统与网络欺凌中的不同形式进行区分，因此，我们尚不清楚本研究中发现的性别差异是否可通过欺凌形式来解释。未来的研究应注意考察传统欺凌的不同形式以及网络欺凌的不同形式（例如通过电话、视频剪辑、电子邮件等），因为不同形式的网络欺凌与心理健康问题和自杀意念之间可能会存在不同的联系，而女生与男生较常遭遇的网络欺凌形式亦有所不同。

其次，本研究证实了早前研究反映的传统欺凌与自杀意念之间可能存在的关联[6,12,15]。与我们的假设相反，在控制了自杀意念的基线水平后，网络欺凌与自杀意念之间并无相关。对此矛盾结果的一种可能的解释是:遭遇网络欺凌且具有自杀意念的青少年样本太小。这可能导致我们的数据不足以检测出网络欺凌与自杀意念之间的显著相关。另一种可能的解释是:青少年们遭受两类欺凌的持续时间有所不同。在我们的研究样本中,青少年遭受网络欺凌的时间可能没有遭受传统欺凌的时间长,这点与此前的研究一致。此前研究显示,传统欺凌的受害者往往会遭遇一段时间较长的持续欺凌(8~16岁期间)[34],而网络欺凌则可能发生得更晚一些,大约在14岁[4],那个阶段孩子们会花更多时间在自己的手机上,也更喜欢访问社交网站(例如脸书、聚友网),这些都是网络欺凌易发生之处[35]。因此,从长期来看,自杀意念很可能只是更严重的心理健康问题进一步发展的结果,而且/或者是在遭受长期持续欺凌之后形成,正如传统欺凌那样,只是在该样本中网络欺凌还未达到此水平。未来还需要进一步研究以对这种关联有更多的了解。

本研究的目的在于考察早期的欺凌与后续的心理健康问题和自杀意念之间是否存在关联。尽管如此,分析横向的关联性,以及两类欺凌组中有心理健康问题的青少年的百分比在基线和追踪测试中的变化,能够为我们提供更多的信息。对基线数据的探索分析(横向分析)得出了与本文结果部分所描述的纵向分析相似的结果。正如大多数情况,对于两类欺凌与心理健康和自杀意念之间的关联,横向分析比纵向分析所得的结果更强。在心理健康或自杀意念上,性别与欺凌之间并无显著交互作用。这可能意味着欺凌在心理健康方面的短期影响对男女是相似的,但在长期影响上对男女生而言则具有差异。此外,分析显示欺凌组中有心理健康问题的青少年的比例在后续两年内相比非欺凌组(数据未显示)明显下降了更多。必须注意的是,其在后续两年内有心理健康问题的人数比例仍然高于非欺凌组。在自杀意念方面同样如此。唯一的不同在于,网络欺凌组中的女生在后两年内有心理健康问题的人数变化比例与非网络欺凌组并无差异。

本研究有优点,亦有局限性。优点在于其本质是纵向研究。数据提供了在大样本中探索感兴趣的特定变量之间关系的可能。其次,许多关于网络欺凌的研究为线上进行,因此收集到的数据可能会倾向于那些经常上网的青少年。但是,本研究也有其局限性。首先,本研究中的青少年并未全部参与追踪测试，因此无法将全部数据用于分析。无应答分析(non-response analysis)显示，未参与追踪测试的青少年其受教育水平更低、年龄更大、为荷兰人的比例更高、更多地为传统或网络欺凌的受害者，在基线测试时存在更多心理健康问题和自杀意念。尽管我们将这些变量纳入了混淆因素，并在数据分析中控制了心理健康问题的基线水平，但这种有选择性的退出很可能导致我们低估欺凌与心理健康问题或自杀意念之间的相关，因为易感组(也就是出现心理健康问题和自杀意念的高风险组)退出了。不过额外分析显示，两类欺凌与心理健康或自杀意念的基线水平之间的相关，在参加和未参加追踪测试的两组被试之间并没有显著差异。尽管如此，当前结果的推广仍需谨慎，我们建议在更广泛、多样化的人群中进行重复验证。其次，传统欺凌与网络欺凌都仅仅使用了自我报告的方式进行评定。另外，当前研究者对网络欺凌的测量意见尚未达成一致，通信技术的变更使人们很难对其下一个固定的定义。最后，使用自我报告问卷来评定心理健康与自杀意念，这可能降低评定结果的可信度。不过，有研究显示关于自身的心理健康状态，青少年本人比其父母和教师的报告更为准确[37]。

综上所述，我们的研究指出传统欺凌与更高的自杀意念风险存在关联，在女生中，传统与网络欺凌都与更高的心理健康风险存在关联。今后的研究应该探明男生与女生在应对欺凌所带来的压力时的不同反应的机制。另外，基于本研究和其他研究的结果，当前主题的研究可能需要考虑男生与女生之间的区别(differentiating)。我们的研究结果强调，致力于减少校园和网络欺凌行为的项目具有重要的意义。因为早期的心理健康问题可能加大其成年后发展为精神障碍的风险[38~40]。此外，尽管学校已经实施了一系列干预措施来减少欺凌行为和受害人数[41,42]，但计划并不应只局限于校园欺凌。网络欺凌的干预也应被纳入学校的反欺凌政策中[3,4]，而这正是目前普遍缺乏的[43]。虽然传统干预欺凌的措施可能也适用于干预网络欺凌(例如同伴支持)，但我们仍然需要专门的措施来减少网络欺凌，例如如何与移动电话运营商和互联网服务提供商进行联系[3]。

参考文献

1.Levy N, Cortesi S, Crowley E, Beaton M, Casey J, et al. (2012) Bullying in a Networked Era: A Literature Review. Harvard University: Berkman Center Research Publication.

2.Olweus D (1993) Bullying at school: What we know and what we can do. Cambridge, MA: Wiley-Blackwell.

3.Smith PK, Mahdavi J, Carvalho M, Fisher S, Russell S, et al. (2008) Cyberbullying: its nature and impact in secondary school pupils. J Child Psychol Psychiatry 49: 376–385.

4.Suzuki K, Asaga R, Sourander A, Hoven CW, Mandell D (2012) Cyberbullying and adolescent mental health. Int J Adolesc Med Health 24: 27–35.

5.Raskauskas J, Stoltz AD (2007) Involvement in traditional and electronic bullying among adolescents. Dev Psychol 43: 564–575.

6.Brunstein Klomek A, Sourander A, Gould M (2010) The association of suicide and bullying in childhood to young adulthood: a review of cross-sectional and longitudinal research findings. Can J Psychiatry 55: 282–288.

7.Ybarra ML, Mitchell KJ, Espelage DL (2012) Comparisons of bully and unwanted sexual experiences online and offline among a national sample of youth. In: Özdemir Ö, editor. Complementary pediatrics.Croatia: InTech.

8.Bonanno RA, Hymel S (2013) Cyber Bullying and Internalizing Difficulties: Above and Beyond the Impact of Traditional Forms of Bullying. J Youth Adolesc.

9.Schneider SK, O'Donnell L, Stueve A, Coulter RW (2012) Cyberbullying, school bullying, and psychological distress: a regional census of high school students. Am J Public Health 102: 171–177.

10.Schultze-Krumbholz A, Jäkel A, Schultze M, Scheithauer H (2012) Emotional and behavioural problems in the context of cyberbullying: a longitudinal study among German adolescents. Emotional and Behavioural Difficulties 17: 329–345.

11.Reijntjes A, Kamphuis JH, Prinzie P, Telch MJ (2010) Peer victimization and internalizing problems in children: a meta-analysis of longitudinal studies. Child Abuse Negl 34: 244–252.

12.Fisher HL, Moffitt TE, Houts RM, Belsky DW, Arseneault L, et al. (2012) Bullying victimisation and risk of self harm in early adolescence: longitudinal cohort study. BMJ 344: e2683.

13.Copeland WE, Wolke D, Angold A, Costello EJ (2013) Adult Psychiatric Outcomes of Bullying and Being Bullied by Peers in Childhood and Adolescence. JAMA Psychiatry: 1–8.

14.Schreier A, Wolke D, Thomas K, Horwood J, Hollis C, et al. (2009) Prospective study of peer victimization in childhood and psychotic symptoms in a nonclinical population at age 12 years. Arch Gen Psychiatry 66: 527–536.

15.Heikkila HK, Vaananen J, Helminen M, Frojd S, Marttunen M, et al. (2013) Involvement in bullying and suicidal ideation in middle adolescence: a 2-year follow-up study. Eur Child Adolesc Psychiatry 22: 95–102.

16.Lereya ST, Winsper C, Heron J, Lewis G, Gunnell D, et al. (2013) Being bullied during childhood and the prospective pathways to self-harm in late adolescence. J Am Acad Child Adolesc Psychiatry 52:608–618.

17.Brunstein Klomek A, Marrocco F, Kleinman M, Schonfeld IS, Gould MS (2007) Bullying, depression, and suicidality in adolescents. J Am Acad Child Adolesc Psychiatry 46: 40–49.

18.Klomek AB, Sourander A, Niemela S, Kumpulainen K, Piha J, et al. (2009) Childhood bullying behaviors as a risk for suicide attempts and completed suicides: a population- based birth cohort study. J Am Acad Child Adolesc Psychiatry 48: 254–261.

19.Haavisto A, Sourander A, Multimaki P, Parkkola K, Santalahti P, et al. (2004) Factors associated with depressive symptoms among 18-year-old boys: a prospective 10-year follow-up study. J Affect Disord 83: 143–154.

20.Bond L, Carlin JB, Thomas L, Rubin K, Patton G (2001) Does bullying cause emotional problems? A prospective study of young teenagers. BMJ 323: 480–484.

21.Sourander A, Ronning J, Brunstein- Klomek A, Gyllenberg D, Kumpulainen K, et al. (2009) Childhood bullying behavior and later psychiatric hospital and psychopharmacologic treatment: findings from the Finnish 1981 birth cohort study. Arch Gen Psychiatry 66: 1005–1012.

22.Klomek AB, Sourander A, Kumpulainen K, Piha J, Tamminen T, et al. (2008) Childhood bullying as a risk for later depression and suicidal ideation among Finnish males. J Affect Disord 109: 47–55.

23.Sourander A, Jensen P, Ronning JA, Niemela S, Helenius H, et al. (2007) What is the early adulthood outcome of boys who bully or are bullied in childhood? The Finnish "From a Boy to a Man" study. Pediatrics 120: 397–404.

24.Goodman R, Ford T, Simmons H, Gatward R, Meltzer H (2000) Using the Strengths and Difficulties Questionnaire (SDQ) to screen for child psychiatric disorders in a community sample. Br J Psychiatry 177: 534–539.

25.Muris P, Meesters C, van den Berg F (2003) The Strengths and Difficulties Questionnaire (SDQ)—further evidence for its reliability and validity in a community sample of Dutch children and adolescents. Eur Child Adolesc Psychiatry 12: 1–8.

26.Scoring the SDQ. Instructions in English for scoring self- rated SDQs by hand.

27.van Dorsselaer S, de Looze M, Vermeulen-Smit E, de Roos S, Verdurmen J, et al. (2009) Gezondheid, welzijn en opvoeding van jongeren in Nederland. Utrecht: Trimbos-instituut, Universiteit Utrecht, Sociaal en cultureel planbureau.

28.van de Looij- Jansen PM, de Wilde EJ, Mieloo CL, Donker MC,

Verhulst FC (2009) Seasonal variation in self-reported health and health-related behaviour in Dutch adolescents. Public Health 123: 686–688.

29.Centraal Bureau voor de Statistiek. Allochtoon.

30.Twisk JW (2006) Applied multilevel analysis: A Practical Guide (Practical Guides to Biostatistics and Epidemiology).Cambridge University Press.

31.Crick NR, Bigbee MA (1998) Relational and overt forms of peer victimization: a multiinformant approach. J Consult Clin Psychol 66: 337–347.

32.Cullerton-Sen C, Crick NR (2005) Understanding the effects of physical and relational victimization: the utility of multiple perspectives in prediction social-emotional adjustment. School Psych Rev 34: 147–160.

33.Baldry A (2004) The impact of direct and indirect bullying on the mental and physical health of Italian youngsters. Aggress Behav 30: 343–355.

34.Sourander A, Helstela L, Helenius H, Piha J (2000) Persistence of bullying from childhood to adolescence—a longitudinal 8-year follow-up study. Child Abuse Negl 24: 873–881.

35.Kowalski RM, Limber SP (2007) Electronic bullying among middle school students. J Adolesc Health 41: S22–30.

36.Cash SJ, Bridge JA (2009) Epidemiology of youth suicide and suicidal behavior. Curr Opin Pediatr 21: 613–619.

37.Rutter M (1986) The development of psychopathology of depression: Issues and perspectives. In: Rutter M, Izard CE, Read PB, editors. Depression in young people: Developmental and clinical perspectives. New York: Guilford Press.

38.Fergusson DM, Woodward LJ (2002) Mental health, educational, and social role outcomes of adolescents with depression. Arch Gen Psychiatry 59: 225–231.

39.Kim-Cohen J, Caspi A, Moffitt TE, Harrington H, Milne BJ, et al.

(2003) Prior juvenile diagnoses in adults with mental disorder: developmental follow-back of a prospective-longitudinal cohort. Arch Gen Psychiatry 60: 709−717.

40.Hofstra MB, van der Ende J, Verhulst FC (2002) Child and adolescent problems predict DSM-IV disorders in adulthood: a 14-year follow-up of a Dutch epidemiological sample. J Am Acad Child Adolesc Psychiatry 41: 182−189.

41.Smith PK, Ananiadou K, Cowie H (2003) Interventions to reduce school bullying. Can J Psychiatry 48: 591−599.

42.Ttofi MM, Farrington DP (2011) Effectiveness of school-based programs to reduce bullying: A systematic and meta- analytic review. J Exp Criminol.7: pp.

43.Bhat CS (2008) Cyber Bullying: Overview and Strategies for School Counsellors, Guidance Officers, and All School Personnel. Aust J Guid Counsell 18: 53−66.

第九章　亲子依恋关系、负性生活事件与心理健康之间的关系

Rienke Bannink, Suzanne Broeren, Petra M. van de Looij-Jansen, and Hein Raat

9.1 前言

在荷兰，约有15%的青少年存在心理健康问题[1]。心理健康问题通常于青春期开始展露[2]，往往与青少年未能获取相应的社交技能、犯罪行为以及高自杀风险等相关[3]。青春期的心理健康问题会加大其在成年后发展为精神障碍的风险[5~8]。对心理健康问题的关键影响性因素的了解，例如风险因素和保护性因素，对于心理健康问题的预防具有重要意义。

心理疾病的一个重要的风险因素已经被探讨了多年，即负性生活事件(negative life events)的影响[9,10]。一些研究结果表明，在青少年阶段，负性生活事件与心理健康问题之间存在相关。之前的研究已经发现一些负性生活事件可能是心理健康问题的风险因素，包括：父母的身体疾病[11]、父母的精神疾病[12,13]、父母的物质滥用[14, 15]、家庭破裂[16]、父母冲突[17,18]以及过早生育等[19]。

纵向研究也指出了一些对青春期心理健康具有积极影响的因素[20~23]，其中之一即亲子依恋质量。研究显示，良好的亲子依恋关系可

以成为心理健康问题的保护性因素[21,22,24,25]。亲子依恋的质量会影响当前的心理健康状态，以及他们未来的心理健康问题，例如其后的重度抑郁症(major depression)[23]。

尽管已有大量文献考察了负性生活事件、亲子依恋关系与心理健康问题之间的关系，但大部分研究并未考察诸如负性生活事件和亲子依恋关系等风险或保护性因素与心理健康之间的交互作用。正如发展心理学领域中关于心理韧性(resilience)的研究一样。相比孤立地考察其风险因素，越来越多的研究将重心转移至心理健康的保护性因素及其与风险因素之间的交互作用上。心理韧性的研究关注的是那些虽然经历了重大不幸但仍积极成长的青少年[26,27]。

举例来说，社会支持被视为心理韧性因素之一，理论上其可以在青少年遭遇应激事件时保护他们免受伤害。而父母的支持被认为能够通过减轻青少年遭遇应激事件时所感受到的威胁而发挥作用，进而发展出更多的适应性应对措施(adaptive coping efforts)[28]。最后，家庭提供的充分支持满足了青少年对安全感的需要，并通过增强青少年的自尊或控制感而使他们充满能量[29]。

亲子依恋关系是另一个有待进一步研究的潜在的心理韧性因素。探明亲子依恋在负性生活事件与心理健康之间的作用将是非常有必要的，因为负性生活事件往往无法避免，而依恋关系则是可修复的[30]。如果良好的亲子依恋可以在负性生活事件与心理健康问题之间起到缓冲作用，那么它就能够帮助我们在可能的条件下区分出易感青少年与适应良好的青少年，并且还可能应用于青少年心理健康问题的预防和应对。

一项初步研究考察了无论其是否遭遇负性生活事件，包括父母支持在内的多种保护性因素对青少年心理健康均具有的缓冲作用[31]。在考虑了青少年保护性因素的习得性条件下，Wille 等人[31]比较了遭遇不同数量负性生活事件的负性青少年出现心理健康问题的比例，结果发现保护性因素对于遭遇一两次负性生活事件的青少年及其与心理健康之间的关系具有明显的缓冲作用。未遭遇负性生活事件的青少年则没有从其拥有的保护性因素中获益。本研究得益于一个大规模研究，与 Wille 等人的研究不同，其对亲子依恋与负性生活事件之间的交互作用可能对心理健康产生的额外效应进行了量化。基于先前的研究结果，我们假设:良好的亲子依恋(也就是保护性因素)能在负性生活事件与心理健康之间起到缓冲作用。研究目标为:(1)考察负性生活事件、亲子依恋关系与心理健康问题的关联;(2)探索亲子依恋关系和(单个或多个)负性生活事件对青少年心理健康是否存在交互作用。

9.2 方法

9.2.1 研究设计与被试

本研究是一个持续两年的前瞻性研究,是鹿特丹青少年监控(Rotterdam Youth Monitor,RYM)项目的一部分,RYM是一个纵向的青少年健康观测系统。它对居住在鹿特丹及其周边荷属地区的0~19岁的儿童和青少年的身心健康、行为表现及其相关因素进行监控。RYM属于青少年预防保健系统护理(常规健康检查)的一部分,用于检测个体(潜在)的健康风险与问题,以采取必要的预防措施(包括转诊治疗)。

本研究采用RYM的中学生数据。学生们在中学一年级接受基线测试(平均年龄=12.5岁,标准差=0.62),在两年后的三年级接受追踪测试(平均年龄=14.3岁,标准差=0.58)。数据采集过程贯穿全学年,七、八月的暑假除外。学生们在2008年9月至2009年7月期间完成了基线测试问卷,随后在2010年9月至2011年7月期间完成了追踪测试问卷。问卷为校内发放,主试由受过专门训练的研究员、来自市政公共卫生服务的学校护士以及/或教师担任。在2008年至2009年期间,8 272名青少年(参与率达95%)接受了测试,其中3 181名被试在2010—2011年接受了追踪测试(38%)。未接受基线测试的主要原因是学生在实施问卷调查期间因病缺席。未接受追踪测试的主要原因在于校方后来不再愿意参与其中。其他原因还包括:学生们转学至未参与追踪测试的学校、留级,或追踪测试期间缺席。

9.2.2 伦理学声明

所有数据采集均通过政府许可,且为青少年卫生保健预防而开展的常规健康检查的一部分,问卷均在个体自愿的基础上完成,数据全部匿名填写,因此不需要单独的知情同意书。青少年每次填写问卷时都会对其进行口头说明,而家长则会收到有关的书面说明。青少年和家长均有拒绝参与测试的自由。

9.2.3 测量方法

心理健康问题。在追踪测试中,心理健康的评定采用了荷兰版自陈式《长处和困难自评问卷》(Strengths and Difficulties Questionnaire, SDQ)[32~36]。SDQ包含25个项目,分别描述了青少年身上积极和消极的特性,问卷被分为5个分量表,每个分量表各有5个项目。5个分量表分别对应情绪问题、行为问题、多动—注意力不集中、同伴问题以及亲社会行为。每个题目按3级评分,完全不符合记0分,有点符合记1分,完全符合记2分。困难总分是情绪问题、行为问题、多动—注意力不集中和同伴问题这4个分量表的得分总和(范围为0~40;本研究 $\alpha=0.74$)。

根据SDQ总分将样本分为两组:正常组(分界点为追踪测试的SDQ得分≤80%百分位数;分数≤13);边缘/有心理健康问题组(分界点为追踪测试的SDQ得分 > 80%百分位数;分数≥14)[37]。这些分界点的确定基于对荷兰14~15岁青少年实施的大型全国调查[1]。

负性生活事件。青少年被问及11种负性生活事件,通过3类不同的回答进行评定。在基线测试时,每种负性生活事件由一个项目来评定。对其中6种负性生活事件(即父母患慢性病或严重疾病、兄弟姐妹患慢性病或严重疾病、父母患精神疾病、兄弟姐妹患精神疾病、父母酗酒或药物滥用和/或嗜赌、兄弟姐妹酗酒或药物滥用和/或嗜赌)的作答选项是:不符合,目前不符合,符合。为了便于数据分析,这些项目均被分为(目前)不符合和符合两类。对另外2种负性生活事件(即父母经常发生冲突、父母离婚)的作答选项是:未遭遇过、近两年内未遭遇过、两年内遭遇过。为了便于数据分析,父母经常发生冲突这个项目被分为:未遭遇过或近两年内未遭遇过,两年内遭遇过。父母离婚与另外3种负性生活事件(即意外怀孕、受到性骚扰伤害、受到暴力伤害)均被二分为:是、否。

负性生活事件的总分为所有二分项目的得分总和。随后根据负性生活事件总分分成3组:未遭遇负性生活事件组、遭遇单个负性生活事件组、遭遇多个负性生活事件组。

亲子依恋关系。在基线测试时，使用关爱青年调研组（The Communities That Care Youth Survey）中的《家庭依恋量表》（Family attachment scale）[38,39]来测量亲子依恋关系的质量。该量表由6个项目组成：其中3个项目关于青少年与母亲的关系，另外3个项目关于青少年与父亲的关系。每个项目按4级评分：完全不是、不是、是、完全符合。总分为6个项目得分的平均值（范围0~3；本研究α=0.82）。根据样本在该量表的总分分布，将被试分为两组：亲子依恋不良（分界点<第20个百分位数；分数<2.00）和亲子依恋良好（分界点≥第20个百分位数；分数≥2.00）。

混淆因素。青少年的年龄、性别、种族、受教育水平均在基线测试中进行了测量，并被纳入本研究的潜在混淆因素。为了便于数据分析，混淆因素均被分为两组。按年龄分为：未满13岁，13岁及以上。按受教育水平分为：基本教育/理论职业预备教育组，普通中学教育/大学预备教育组。种族则依照荷兰统计[41]的定义，分为荷兰人组与非荷兰人组，亦即：若青少年的双亲至少有一方不是出生在荷兰，则被归入非荷兰人组。

9.2.4 统计分析

采用描述统计呈现研究人群的一般特征（表1）。分别对有/无心理健康问题的青少年在性别、年龄、种族、受教育水平、负性生活事件、亲子依恋等方面的差异通过卡方检验进行评估（表1）。采用二元回归分析来评估负性生活事件、亲子依恋和追踪测试时个体的心理健康状态之间的关系（表2）。

我们计算了优势比（*OR*）及其对应的95%置信区间（95%*CI*）。首先，在控制了混淆因素后（即年龄、性别、种族和受教育水平），采用二元分析分别评估负性生活事件与追踪测试时个体的心理健康状态之间的关系，以及亲子依恋与追踪测试时的心理健康状态之间的关系。其次，对所有负性生活事件、亲子依恋以及所有的混淆因素采用“进入法”①（enter method）进行多元回归分析。我们还对负性生活事件的多重共线性（所有Phi相关系数≤0.17）进行了检查。由于负性生活事件中不存在多重共线性问题，所有的负性生活事件都进入了同一个模型。

① 译者注：在回归分析时将所有因素纳入回归方程的一种方法。

表1 参加全部测试的被试的一般特征以及追踪测试时的心理健康状况(N=3 181)

	总数	追踪测试时的心理健康		p值(χ^2)
		正常	边缘/有心理健康问题	
	(N=3 181)	(n=2 705)	(n=476)	
性别				
男生	51.0	52.2	44.3	0.002
年龄(平均年龄=12.5岁,标准差=0.62)				
<13岁	56.2	56.3	55.4	0.692
种族				
荷兰人	48.4	49.0	44.6	0.076
受教育水平				
基本教育/理论职业预备教育	50.1	48.3	60.7	<0.001
负性生活事件				
父母患慢性病或严重疾病	7.5	6.9	10.8	0.003
兄弟姐妹患慢性病或严重疾病	3.6	3.4	4.9	0.118
父母患精神疾病	2.4	1.7	5.9	<0.001
兄弟姐妹患精神疾病	1.5	1.2	3.6	<0.001
父母酗酒或药物滥用和/或嗜赌	2.9	2.1	7.6	<0.001
兄弟姐妹酗酒或药物滥用和/或嗜赌	1.6	1.4	2.5	0.082
父母经常发生冲突	26.9	25.0	37.6	<0.001
父母离婚	17.4	16.1	25.1	<0.001
意外怀孕	0.4	0.3	1.3	0.003
受到性骚扰伤害	1.3	0.9	3.2	<0.001
受到暴力伤害	4.9	3.6	12.0	<0.001
遭遇负性生活事件的数量				<0.001[a]
未遭遇负性生活事件	52.3	55.0	36.6	

续表

	总数	追踪测试时的心理健康		p值(χ^2)
		正常	边缘/有心理健康问题	
	(*N*=3 181)	(*n*=2 705)	(*n*=476)	
遭遇单个负性生活事件	32.0	32.2	31.2	
遭遇多个负性生活事件	15.7	12.9	32.1	
亲子依恋				
不良	12.2	10.2	23.5	< 0.001

[a]按遭遇负性生活事件的数量划分的3个组之间有显著差异：未遭遇负性生活事件组呈现出最少的心理健康问题(10.4%)，遭遇多个负性生活事件组的心理健康问题比例最高(30.3%)。

表2　负性生活事件、亲子依恋与心理健康问题的二元和多元相关(*N*=3 181)

负性生活事件	二元[1]		多元[1]	
	OR	95%*CI*	*OR*	95%*CI*
父母患慢性病或严重疾病	**1.57**	**1.13 ~ 2.19****	1.34	0.94 ~ 1.90
兄弟姐妹患慢性病或严重疾病	1.43	0.89 ~ 2.29	1.23	0.75 ~ 2.04
父母患精神疾病	**3.37**	**2.08 ~ 5.47*****	**1.86**	**1.08 ~ 3.21***
兄弟姐妹患精神疾病	**2.97**	**1.63 ~ 5.44*****	1.91	0.98 ~ 3.73
父母有成瘾行为	**3.64**	**2.36 ~ 5.63*****	**2.34**	**1.45 ~ 3.79****
兄弟姐妹有成瘾行为	1.58	0.82 ~ 3.06	0.82	0.39 ~ 1.71
父母经常发生冲突	**1.85**	**1.50 ~ 2.27*****	**1.51**	**1.21 ~ 1.88*****
父母离婚	**1.64**	**1.30 ~ 2.08*****	1.25	0.97 ~ 1.62
意外怀孕	**4.22**	**1.44 ~ 12.33****	2.17	0.63 ~ 7.45***
受到性骚扰伤害	**3.02**	**1.56 ~ 5.83****	1.11	0.50 ~ 2.50
受到暴力伤害	**3.66**	**2.59 ~ 5.19*****	**2.51**	**1.69 ~ 3.70*****
不良亲子依恋关系	**2.65**	**2.07 ~ 3.40*****	**2.03**	**1.55 ~ 2.65*****
内戈尔科 R^2(Nagelkerke R^2)			0.10	

[1]二元和多元分析包括以下混淆因素：年龄、性别、种族、受教育水平。$^{*}p<0.05$，$^{**}p<0.01$，$^{***}p<0.001$。注：黑体字表示*P*值显著。

为了研究亲子依恋是否以及多大程度能够改变单个或多个负性生活事件对个体心理健康的影响，我们通过相加量表(additive scale)对交互作用进行了分析(表3)。相加量表显示的交互作用意味着两个风险因素的联合效应并不等于(大于或小于)它们各自效应的总和[42]。由于我们的研究中包含了亲子依恋这个保护性因素，在计算交互效应之前我们将此因素重新赋值为一个风险因素[42]。我们在相加量表中呈现了“由交互作用引起的相对过量风险”(Relative Excess Risk due to Interaction，RERI)及其95%*CI*，作为交互作用的衡量指标，在Excel中使用delta的方法[43,44]。RERI考虑的是绝对风险，风险因素的联合效应大于各个因素效应之和时为正值(>0)。通过追踪测试中心理健康状态的测定结果来计算RERIs。

表3　亲子依恋和负性生活事件对心理健康的交互效应(*N*=3 181)

负性生活事件	亲子依恋		心理健康		*OR*	95%*CI*	RERI	95%*CI*
			总数	边缘/有心理健康问题				
			n	*n*				
单个负性生活事件	未经历[1]	良好	1 532	157	1.00		1.56	0.15~2.96
	未经历[1]	不良	101	13	1.29	0.70~2.36		
	经历	良好	850	105	1.23	0.95~1.60		
	经历	不良	143	38	3.07	2.04~4.63		
多个负性生活事件	未经历[1]	良好	1 532	157	1.00		3.32	0.80~5.84
	未经历[1]	不良	101	13	1.29	0.70~2.37		
	经历	良好	360	92	2.86	2.14~3.84		
	经历	不良	131	57	6.47	4.39~9.55		

分析包括的混淆因素：年龄、性别、种族、受教育水平。[1]对照组为“未遭遇负性生活事件”组。

其通过如下公式计算[42]：

$$RERI = OR_{A+B+} - OR_{A+B-} - OR_{A-B+} + 1$$

RERI=0代表没有交互作用或等于相加值；RERI>0代表有正交互作用或大于相加值；RERI<0代表有负交互作用或小于相加值；RERI的范

围从负无穷到正无穷。

作为分析的一部分，我们还通过如下公式计算了可归因于交互作用的比例（基于交互作用的联合效应的比例）[42]：

$$AP=RERI/OR_{A+B+}$$

AP=0代表没有交互作用或等于相加值；AP>0代表有正交互作用或大于相加值；AP<0代表有负交互作用或小于相加值；AP的范围从-1到1。

数据分析采用SPSS 20.0版和Excel。$p<0.05$视为结果显著。

无应答分析。参加了全部测试的被试（N=3 181）和未参加追踪测试的被试（N=5 091）之间的对比结果显示，两者性别无显著差异（$\chi^2=0.70$；$p=0.40$），亲子依恋也无显著差异（$\chi^2=1.20$；$p=0.27$）。但是受教育水平、年龄、种族和负性生活事件均存在显著差异，相比参加了全部测试的被试，未参加追踪测试的被试受教育水平更低（$\chi^2=151.53$；$p<0.001$）、年龄更大（$\chi^2=5.94$；$p<0.05$）、为荷兰人的比例更高（$\chi^2=47.68$；$p<0.001$）且遭遇了更多的负性生活事件（$\chi^2=55.22$；$p<0.001$）。

9.3 结果

9.3.1 描述性信息

如表1所示，本研究样本的平均年龄为12.5岁（标准差=0.62）；其中51.0%是男生，48.4%是荷兰人。在被试报告的他们遭遇过的负性生活事件当中，占比最高的是“近两年内父母经常发生冲突”（26.9%）。在基线测试中，32.0%的被试报告他们曾遭遇过一次负性生活事件，15.7%的被试报告他们曾遭遇过多次负性生活事件。女生和受教育水平较低的被试明显比男生和受教育水平较高的被试在追踪测试中表现出更多的心理健康问题（性别差异：$\chi^2=10.04$；$p=0.002$；教育差异：$\chi^2=25.03$；$p<0.001$）。

9.3.2 负性生活事件与心理健康状态

表1呈现了每类特定负性生活事件的总样本分布、追踪测试中的正常组、边缘/有心理健康问题组分别遭遇的负性生活事件总数。遭遇不同数量负性生活事件的3组间差异显著(χ^2=118.82;p<0.001),未遭遇负性生活事件组表现出最少的心理健康问题(10.4%),遭遇多个负性生活事件组的心理健康问题比例最高(30.3%)。

表2的二元分析显示,除了兄弟姐妹患慢性病或严重疾病及其有成瘾行为,每种单一的负性生活事件都与高心理健康问题风险显著相关。在控制了其他负性生活事件和亲子依恋后,所有的*OR*值都下降了,但父母有成瘾行为、父母罹患疾病、父母经常发生冲突及受暴力伤害这几个负性生活事件仍与心理健康问题有着显著相关。

9.3.3 亲子依恋关系与心理健康状态

在基线测试中呈现的不良亲子依恋与追踪测试中心理健康问题的高风险相关(见表2)。在控制了负性生活事件后,*OR*仍显著(*OR*=2.03;95% *CI* =1.55~2.65)。

9.3.4 亲子依恋关系和负性生活事件对心理健康的交互作用

如表3所示,亲子依恋和负性生活事件对个体心理健康的影响存在交互作用。不良亲子依恋和负性生活事件对心理健康的联合效应大于两个效应之和。与未遭遇负性生活事件的被试相比,遭遇过单个或多个负性生活事件的被试其不良亲子依恋与高心理健康风险相关(遭遇单个负性生活事件:RERI= 1.56;95% *CI* =0.15~2.96;遭遇多个负性生活事件:RERI= 3.32;95% *CI*= 0.80~5.84)。图1显示了亲子依恋—多个负性生活事件在心理健康上的交互效应。基于交互作用的联合效应比例(AP)在不良亲子依恋的单个负性生活事件组为0.51,在不良亲子依恋的多个负性生活事件组也是0.51。这意味着51%的联合效应可以归因于亲子依恋和负性生活事件的交互作用。对年龄、性别、种族和受教育水平分组进行的交互分析也得到了类似的结果(数据不在此呈现,根据需要可提供)。

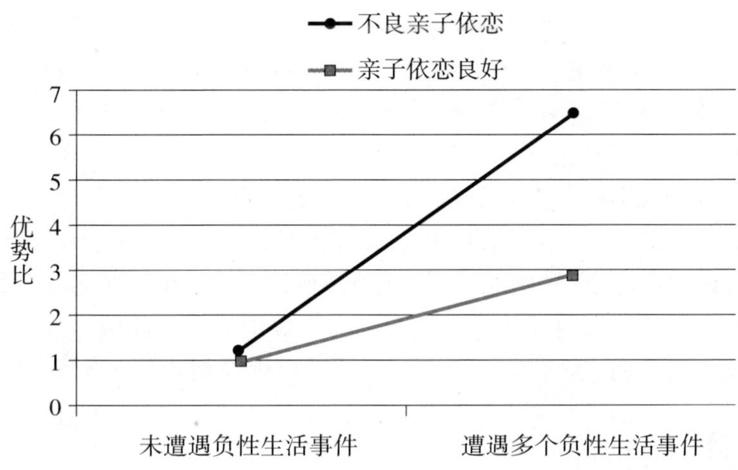

图1　亲子依恋和遭遇多个负性生活事件对心理健康影响的交互作用

9.4 讨论

本研究表明,负性生活事件和亲子依恋关系与青少年的心理健康问题存在关联,更为重要的是发现了亲子依恋与单个及多个负性生活事件对青少年的心理健康的影响存在交互作用。

本研究证实了前人研究所指出的,负性生活事件与青少年的心理健康问题之间存在的明确关系[11~19]。遭受暴力对心理健康有极高的影响。与他人的研究一致,在控制了其他的负性生活事件后,某些负性生活事件与心理健康不再有显著的关联[31],这说明了一些负性生活事件往往是同时发生的。当同时遭遇多个负性生活事件时,出现心理健康问题的概率更高。这也与前人的研究一致,即当累积遭遇多个负性生活事件时,出现心理健康问题的可能性更高[31,45]。此外,与其他研究一致,本研究结果表明良好的亲子依恋可能是青少年心理健康的保护性因素[20~25]。

我们特别关注亲子依恋和负性生活事件对心理健康的交互效应,因为大多数研究都没有对此进行考察。本研究发现亲子依恋和负性生活事件在心理健康上存在交互效应。不良亲子依恋和负性生活事件对心理健康的联合效应大于两效应之和,一半以上的联合效应都可归因于交互作用。因此,在未来的研究中很重要的一点是,不能只关注因素间的直接关系,还应该注意评估各因素之间是否存在交互作用。与我们的假设一致,研究结果表明良好的亲子依恋可以在单个或多个负性生活事件与青少年的心理健康之间起到缓冲作用。对本研究发现的这种交互作用,一个可能的解释是:良好的亲子依恋提高了青少年的应对能力。应对理论指出,当个体遭遇潜在的应激情境时,他们的反应之一就是对自身应对该情境的资源(例如亲子关系)进行评估[46]。在该评估过程中,如果个体觉得他们的内部或外部资源能够很好地应对当前情境,他们就不易感觉受到威胁,因此能发展出更多的适应性应对措施。因此,当青少年遭遇负性生活事件时,相比不良亲子依恋,良好的亲子依恋有助于他们良好地应对。

对于未遭遇过负性生活事件的青少年,亲子依恋的质量与心理健康之间没有关联。这与Wille等人的研究发现一致[31]。一种可能的解释是只有在面对风险因素时,个体才会从保护性因素中受益,例如从良好的亲子依恋关系中受益[26]。

本研究既有优点,也存在局限之处。本研究的优点之一是其为纵向研究。数据库提供了宝贵的机会,使我们得以在大样本中探索感兴趣的特定变量之间的关系。本研究的创新之处在于不仅关注了感兴趣的变量之间的直接关联,还关注了它们的交互效应。

本研究也有其局限性。首先,部分青少年的数据由于未参与追踪测试而被剔除了。无应答分析显示这部分青少年的受教育水平更低、年龄更大、为荷兰人的比例更高。尽管我们在数据分析中将这些变量归为混淆因素,但有关本研究发现的推广仍需谨慎,我们建议在更广泛、更多样化的人群中进行重复验证。其次,与大多数采用自我报告的调查类似,青少年的自我报告可能存在偏差。虽然采用多个报告者的方式可能会有所弥补,但有研究显示关于自身心理健康状态,青少年本人仍旧是比其父母和教师更好的报告者。例如,相比父母或教师,青少年自我报告的心理健康状态与第三方精神评估结果的一致性更高[47]。尽管如此,在对本研究结果进行解释时仍应持谨慎态度,我们建议在未来研究中采用多个报告者的方式。再次,我们计算的是负性生活事件的总分,因此无法区分例如亲子依恋和与青少年本身行为有关的负性生活事件（至少部分有关，比如青少年与其父母或同伴的冲突）之间的交互作用，以及亲子依恋和与青少年本身行为无关（无关行为）的负性生活事件（比如自然灾害）之间的交互作用。因此我们无法得知良好的亲子依恋是否对遭遇某些特定负性生活事件的青少年特别有益，以及/或者对遭遇其他负性生活事件的青少年完全无益。

此外，我们的主要目的是预测追踪测试中的心理健康问题。因此我们在数据分析中没有控制心理健康的基线水平，那样我们只能得到不良亲子依恋和负性生活事件是如何影响基线和追踪测试间心理健康的变化。倘若如此，我们就无法考虑到那些在基线测试时心理健康就已经受到不良亲子依恋和负性生活事件影响的青少年了。不良亲子依恋和负性生活事件可能早在基线测试之前就已存在了。因此，基于我们的研究问题（即心理健康问题如何出现），而不是心理健康问题的变化（即程度），我们在研究中并未控制心理健康的基线水平。因此，我们研究了在亲子依恋、负性生活事件和心理健康之间是否存在长期的关联和交互效应。需要注意的是，这些分析并不能进行因果关系推论，因为我们并不知道心理健康问题是在负性生活事件发生之前就已存在，还是负性生活事件、亲子依恋和心理健康问题已产生相互影响。

为了解决上述问题，未来需要设计一种可以让研究者考察变量先后顺序的方法。这是有难度的，因为负性生活事件和心理健康问题通常可能在个体年龄还很小的时候就已存在了。因此最理想的方法是从胎儿期就开展长期纵向跟踪研究。此外，有必要进一步了解亲子依恋为什么能够在负性生活事件与心理健康之间起到缓冲作用。举例来说，如前所述，良好的亲子依恋可能会提高青少年的应对能力，而应对能力在负性生活事件与心理健康问题之间起中介作用。因此，未来研究应综合考量中介与调节变量，对与充当调节变量的亲子依恋有关的特定中介因素（例如威胁感或应对能力）进行考察，这样才能进一步检验我们的理论，更好地理解负性生活事件是以怎样复杂的方式影响青少年心理健康的。此外，那些促进亲子依恋的干预性研究或许能为我们提供更多关于亲子依恋与心理健康问题的因果性信息。

综上所述,本研究结果支持以往研究提出的观点,即负性生活事件和亲子依恋与心理健康问题之间存在关联。本研究结果同时也支持亲子依恋和负性生活事件在心理健康上存在交互作用的观点。这或许对良好的亲子依恋在单个或多个负性生活事件与青少年心理健康之间充当缓冲角色的理论给予了支持。但是,本研究并不能得出因果关系的结论,考察负性生活事件和不良亲子依恋对青少年心理健康的影响效应将心理健康问题的复杂发展过程简单化了,在此过程中还有更多的因素在发挥作用。尽管如此,本研究使我们能够鉴别那些存在高心理障碍风险的青少年。遭遇单个或多个负性生活事件及不良亲子依恋的青少年可能是心理健康问题的易感人群。未来研究需要继续探索为什么有些青少年虽然遭遇了负性生活事件,但依然适应良好。有关这方面的研究有助于我们为那些遭遇负性生活事件的青少年建立一套有效的预防和干预计划。

参考文献

1.van Dorsselaer S, de Looze M, Vermeulen-Smit E, de Roos S, Verdurmen J, et al.(2009) Gezondheid, welzijn en opvoeding van jongeren in Nederland. Utrecht: Trimbos-instituut, Universiteit Utrecht, Sociaal en cultureel planbureau.

2.Costello EJ, Pine DS, Hammen C, March JS, Plotsky PM, et al. (2002) Development and natural history of mood disorders. Biol Psychiatry 52: 529−542.

3.Jaycox LH, Stein BD, Paddock S, Miles JN, Chandra A, et al. (2009) Impact of teen depression on academic, social, and physical functioning. Pediatrics 124: e596-605.

4.Suicide and suicide attempts in adolescents. Committee on Adolescents. American Academy of Pediatrics. Pediatrics 105: 871−874.

5.Fergusson DM, Woodward LJ (2002) Mental health, educational, and social role outcomes of adolescents with depression. Arch Gen Psychiatry 59: 225–231.

6.Pine DS, Cohen P, Gurley D, Brook J, Ma Y (1998) The risk for early-adulthood anxiety and depressive disorders in adolescents with anxiety and depressive disorders. Arch Gen Psychiatry 55: 56–64.

7.Kim-Cohen J, Caspi A, Moffitt TE, Harrington H, Milne BJ, et al. (2003) Prior juvenile diagnoses in adults with mental disorder: developmental follow-back of a prospective-longitudinal cohort. Arch Gen Psychiatry 60: 709–717.

8.Hofstra MB, van der Ende J, Verhulst FC (2002) Child and adolescent problems predict DSM-IV disorders in adulthood: a 14-year follow-up of a Dutch epidemiological sample. J Am Acad Child Adolesc Psychiatry 41: 182–189.

9.Compas BE (1987) Coping with stress during childhood and adolescence. Psychol Bull 101: 393–403.

10.Grant KE, Compas BE, Thurm AE, McMahon SD, Gipson PY, et al. (2006) Stressors and child and adolescent psychopathology: evidence of moderating and mediating effects. Clin Psychol Rev 26: 257–283.

11.Barkmann C, Romer G, Watson M, Schulte-Markwort M(2007) Parental physical illness as a risk for psychosocial maladjustment in children and adolescents: epidemiological findings from a National Survey in Germany. Psychosomatics 48: 226–236.

12.Hammen C, Burge D, Burney E, Adrian C (1990) Longitudinal study of diagnoses in children of women with unipolar and bipolar affective disorder. Arch Gen Psychiatry 47: 1112–1117.

13.Rutter M, Quinton D (1984) Parental psychiatric disorder: effects on children. Psychol Med 14: 853–880.

14.Diaz R, Gual A, García M, Arnau J, Pascual F, et al. (2008) Children of alcoholics in Spain: from risk to pathology: results from the ALFIL program. Soc Psychiatry Psychiatr Epidemiol 43: 1–10.

15.Hanson RF, Self-Brown S, Fricker-Elhai A, Kilpatrick DG, Saunders BE, et al. (2006) Relations among parental substance use, violence exposure and mental health: the national survey of adolescents. Addict Behav 31: 1988–2001.

16.Amato PR (2001) Children of divorce in the 1990s: an update of the Amato and Keith (1991) meta-analysis. J Fam Psychol 15: 355–370.

17.Jenkins JM, Smith MA (1991) Marital disharmony and children's behaviour problems: aspects of a poor marriage that affect children adversely. J Child Psychol Psychiatry 32: 793–810.

18.Herrenkohl TI, Kosterman R, Hawkins JD, Mason WA (2009) Effects of growth in family conflict in adolescence on adult depressive symptoms: mediating and moderating effects of stress and school bonding. J Adolesc Health 44: 146–152.

19.Hofferth SL, Reid L (2002) Early childbearing and children's achievement and behavior over time. Perspect Sex Reprod Health 34: 41–49.

20.Werner EE (1997) Vulnerable but invincible: high-risk children from birth to adulthood. Acta Paediatr Suppl 422: 103–105.

21.Herrenkohl TI, Lee JO, Kosterman R, Hawkins JD (2012) Family influences related to adult substance use and mental health problems: a developmental analysis of child and adolescent predictors. J Adolesc Health 51: 129–135.

22.Lewinsohn PM, Rohde P, Seeley JR, Klein DN, Gotlib IH (2000) Natural course of adolescent major depressive disorder in a community sample: predictors of recurrence in young adults. Am J Psychiatry 157: 1584–1591.

23.Reinherz HZ, Giaconia RM, Pakiz B, Silverman AB, Frost AK, et al. (1993) Psychosocial risks for major depression in late adolescence: a longitudinal community study. J Am Acad Child Adolesc Psychiatry 32: 1155–1163.

24.Prinstein MJ, Boergers J, Spirito A, Little TD, Grapentine WL (2000) Peer functioning, family dysfunction, and psychological symptoms in a risk factor model for adolescent inpatients' suicidal ideation severity. J Clin Child Psychol 29: 392–405.

25.Walsh SD, Harel-Fish Y, Fogel-Grinvald H (2010) Parents, teachers and peer relations as predictors of risk behaviors and mental well-being among immigrant and Israeli born adolescents. Social Science & Medicine 70: 976–984.

26.Masten AS, Reed M-GJ (2002) Resilience in development. In: Snyder CR, Lopez SJ, editors. The handbook of positive psychology. Oxford: University Press. pp. 74–88.

27.Rutter M (1979) Protective factors in children's responoses to stress and disadvantage. In: Kent MW, Rolf JE, editors. Primary prevention in psychopathology: social competence in children. Hanover: University Press of New England. pp. 49–74.

28.Kliewer W, Sandler IN, Wolchik SA (1994) Family socialization of threat appraisal and coping: coaching, modeling, and family context. In: Nestmann F, Hurrelmann K, editors. Social networks and social support in childhood and adolescence. Berlin: Walter de Gruyter. pp. 271–291.

29.Sandler IN, Miller P, Short J, Wolchik SA (1989) Social support as a protective factor for children in stress. In: Belle D, editor. Children's social networks and social supports. New York: Wiley. pp. 277–301.

30.Toumbourou JW, Gregg ME (2002) Impact of an empowerment-based parent education program on the reduction of youth suicide risk factors. J Adolesc Health 31: 277–285.

31.Wille N, Bettge S, Ravens-Sieberer U (2008) group Bs (2008) Risk and protective factors for children's and adolescents' mental health: results of the BELLA study. Eur Child Adolesc Psychiatry 17 Suppl 1133–147.

32.Goodman R, Ford T, Simmons H, Gatward R, Meltzer H (2000) Using the Strengths and Difficulties Questionnaire (SDQ) to screen for child psychiatric disorders in a community sample. Br J Psychiatry 177: 534–539.

33.Goodman R, Meltzer H, Bailey V (1998) The Strengths and Difficulties Questionnaire: a pilot study on the validity of the self-report version. Eur Child Adolesc Psychiatry 7: 125–130.

34.Muris P, Meesters C, van den Berg F (2003) The Strengths and Difficulties Questionnaire (SDQ)--further evidence for its reliability and validity in a community sample of Dutch children and adolescents. Eur Child Adolesc Psychiatry 12: 1–8.

35.van Widenfelt BM, Goedhart AW, Treffers PD, Goodman R (2003) Dutch version of the Strengths and Difficulties Questionnaire (SDQ). Eur Child Adolesc Psychiatry 12: 281–289.

36.Janssens A, Deboutte D (2009) Screening for psychopathology in child welfare: the Strengths and Difficulties Questionnaire (SDQ) compared with the Achenbach System of Empirically Based Assessment (ASEBA). Eur Child Adolesc Psychiatry 18: 691–700.

37.Scoring the SDQ. Instructions in English for scoring self-rated SDQs by hand.

38.Arthur MW, Hawkins JD, Pollard JA, Catalano RF, Baglioni AJj (2002) Measuring risk and protective factors for substance use, delinquency, and other adolescent problem behaviors. The Communities That Care Youth Survey. Evaluation review 26: 575–601.

39.Jonkman H, Boers R, van Dijk B, Rietveld M (2006) Wijken gewogen. Gedrag van jongeren in kaart gebracht. Amsterdam: SWP.

40.van de Looij-Jansen PM, de Wilde EJ, Mieloo CL, Donker MC, Verhulst FC (2009) Seasonal variation in self-reported health and health-related behaviour in Dutch adolescents. Public Health 123: 686–688.

41.Centraal Bureau voor de Statistiek. Allochtoon.

42.Knol MJ, VanderWeele TJ, Groenwold RH, Klungel OH, Rovers MM, et al. (2011) Estimating measures of interaction on an additive scale for preventive exposures. Eur J Epidemiol 26: 433–438.

43.Andersson T, Alfredsson L, Kallberg H, Zdravkovic S, Ahlbom A (2005) Calculating measures of biological interaction. Eur J Epidemiol 20: 575–579.

44.Hosmer DW, Lemeshow S (1992) Confidence interval estimation of interaction. Epidemiology 3: 452–456.

45.Forehand R, Wierson M, Thomas AM, Armistead L, Kempton T, et al. (1991) The role of family stressors and parent relationships on adolescent functioning. J Am Acad Child Adolesc Psychiatry 30: 316–322.

46.Lazarus RS, Folkman S (1984) Stress, appraisal, and coping. New York: Springer.

47.Rutter M (1986) The development of psychopathology of depression: issues and perspectives. In: Rutter M, Izard CE, Read PB, editors. Depression in young people: developmental and clinical perspectives. New York: Guilford Press.

第十章　抑郁青少年的自杀行为：感受到的家庭关系的作用

Angèle Consoli, Hugo Peyre, Mario Speranza,Christine Hassler, Bruno Falissard, Evelyne Touchette, David Cohen, Marie-Rose Moro, and Anne Révah-Lévy

10.1 背景

自杀(suicide)是美国青少年死亡的第三大原因,在欧洲国家更是高居第二位[1]。同时,自杀行为在许多国家也是青少年接受精神科住院治疗的最普遍原因[2]。因此,减少自杀行为和降低自杀企图(suicide attempts)是公众健康工作的重要目标。在美国15~19岁的青少年中,自杀导致的死亡率为10万分之6.9[3]。法国的近期流行病学数据显示,15~19岁的青少年自杀率为10万分之4.1[4]。2008年欧洲各国公布的自杀死亡率存在相当大的差异[5]。在总人口中,有过自杀意念(suicidal ideation)的人占15%~25%。而在青少年中,曾经企图自杀的人群在男性中占1.3%~3.8%,在女性中占1.5%~10.1%;在稍长的年龄层中,女性的比例高于男性[6]。

当前关于青少年自杀现象的模型强调:(1)区别自杀意念、非自杀性自我伤害(non-suicidal self-harm)、自杀企图和自杀死亡(completed suicide)的重要性[7, 8];(2)在从自杀意念过渡到自杀企图的过程中,抑郁扮演着重要角色,是一个强大的趋近因素[9];(3)尽管许多风险因素已为我

Suicidal Behaviors in Depressed Adolescents: Role of Perceived Relationships in the Family. Consoli A, Peyre H, Speranza M, Hassler C, Falissard B, Touchette E, Cohen D, Moro M-R, and Révah-Lévy A. Child and Adolescent Psychiatry and Mental Health, *7,8 (2013),doi:10.1186/1753-2000-7-8.*

们所知,但仍然未能囊括全部风险因素,在自杀风险预测中还应考虑保护性因素[10]。已有研究对自杀死亡和自杀企图的风险因素展开了广泛调查。第一,大约90%有自杀倾向的青少年存在精神障碍[6]。抑郁在有过自杀行为和自杀企图的青少年中一直是最常见的精神障碍,在有过自杀行为的青少年中,其流行率达到49%~64%[6, 11, 12]。第二,曾企图自杀的青少年其自杀的可能性是普通青少年的60倍[6]。同样,自残也是自杀死亡的一个重要预警信号[13]。第三,物质滥用在青少年自杀行为和企图中扮演重要角色,尤其是在伴有情绪障碍或分裂障碍的年龄稍长的男性青少年中[14, 15]。第四,一些社会性因素,例如社会经济地位、被学校开除和社会孤立等,也与之存在关联[16, 17]。最后,一些研究指出家庭因素与之的重要关联,包括家庭中有精神病患、虐待行为、单亲(父母离婚或一方死亡)、家庭内部关系、家庭凝聚力、家庭支持和自杀倾向[16, 18~20]等。

事实上,家庭因素,尤其是个体主观感受到的家庭关系质量,在青少年临床样本及社区样本中已被确定为重要的风险或保护性因素[1, 2, 6, 21~26]。但是只有少数基于人群的研究对家庭因素进行了考察[19]。这些研究显示了几种预测性或关联性因素,例如:不良的家庭环境(对家庭支持、沟通、闲暇时光不满意,父母监护不力)[27],家庭支持不足[28],家庭凝聚力低[29],家庭功能缺乏,亲子依恋不良,以及父母的适应问题[1, 19]。相反,较高的家庭凝聚力[26]、与父母一方的良好关系[30, 31]则是日后可能产生自杀企图的保护性因素。家庭沟通良好的青少年,则较少出现严重的抑郁症状或自杀意念[32]。尽管如此,有关青少年自杀行为与家庭变量之间的关系,我们所知仍不够确切。这主要归咎于方法的局限性,例如在多元分析中只考虑父母的婚姻状况(例如[22])或生活状况(例如[33]),而忽略其他常见的风险因素。此外,有数据显示,家庭因素对自杀行为的影响与性别(例如[34])、临床上的严重程度(例如[34])、父母婚姻状况(例如[22])、不良亲子关系(例如[33])、与双亲的不同关系(例如[34])均存在关联。

尽管已知这些有意思的结果,家庭因素、抑郁与青少年自杀行为之间的复杂关系仍有待在大样本(足以进行多元分析)中进行探索,以便在考虑更多风险因素、抑郁严重程度与自杀行为时了解各因素的具体贡献

(例如:母亲与父亲;冲突与无冲突;分居与同居)。本研究的目的在于:基于社区人群大样本中的17岁青少年,在控制了许多潜在的混淆因素后,对家庭因素与自杀行为之间的关联进行考察。考虑到男女自杀率的差异,我们假设家庭风险因素对自杀行为的影响存在性别差异。同样,考虑到抑郁所扮演的角色,我们假设家庭风险因素与抑郁严重程度存在相关,具体而言,抑郁与近一年内的自杀意念和/或曾出现过的自杀企图相关。

10.2 方法

10.2.1 被试

在2008年3月15日至31日的"国防预备日"(JAPD)活动期间,从法国各大都市(法国在欧洲本土的所有部分,不包括法属海外领土)的青少年代表性样本中进行被试的招募[35]。JAPD是法国的一项国民军事教育活动,所有17岁青少年必须参加,它同时也是法国公开考试(例如考驾照、考大学)的必需履历。2008年居住在法国大城市的17岁青少年共有764 000名,均被召集到各地活动中心(全国共250个)参加该项全国性的活动[36]。于活动期间随机选两天,邀请当时正在参加JAPD活动的所有青少年(n=44 733,5.9%)匿名参加一项健康与行为调查:"健康和消费预防调查"(ESCAPAD)[35, 37]。这是一项由"法国毒品毒瘾监测中心"(OFDT)实施的横向调查,与国家军事服务办公室(the Army National Service Office)在JAPD活动期间协同开展。调查的参与率达88.4%。总样本为居住在法国都市的36 757名被试(女生n=18 593,男生n=18 164),占所有居住在法国都市的17岁青少年总人数的4.8%。在总样本中,我们排除了当前没有抑郁症状但有过自杀意念或自杀企图的被试(n=5 328),原因是我们的研究兴趣在于探索个体当前抑郁症状作为趋近因素对自杀倾向的影响,及其与家庭风险因素之间的关联。最终保留的样本包括31 429名青少年(见图1)。对于排除的样本数据,在本研究中也进行了相同的数据分析,并在家庭风险因素上得到了相似的结果

（见附件1的图S1[①]）。本调查获得了“国家统计信息委员会”（CNIS）的“公共统计的通用利益和统计质量印章”（the public statistics general interest and statistical quality seal），并获得了伦理审查委员会的许可。

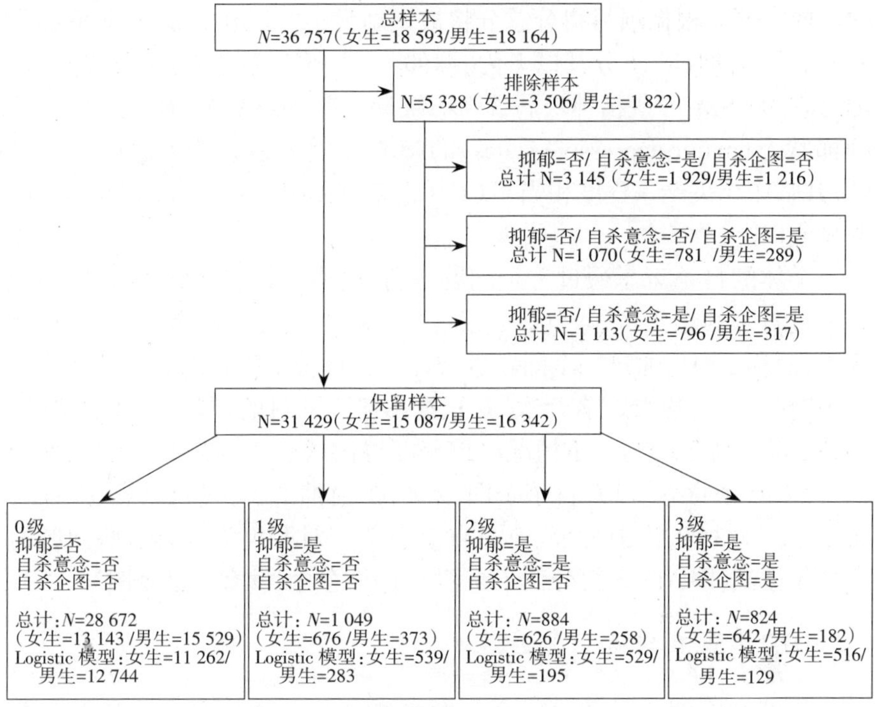

图1 流程

10.2.2 测量

ESCAPAD为自陈式问卷调查，全部完成需用时35分钟，社会人口统计特征、家庭变量、自杀行为和潜在混淆变量的作答率高于90%。

10.2.3 抑郁、自杀意念与自杀企图

当前的抑郁症状通过《青少年抑郁评定量表》（ADRS）进行评估。

①译者注：该附件未在本文中呈现。如需浏览更多信息，请检索本章第一页的引用文件。后同。

该量表专门为评估青少年的抑郁严重程度而编制，在12~20岁的青少年群体中进行有效性验证后正式出版，且附有正式的分界点[38]。该量表为自陈式问卷，包含10个项目，个体根据最近2周以来的情况对每题回答"是"或"否"。根据项目得分总分将被试划为3个组：0~2分为"非抑郁"，3~5分为"亚抑郁"，6分及以上为"抑郁"。之所以选定6分为分界点，是因为它为DSM-IV(《精神疾病诊断与统计手册(第4版)》)所规定的重度抑郁状态(major depressive states)的筛查提供了最大的敏感度和特异性，其临床相关严重程度相当于CGI(临床总体印象)5分及以上(即病症明显或以上)[38]。

个体的自杀意念通过一个问题进行评估："最近12个月内，你是否产生过自杀的念头？"作答选项包括："从未" "一次" 或"有几次"。自杀企图(简称SA)也通过一个问题进行评估："你曾试图自杀过吗？"作答选项为"从未""一次"或"有几次"。根据本研究的目的，基于抑郁症状(即ADRS得分高于6)与自杀情况严重程度将被试划分为3组：1级，当前抑郁、没有自杀意念、没有自杀企图；2级，当前抑郁、有过自杀意念(没有自杀企图)；3级，当前抑郁、有过自杀企图。对照组为没有这些问题的青少年被试(即ADRS得分低于6、没有自杀意念、没有自杀企图)。

10.2.4 家庭因素

父母的婚姻状况通过一个问题进行评估："你的父母生活在一起吗？"作答选项为"是"或"否"。父母的和睦情况分为4种水平：同居且和睦、分居且不和睦、分居但和睦、同居但不和睦。由包括两个问题的一个组合对父母关系进行评估：问题1"你的父母生活在一起吗？"，作答选项为"是"或"否"；问题2"你的父母相处如何？"，按里克特4点量表评分，为提高结果的临床相关性对其进行了分类(即分为"非常好、好、还行"和"不好、非常糟")。青少年主观感受到的与其母亲和父亲之间的关系通过下列问题进行评估："你与母亲相处如何？""你与父亲相处如何？"按同样的里克特4点量表评分，并将回答如前所述同样进行分类。居住状况通过回答 "你是否大多数时间与父母一起生活？"进行评估，作答选项为"是"或"否"。

10.2.5 潜在混淆因素

下列因素由于与青少年的抑郁、自杀意念和自杀行为存在潜在的关联而被纳入协变量。第一,青少年的受教育水平分为3类:普通高中、职业学校或学徒、失学。第二,通过特定的问题区分出学生的留级情况(注意,法国的留级情况比美国和欧洲其他国家更常见)。第三,社会经济地位(SES)由以青少年所报告的父母双方当中较高的职业类别为准,并根据国家统计和经济研究机构的分类法[39]分为4类:从事管理工作或智力型职业,中小企业主或农场主,手工业者、办公室职员或销售人员,失业。最后,酒精使用情况以每月饮酒10次或以上为分界点,烟草使用情况以每天吸11支香烟为分界点,大麻使用情况以每年吸食10次或以上为分界点[40]。这些分界点均由"法国毒品毒瘾监测中心"(OFDT)确定。

10.2.6 统计分析

抑郁、自杀意念、自杀企图和自杀危险程度的发生率以次数计算。男女生的数据分别用SAS软件9.2版进行统计分析。使用卡方检验比较不同的自杀危险程度和家庭环境中的青少年的特征。采用多元回归分析评估自杀危险程度与家庭环境(控制了受教育水平、留级情况、社会经济地位、烟酒和大麻的使用)之间的关联。$p<0.05$视为差异显著。以95%的置信区间计算优势比。

10.3 结果

10.3.1 社会人口学统计特征、家庭因素及临床数据

样本(n=31 429)中49.7%为女生,50.3%为男生。平均年龄为17.4±0.3岁。样本中的大部分(98%)都于17岁时开始接受普通或职业学校教育。约44%的被试至少留级一次。7.2%的被试,其父母处于失业状态。关于家庭因素,87.8%的青少年与父母生活在一起,12.2%的被试与父母分开居住。在全部样本中,将近5%的被试报告与母亲关系不良,11.8%的被试报告与父亲关系不良。有24.4%的被试其父母处于分居状

态。而在共同居住的父母当中，有12.1%的被试报告其父母关系不和。

在物质使用方面，有7.8%的青少年抽烟，8.9%饮酒，13.5%使用大麻。在抑郁方面，7.5%的青少年ADRS得分当前达到抑郁水平（女生10.4%，男生4.5%，$\chi^2=466, df=1, p<0.001$）。16%的被试报告最近12个月内产生过自杀意念（其中9.4%产生过一次自杀意念，6.8%不止产生过一次自杀意念）。8%的被试报告曾企图自杀（其中5.6%有过一次，2.7%不止一次）。结果如表1所示。

表1 社会人口统计特征、家庭因素和临床数据

		总体		女生		男生	
		（*N*=31 429）		（*N*=15 087）		（*N*=16 342）	
		N	%	*N*	%	*N*	%
社会人口统计特征							
受教育水平	普通或职业学校	37 817	97.9	18 988	98.5	18 829	97.37
	失学	799	2.1	290	1.5	509	2.63
留级	否	21 894	55.6	11 903	60.8	9 991	50.5
	是	17 467	44.4	7 677	39.2	9 790	49.5
父母工作情况	工作	34 767	92.8	17 416	92.4	17 351	93.2
	失业	2 702	7.2	1 439	7.6	1 263	6.8
家庭因素							
与父母分开居住	是	4 785	12.2	2 306	11.9	2 479	12.6
	否	34 293	87.8	17 136	88.1	17 157	87.4
与母亲关系不良	是	1 860	4.8	1 039	5.3	821	4.2
	否	37 232	95.2	18 428	94.7	18 804	95.8
与父亲关系不良	是	4 584	11.8	2 656	13.8	1 928	9.9
	否	34 112	88.2	16 598	86.2	17 514	90.1
父母生活状态及彼此关系	父母同居 /关系和睦	22 731	63.5	11 074	61.8	11 657	65.1
	父母分居 / 关系不和	6 030	16.8	3 149	17.6	2 881	16.1
	父母分居 / 关系和睦	2 713	7.6	1 228	6.9	1 485	8.3
	父母同居 / 关系不和	4 346	12.1	2 457	13.7	1 889	10.6

续表

		总体		女生		男生	
		（*N*=31 429）		（*N*=15 087）		（*N*=16 342）	
		N	%	*N*	%	*N*	%
药物使用							
酒精使用	否	35 663	91.1	18 729	96.0	16 934	86.3
	是	3 473	8.9	784	4.0	2 689	13.7
烟草使用	否	35 856	92.2	18 193	93.7	17 663	90.8
	是	3 023	7.8	1 227	6.3	1 796	9.2
大麻使用	否	33 917	86.5	17 813	91.2	16 104	81.9
	是	5 290	13.5	1 725	8.8	3 565	18.1
抑郁与自杀风险							
抑郁	否	34 637	92.5	16 903	89.6	17 734	95.5
	是	2 816	7.5	1 970	10.4	846	4.5
自杀意念	无	31 847	83.8	15 115	78.8	16 732	89.0
	有	6 151	16.2	4 074	21.2	2 077	11.0
自杀企图	无	35 090	91.8	16 971	88.0	18 119	95.6
	有	3 146	8.2	2 317	12.0	829	4.4
自杀风险	0级	28 672	91.2	13 143	87.1	15 529	95.0
	1级	1 049	3.3	676	4.5	373	2.3
	2级	884	2.8	626	4.1	258	1.6
	3级	824	2.7	642	4.3		

10.3.2 自杀风险严重程度等级：综合考虑抑郁和自杀倾向

综合考虑抑郁和自杀倾向，将自杀风险的严重程度划分为3级：1级（*n*=1 049，3.4%）为当前抑郁但没有自杀意念或自杀企图，2级（*n*=884，2.8%）为当前抑郁、有过自杀意念但没有自杀企图，3级（*n*=824，2.6%）为当前抑郁且有过自杀企图。0级为对照组，即既不抑郁，在最近1年内也没有产生过自杀意念，并且从未尝试过自杀的青少年，共28 672名，占总样本的91.2%。结果如表2所示。

表2　综合考虑抑郁与自杀倾向后得到的自杀风险严重程度等级(男女分列)

女生		0级		1级		2级		3级	
		(N=13 143)		(N=676)		(N=626)		(N=642)	
		N	%	N	%	N	%	N	%
社会人口统计特征									
受教育水平	失学	137	1.1	4	0.6	14	2.3	24	3.8
留级	是	4 542	34.7	307	46.0	264	42.3	386	60.2
父母工作情况	无业	866	6.8	54	8.4	58	9.7	70	11.6
家庭因素									
与父母分开居住	是	1 327	10.2	77	11.6	82	13.3	98	15.5
与母亲关系不良	是	405	3.1	51	4.5	96	15.5	117	18.4
与父亲关系不良	是	1 325	10.3	125	19.0	151	24.4	196	31.2
女生		0级		1级		2级		3级	
		(N=13 143)		(N=676)		(N=626)		(N=642)	
		N	%	N	%	N	%	N	%
父母生活状态及彼此关系	父母同居/关系和睦	8 074	66.7	334	54.6	277	47.8	236	41.5
	父母分居/关系不和	1 838	15.2	114	18.6	127	21.9	147	25.8
	父母分居/关系和睦	809	6.7	41	6.7	43	7.4	33	5.8
	父母同居/关系不和	1 378	11.4	123	20.1	133	22.9	153	26.9
药物使用									
酒精使用	是	395	3.0	28	4.2	34	5.5	112	9.0
烟草使用	是	542	4.2	40	6.0	65	10.5	93	17.5
大麻使用	是	878	6.7	67	10.0	77	12.4	134	20.9

续表

男生		0级		1级		2级		3级	
		（N=15 529）		（N=373）		（N=258）		（N=182）	
		N	%	N	%	N	%	N	%
社会人口统计特征									
受教育水平	失学	315	2.1	11	3.0	.9	3.6	.8	4.5
留级	是	7 211	46.6	228	61.6	114	44.5	113	62.4
父母工作情况	无业	928	6.3	34	10.0	20	8.4	.10	6.1
家庭因素									
与父母分开居住	是	1 814	11.8	41	11.1	43	16.8	47	26.5
与母亲关系不良	是	464	3.0	34	9.2	38	14.9	40	22.6
与父亲关系不良	是	1 228	8.1	57	15.8	59	23.3	56	31.8
父母生活状态及关系情况	父母同居 / 关系和睦	9 574	67.7	172	54.3	106	47.1	77	50.0
	父母分居 / 关系不和	2 104	14.9	63	19.9	52	23.1	40	25.6
	父母分居 / 关系和睦	1 173	8.3	22	6.9	15	6.7	.6	3.9
	父母同居 / 关系不和	1 280	9.1	60	18.9	52	23.1	31	20.1
药物使用									
酒精使用	是	1 949	12.7	55	14.9	41	16.0	50	27.9
烟草使用	是	1 135	7.4	49	13.5	31	12.3	53	29.8
大麻使用	是	2 522	16.3	74	20.0	55	21.5	74	41.3

10.3.3 控制受教育水平、留级情况、社会经济地位和物质使用后，家庭变量与自杀风险严重程度等级之间的关系

采用多元分析来考察家庭变量、受教育水平、物质使用和自杀风险严重程度（综合考虑抑郁和自杀倾向后）的关系。自杀风险严重程度分为3级：1级（当前抑郁但没有自杀意念或自杀企图），2级（当前抑郁、有过自杀意念但没有自杀企图），3级（当前抑郁且有过自杀企图）。0级为对照组，即既不抑郁，也没有自杀意念或自杀企图的青少年。在控制了受教育水平、留级情况、社会经济地位和物质使用等变量后，我们采用了一系列多元回归分析来考察自杀风险严重程度与家庭因素之间的关联。模型1的因变量是1级与0级，模型2的因变量是2级与0级，模型3的因变量是3级与0级。分别计算男生和女生的数据，采用逆向选择直到所有剩余变量的p值都小于0.1。$p<0.05$视为差异显著。采用95%的置信区间计算优势比。结果如图2所示。

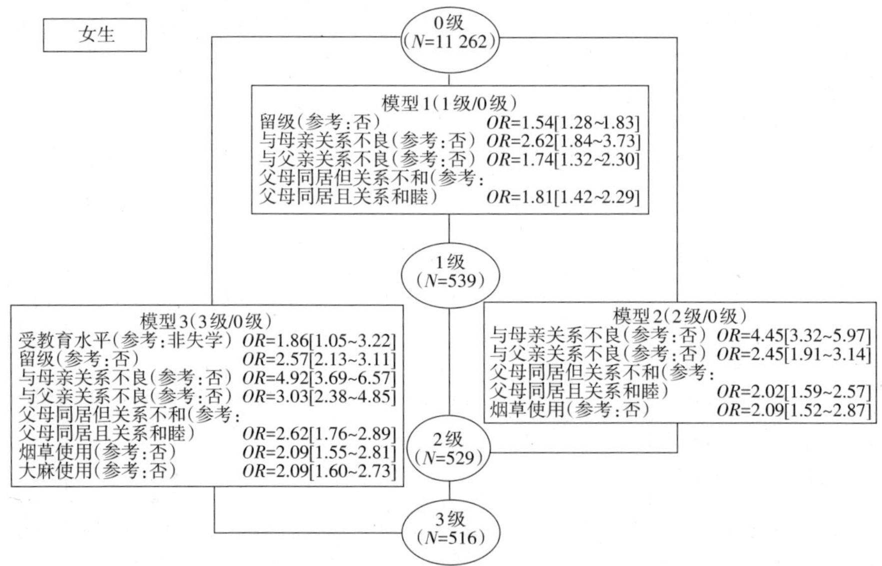

图2　在控制受教育水平、留级、社会经济地位和物质使用后，家庭因素与自杀风险严重程度等级之间的关联（女生）

就女生而言（图2），所有的物质使用都与自杀风险严重程度的等级相关（1级=当前抑郁但没有自杀意念或自杀企图，2级=当前抑郁、有过

自杀意念但没有自杀企图,3级=当前抑郁且有过自杀企图)。与对照组相比,烟草的使用者更多地属于第2级和第3级(*OR*=2.09[1.55~2.81],二者*p*值均<0.05)。与对照组相比,大麻的使用更多出现在第3级(*OR*=2.09[1.60~2.73],*p*<0.05)。受教育水平的数据显示,与对照组相比,留级的女生更多地属于第1级和第3级(1级:*OR*=1.54[1.28~1.83],*p*<0.05;3级:*OR*=2.57[2.13~3.11],*p*<0.05)。家庭变量的结果显示,与对照组相比,与母亲关系不良的女生在3个等级中都更多(1级:*OR*=2.6[1.84~3.73],*p*<0.05;2级:*OR*=4.4[3.32~5.97],*p*<0.05;3级:*OR*=4.9[3.69~6.57],*p*<0.05)。与对照组相比,与父亲关系不良的情况在3个等级的被试中也都出现得更多(1级:*OR*=1.7[1.32~2.30],*p*<0.05;2级:*OR*=2.4[1.91~3.14],*p*<0.05;3级:*OR*=3[2.38~4.85],*p*<0.05)。我们还发现与对照组相比,父母同居但关系不和的女生在3个等级中都更多(1级:*OR*=1.81[1.42~2.29],*p*<0.05;2级:*OR*=2.02[1.59~2.57],*p*<0.05;3级:*OR*=2.26[1.76~2.89],*p*<0.05)。大部分家庭变量的优势比随自杀风险严重程度的升高而增加(图3)。父母离婚但与父母关系良好的女生与对照组之间未发现显著差异。

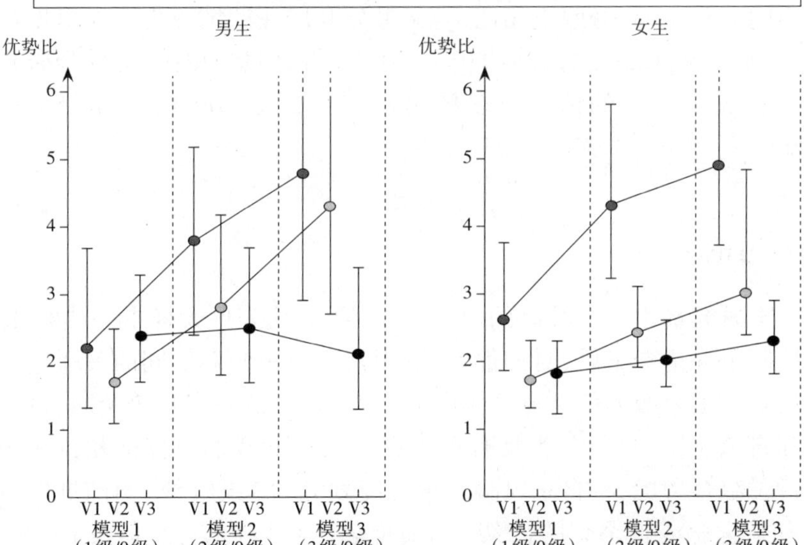

图3 在控制混淆变量后,男、女生的家庭因素与自杀风险严重程度等级之间的关联

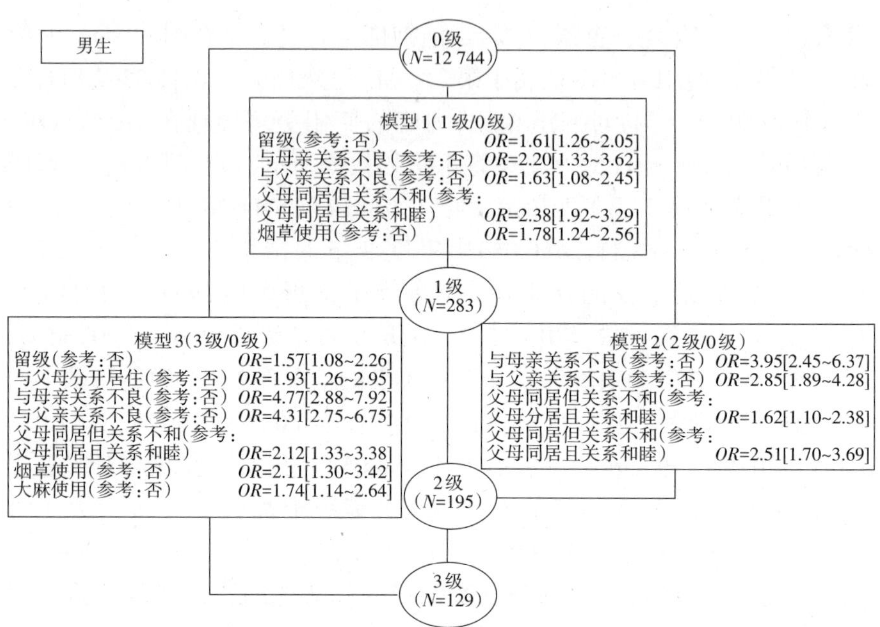

图4　在控制受教育水平、留级、社会经济地位和物质使用后,家庭因素与自杀风险严重程度等级之间的关联(男生)

男生的结果(图4)与女生类似。但在家庭因素方面,有两个相关稍有不同。首先,与对照组相比,与父母分开居住的情况更多地出现在第3级(OR=1.9 [1.26~2.95],$p<0.05$)。其次,与对照组相比,父母分居并且与父母关系不良的情况更多地出现在第2级(OR=1.6[1.10~2.38],$p<0.05$)。

10.4 讨论

本研究基于一个社区的、17岁青少年的代表性大样本(n=39 542),在控制了混淆变量后,对抑郁、家庭因素和自杀倾向之间的关联进行了考察。文献表明抑郁是自杀倾向的风险因素[9]以及将自杀倾向(自杀意念和自杀企图)进行分类具有重要意义[7],因此我们对抑郁和自杀倾向进行了综合考虑,将自杀风险严重程度划分为3级(1级=当前抑郁但没有自杀意念或自杀企图,2级=当前抑郁、有过自杀意念但没有自杀企图,3级=当前抑郁且有过自杀企图)。研究结果证实了此前研究所发现的青少年抑郁/自杀倾向的风险因素。以往研究发现,被学校开除或学业困难均与青少年的自杀倾向有关[17,41]。由于在法国学生留级的现象比较普遍,这一教育信息在对青少年的自杀倾向进行研究时同样值得关注。所有的物质滥用,包括烟草和大麻,都与抑郁青少年的高自杀风险相关。已被研究所证明的是,除了共病的情况,物质滥用障碍与自杀倾向并没有趋向性关联[9]。控制了混淆变量(受教育水平、社会经济地位、物质滥用)后的结果显示,对于自杀风险严重程度的所有3个等级的男生和女生而言,与父母一方或双方的关系不良、父母同居但关系不和,这两个因素都与抑郁和/或自杀风险显著相关,优势比随自杀风险严重程度的上升而增加。这意味着影响抑郁和自杀倾向的并不是父母分居本身,而可能一方面在于父母之间的关系是否和睦,另一方面在于青少年主观感受到的与双亲的关系。基于流行病学数据的差异,我们假设家庭风险因素对于男生和女生而言有所不同,但我们在两者的数据中发现了相似的家庭风险因素。

我们发现抑郁的比例与此前文献中的数据类似(例如疾病控制中心发现2005—2006年期间12~17岁青少年中的抑郁比例为4%~6.4%,未考察性别差异)[42]。我们还发现抑郁在女生中的比例高于男生,这同样与许多流行病学研究一致[43~45]。因此,女生的抑郁比例高于男生,可能并非男女生感知到的家庭关系的差异所致,更有可能来自本研究未考察的其他因素的影响:如遗传易感性、激素的改变、特定社会性别约束、不同的精神疾病共病等[45~49]。

我们发现多数因素的优势比都随自杀风险严重程度的增加而上升,这为家庭因素的重要性提供了证据支持。近期有研究数据显示,对自杀倾向的定义和分类有助于更好地了解各种风险因素(包括近期和远期)的影响及其交互作用[7]。此外,推荐按照分层模型对抑郁、自杀意念和自杀行为进行区分[7,50]。以往研究强调了家庭因素对年轻人自杀倾向的影响。首先,企图自杀的青少年更可能来自有自杀史和/或有精神疾病史的家庭[17,19,20,51]。其次,童年期受虐、与父母分离或失去亲人(父母死亡或离婚)的经历,以及遭受身体暴力和/或性暴力,都与自杀倾向相关[16, 52~55]。第三，有过自杀行为的青少年更可能来自不完整的家庭[17, 22, 33, 56~59]，他们的生活环境通常存在沟通问题、亲子依恋不良、强烈的冲突[14, 16, 17, 28, 29, 34, 51, 57, 60~62]。对存在抑郁的青少年而言，家庭功能的欠缺是自杀企图的预警信息[1]，自杀意念与家庭冲突这两个因素都与随后一年内的自杀事件具有独立性相关[26]。另一项近期研究表明，在30岁以下自杀死亡的案例中，最常见的风险因素是与家庭成员、伴侣或朋友的冲突[63]。本研究中，我们关注了个体主观感受到的家庭内部关系，并发现无论男生还是女生，与父母双方或一方关系不良、父母同居但关系不和，二者都与自杀风险和/或抑郁显著相关。

本研究结果具有重要的临床意义。从事青少年抑郁和自杀（指有自杀意念和/或自杀企图）研究的工作人员应该重视家庭因素，尤其是青少年与父母一方或双方的关系以及其父母彼此之间的关系（无论是否分居）。对青少年自杀风险的评估应考虑其家庭关系，这有助于为青少年及其家庭提供适当的关怀。一项近期研究对有自杀企图的青少年的治疗效果进行了评估[64]：对有过自杀企图的抑郁青少年进行药物和心理的综合治疗，治疗结束后，他们的抑郁改善和缓解程度与无自杀企图的抑郁青少年相当。治疗方案由抗抑郁的药物治疗和专门针对自杀风险的认知行为治疗（CBT）组成，后者包括个人与亲子环节两部分。其中，亲子环节很可能对抑郁的改善有所贡献。当然，其他心理治疗，比如家庭治疗，也存在其有效性的实证依据。

本研究亦存在一些局限。首先，我们只关注并考察了几种有限的风险因素。有关精神病理学方面，尝试或实施自杀的青少年中有70%~91%具有精神障碍[60, 65]。抑郁是有自杀行为的青少年中最常诊断存在的问题，在有自杀意念和自杀企图的青少年中同样非常普遍[15, 65]。然而，本研究中可能存在其他未被考察的干扰性因素（如广泛性焦虑、破坏性行为、边缘性人格障碍）[9, 15, 49, 66, 67]。同样地，许多非临床风险因素也未得到考察（如生活压力、与权威的问题、同伴关系问题、性虐待和身体虐待、社会经济地位低）[7]。其次，由于是横向研究，对自杀行为和家庭结构变化的考察是回溯性的，因此我们无法知晓这些关联背后的机制。只有通过纵向的研究才能够对不同因素在这些关联中起到的调节作用进行考察。第三，我们没有收集关于种族的信息，因为法国的伦理审查委员会

续表

不允许种族信息的收集。不过，可注意到的是本研究的数据仅限于居住在法国都市（即不包括法属海外领土）的法国人。尽管如此，样本量占17岁的法国都市人群的5%，并具有代表性意义。第四，对不同临床变量，我们关注的时段不同。当前的抑郁症状为最近2周内，自杀意念为最近12个月内，自杀企图则为自出生以来。由于被试年龄仅有17岁，自杀企图大部分都发生在最近5年内，而此前的自杀企图是青少年自杀的重要风险因素。此外，由于两组的人数都很少，我们未对仅有一次自杀企图和多次自杀企图进行区分。因此，自杀风险严重程度的第3级包括有过一次或多次自杀企图经历的青少年。最后，由于我们的目标在于探索当前的抑郁症状作为自杀风险的趋近风险因素，因此我们剔除了最近12个月内存在自杀意念以及/或曾经有过（一次或数次）自杀企图但在测量时段内并无抑郁症状的被试（见图1）。我们对剔除样本同样进行了的多元分析，并在家庭风险因素上得到了类似的结果（见附件1的图S1）。因此样本的剔除并未改变我们的研究结果。最后，对家庭职能的自我报告同样也存在局限之处，因为抑郁可能引发对父母间关系的消极认知。

本研究也有其优势所在。第一，本研究基于社区人群的、具有代表性的法国17岁青少年大样本展开，这让我们得以对抑郁青少年的自杀风险严重程度进行详尽的调查。另外，本研究的实施背景（JAPD）能有效确保抽样和整个实测过程中的规范性。与以成年人为被试的研究相比，本研究能较好地控制回忆偏差，因为被试的年龄均为17岁。第二，通过专门针对青少年的量表来评估抑郁[38]。在以往的研究中，抑郁评估的往往是自出生以来的症状，以致难以了解被试的抑郁是出现在自杀企图之前、之后或是伴随出现。第三，家庭因素方面的结果为控制了混淆变量（受教育水平、留级情况、社会经济地位和物质使用）之后所得。第四，由于统计效力良好，我们能够对男、女生分别进行多元分析，以及对家庭因素中的父母分居、父母不和以及个体主观感受到的亲子关系进行区分。

10.5 结论

本研究通过一个基于社区人群的、法国17岁青少年的大样本调查，得出了有关青少年自杀行为的流行病学线索。在存在抑郁的青少年中，不论男女，物质使用、留级和家庭因素均与较高的自杀风险相关。特别地，个体主观感受到的与父母双方或一方的不良关系，以及父母之间的不良关系（不论分居与否），都与自杀倾向相关。因此，在评估和预防抑郁青少年的自杀行为时，对真实的以及个体主观感受到的家庭内部关系的考量将具有重要意义。

参考文献

1.Wilkinson P, Kelvin R, Roberts C, Dubicka B, Goodyer I: Clinical and psychosocial predictors of suicide attempts and nonsuicidal self-injury in the Adolescent Depression Antidepressants and Psychotherapy Trial (ADAPT). Am J Psychiatry 2011,168(5):495-501.

2.Zalsman G, Levy T, Shoval G: Interaction of child and family psychopathology leading to suicidal behavior. Psychiatr Clin North Am 2008, 31(2):237-246.

3.Centers for Disease Control and Prevention, National Center for Injury Prevention and Control. Web-based Injury Statistics Query and Reporting System (WISQARS).2007.

4.de Tournemire R: [Teenagers' suicides and suicide attempts: finding one's way in epidemiologic data]. Arch Pediatr 2010, 17(8):1202-1209.

5.Eurostat. http://epp.eurostat.ec.europa.eu.

6.Bridge JA, Goldstein TR, Brent DA：Adolescent suicide and suicidal behavior. J Child Psychol Psychiatry 2006,47(3-4):372-394.

7.Posner K, Melvin GA, Stanley B, Oquendo MA, Gould M: Factors in the assessment of suicidality in youth. CNS Spectr 2007;12(2):156-162.

8.Posner K, Oquendo MA, Gould M, Stanley B, Davies M：Columbia

Classification Algorithm of Suicide Assessment (C-CASA): classification of suicidal events in the FDA's pediatric suicidal risk analysis of antidepressants. Am J Psychiatry 2007,164(7):1035–1043.

9.Foley DL, Goldston DB, Costello EJ, Angold A: Proximal psychiatric risk factors for suicidality in youth: the Great Smoky Mountains Study. Arch Gen Psychiatry 2006,63(9):1017–1024.

10.Breton JJ, Boyer R, Bilodeau H, Raymond S, Joubert N, Nantel MA: Is evaluative research on youth suicide programs theory-driven? The Canadian experience. Suicide Life Threat Behav 2002,32(2):176–190.

11.Gould MS, Greenberg T, Velting DM, Shaffer D. Youth suicide risk and preventive interventions: a review of the past 10 years. J Am Acad Child Adolesc Psychiatry 2003,42(4):386–405.

12.Brent DA, Mann JJ: Familial pathways to suicidal behavior-understanding and preventing suicide among adolescents. N Engl J Med 2006, 355(26):2719–2721.

13.Cavanagh JT, Carson AJ, Sharpe M, Lawrie SM: Psychological autopsy studies of suicide: a systematic review. Psychol Med 2003,33(3): 395–405.

14.Brent DA, Baugher M, Bridge J, Chen T, Chiappetta L: Age- and sex-related risk factors for adolescent suicide. J Am Acad Child Adolesc Psychiatry 1999,38(12):1497–1505.

15.Shaffer D, Gould MS, Fisher P, Trautman P, Moreau D, Kleinman M, Flory M: Psychiatric diagnosis in child and adolescent suicide. Arch Gen Psychiatry 1996,53(4):339–348.

16.Fergusson DM, Woodward LJ, Horwood LJ: Risk factors and life processes associated with the onset of suicidal behaviour during adolescence and early adulthood. Psychol Med 2000,30(1):23–39.

17.Gould MS, Fisher P, Parides M, Flory M, Shaffer D: Psychosocial risk factors of child and adolescent completed suicide. Arch Gen Psychiatry 1996,53(12):1155–1162.

18.O'Donnell L, Stueve A, Wardlaw D, O'Donnell C: Adolescent suicidality and adult support: the reach for health study of urban youth. Am J Health Behav 2003,27(6):633-644.

19.King CA, Merchant CR: Social and interpersonal factors relating to adolescent suicidality: a review of the literature. Arch Suicide Res 2008, 12(3):181-196.

20.Hawton K, James A: Suicide and deliberate self harm in young people. BMJ 2005,330(7496):891-894.

21.Prinstein MJ, Boergers J, Spirito A, Little TD, Grapentine WL: Peer functioning, family dysfunction, and psychological symptoms in a risk factor model for adolescent inpatients' suicidal ideation severity. J Clin Child Psychol 2000,29(3):392-405.

22.Ponnet K, Vermeiren R, Jespers I, Mussche B, Ruchkin V, Schwab-Stone M, Deboutte D: Suicidal behaviour in adolescents: associations with parental marital status and perceived parent-adolescent relationship. J Affect Disord 2005,89(1-3):107-113.

23.Fotti SA, Katz LY, Afifi TO, Cox BJ: The associations between peer and parental relationships and suicidal behaviours in early adolescents. Can J Psychiatry 2006,51(11):698-703.

24.Ackard DM, Neumark-Sztainer D, Story M, Perry C: Parent-child connectedness and behavioral and emotional health among adolescents. Am J Prev Med 2006,30(1):59-66.

25.Brent DA, Emslie GJ, Clarke GN, Asarnow J, Spirito A, Ritz L, Vitiello B, Iyengar S, Birmaher B, Ryan ND. et al. Predictors of spontaneous and systematically assessed suicidal adverse events in the treatment of SSRI-resistant depression in adolescents (TORDIA) study. Am J Psychiatry. 2009,166(4):418-426.

26.Brent DA, Greenhill LL, Compton S, Emslie G, Wells K, Walkup JT, Vitiello B, Bukstein O, Stanley B, Posner K. et al.: The Treatment of Adolescent Suicide Attempters study (TASA): predictors of suicidal events in an open treatment trial. J Am Acad Child Adolesc Psychiatry 2009,48(10):987–996.

27.King RA, Schwab-Stone M, Flisher AJ, Greenwald S, Kramer RA, Goodman SH, Lahey BB, Shaffer D, Gould MS: Psychosocial and risk behavior correlates of youth suicide attempts and suicidal ideation. J Am Acad Child Adolesc Psychiatry 2001,40(7):837–846.

28.Lewinsohn PM, Rohde P, Seeley JR: Psychosocial risk factors for future adolescent suicide attempts. J Consult Clin Psychol 1994,62 (2): 297–305.

29.McKeown RE, Garrison CZ, Cuffe SP, Waller JL, Jackson KL, Addy CL: Incidence and predictors of suicidal behaviors in a longitudinal sample of young adolescents. J Am Acad Child Adolesc Psychiatry 1998,37(6): 612–619.

30.Lynskey MT, Fergusson DM: Factors protecting against the development of adjustment difficulties in young adults exposed to childhood sexual abuse. Child Abuse Negl 1997, 21(12):1177–1190.

31.Borowsky IW, Ireland M, Resnick MD: Adolescent suicide attempts: risks and protectors. Pediatrics 2001,107(3):485–493.

32.Czyz EK, Liu Z, King CA: Social connectedness and one-year trajectories among suicidal adolescents following psychiatric hospitalization. J Clin Child Adolesc Psychol 2012, 41(2):214–226.

33.Kokkevi A, Rotsika V, Arapaki A, Richardson C: Changes in associations between psychosocial factors and suicide attempts by adolescents in Greece from1984 to 2007. Eur J Public Health 2011,21(6):694–698.

34.Samm A, Tooding LM, Sisask M, Kolves K, Aasvee K, Varnik A: Suicidal thoughts and depressive feelings amongst Estonian schoolchildren: effect of family relationship and family structure. Eur Child Adolesc Psychiatry 2010,19(5):457–468.

35.Beck F, Legleye S, Peretti-Watel P: Les usages des substances psychoactives à la fin de l’adolescence: mise en place d’une enquête annuelle

(The use of psychoactive substances among adolescents in their late teens: setting up an annual survey). Tendances 2000,10.

36.Bulletin statistique. INSEE; 2011.

37.Beck F, Costes J-M, Legleye S, Spilka S: L'enquête ESCAPAD sur les consommations de drogues des jeunes francais: un dispositif original de recueil l' information sur un sujet sensible. In Méthodes d'enquêtes et sondages- Pratiques européennne et nord- américaine. Edited by Lavallée P, Rivest L. Dunod, Québec; 2006:56-60. collection Sciences Sup

38.Revah-Levy A, Birmaher B, Gasquet I, Falissard B: The Adolescent Depression Rating Scale (ADRS): a validation study. BMC Psychiatry 2007,7:2.

39.INSEE: Nomenclature des Professions et Catégories socioprofessionnelles (PCS) Nationale Institute of Statistics and Economic studies, France; 2012.

40.Observatoire français des drogues et des toxicomanies.

41.Brent DA, Perper JA, Moritz G, Allman C, Friend A, Roth C, Schweers J, Balach L, Baugher M: Psychiatric risk factors for adolescent suicide: a case-control study. J Am Acad Child Adolesc Psychiatry 1993, 32(3):521-529.

42.Centers for Disease Control and Prevention, National Center for Injury Prevention and Control. Web-based Injury Statistics Query and Reporting System (WISQARS).2006.

43.Compas BE, Oppedisano G, Connor JK, Gerhardt CA, Hinden BR, Achenbach TM, Hammen C: Gender differences in depressive symptoms in adolescence: comparison of national samples of clinically referred and nonreferred youths. J Consult Clin Psychol 1997,65(4):617-626.

44.Essau CA, Lewinsohn PM, Seeley JR, Sasagawa S: Gender differences in the developmental course of depression. J Affect Disord 2010,127 (1-3):185-190.

45.Garber J: Depression in children and adolescents: linking risk research and prevention. Am J Prev Med 2006,31(6 Suppl 1):S104-S125.

46.Uddin M, Koenen KC, de Los SR, Bakshis E, Aiello AE, Galea S: Gender differences in the genetic and environmental determinants of adolescent depression. Depress Anxiety 2010,27(7):658-666.

47.Hankin BL, Abramson LY: Development of gender differences in depression: description and possible explanations. Ann Med. 1999, 31(6): 372-379.

48.Angold A, Costello EJ, Erkanli A, Worthman CM: Pubertal changes in hormone levels and depression in girls. Psychol Med 1999, 29(5): 1043-1053.

49.Brent DA, Johnson B, Bartle S, Bridge J, Rather C, Matta J, Connolly J, Constantine D: Personality disorder, tendency to impulsive violence, and suicidal behavior in adolescents. J Am Acad Child Adolesc Psychiatry 1993, 32(1):69-75.

50.Perez VW: The relationship between seriously considering, planning, and attempting suicide in the youth risk behavior survey. Suicide Life Threat Behav 2005, 35(1):35-49.

51.Beautrais AL, Joyce PR, Mulder RT. Risk factors for serious suicide attempts among youths aged 13 through 24 years. J Am Acad Child Adolesc Psychiatry 1996, 35(9):1174-1182.

52.Johnson JG, Cohen P, Gould MS, Kasen S, Brown J, Brook JS: Childhood adversities, interpersonal difficulties, and risk for suicide attempts during late adolescence and early adulthood. Arch Gen Psychiatry 2002, 59(8):741-749.

53.Seguin M, Renaud J, Lesage A, Robert M, Turecki G: Youth and young adult suicide: a study of life trajectory. J Psychiatr Res 2011, 45(7): 863-870.

54.Beautrais AL, Gibb SJ, Faulkner A, Fergusson DM, Mulder RT: Postcard intervention for repeat self-harm: randomised controlled trial. Br J Psychiatry 2010,197(1):55-60.

55.Nock MK, Kessler RC: Prevalence of and risk factors for suicide attempts versus suicide gestures: analysis of the National Comorbidity Survey. J Abnorm Psychol 2006,115(3):616–623.

56.Beautrais AL: Suicides and serious suicide attempts: two populations or one? Psychol Med 2001,31(5):837–845.

57.Brent DA, Perper JA, Moritz G, Liotus L, Schweers J, Balach L, Roth C: Familial risk factors for adolescent suicide: a case–control study. Acta Psychiatr Scand 1994,89(1):52–58.

58.Groholt B, Ekeberg O, Wichstrom L, Haldorsen T: Suicide among children and younger and older adolescents in Norway: a comparative study. J Am Acad Child Adolesc Psychiatry 1998, 37(5):473–481.

59.Sauvola A, Rasanen PK, Joukamaa MI, Jokelainen J, Jarvelin MR, Isohanni MK: Mortality of young adults in relation to single-parent family background. A prospective study of the northern Finland 1966 birth cohort. Eur J Public Health 2001,11(3):284–286.

60.Fergusson DM, Lynskey MT: Suicide attempts and suicidal ideation in a birth cohort of 16-year-old New Zealanders. J Am Acad Child Adolesc Psychiatry 1995, 34(10):1308–1317.

61.Lewinsohn PM, Rohde P, Seeley JR: Psychosocial characteristics of adolescents with a history of suicide attempt. J Am Acad Child Adolesc Psychiatry 1993, 32(1):60–68.

62.Tousignant M, Bastien MF, Hamel S: Suicidal attempts and ideations among adolescents and young adults: the contribution of the father's and mother's care and of parental separation. Soc Psychiatry Psychiatr Epidemiol 1993, 28(5):256–261.

63.Im JS, Choi SH, Hong D, Seo HJ, Park S, Hong JP: Proximal risk factors and suicide methods among suicide completers from national suicide mortality data 2004–2006 in Korea. Compr Psychiatry 2011,52(3):231–237.

64.Vitiello B, Brent DA, Greenhill LL, Emslie G, Wells K, Walkup

JT, Stanley B, Bukstein O, Kennard BD, Compton S. et al.: Depressive symptoms and clinical status during the Treatment of Adolescent Suicide Attempters（TASA）Study. J Am Acad Child Adolesc Psychiatry 2009, 48（10）:997–1004.

65.Gould MS, King R, Greenwald S, Fisher P, Schwab- Stone M, Kramer R, Flisher AJ, Goodman S, Canino G, Shaffer D: Psychopathology associated with suicidal ideation and attempts among children and adolescents. J Am Acad Child Adolesc Psychiatry. 1998, 37(9):915–923.

66.Jacobson CM, Muehlenkamp JJ, Miller AL, Turner JB: Psychiatric impairment among adolescents engaging in different types of deliberate self-harm. J Clin Child Adolesc Psychol 2008, 37(2):363–375.

67.Muehlenkamp JJ, Ertelt TW, Miller AL, Claes L: Borderline personality symptoms differentiate non-suicidal and suicidal self-injury in ethnically diverse adolescent outpatients. J Child Psychol Psychiatry 2011, 52（2）:148–155.

第四编

基于社区的干预

第十一章　对中低收入国家改善青少年心理健康干预措施有效性的系统性评估

Margaret M. Barry, Aleisha M. Clarke, Rachel Jenkins, and Vikram Patel

11.1 背景

心理健康不仅是身体健康和幸福生活的基础，还会对个体一生的经济和社会地位产生影响[1~3]。儿童和青少年时期是为健康的身体发育和心理发展奠定基础的关键时期。据统计，全世界有10%~20%的青少年存在心理健康问题[4]。儿童时期的不良心理健康状况会带来许多身体和社会方面的问题，如学业失败、青少年犯罪和药物滥用，并增加成年后贫困和其他不良后果的风险[3]。对青少年采取积极的心理健康干预措施，可以帮助他们获得必要的生活技能，提供一定的支持和资源以帮助其发挥自己的潜能并克服逆境。有关研究（主要来自高收入国家，HICs）的系统性综述表明，与家庭、学校和社区进行合作的全面的心理健康干预项目，不仅能改善参与者的心理健康状况，其社会适应性、学业和工作表现及一般健康行为也都有所提高[5~13]。

尽管人们已认识到青少年心理健康的重要性，心理健康在一些国家尤其是中低收入国家（LMICs）仍是一个被公众忽视的问题。对处于贫穷和其他社会不利因素中的人来说，他们往往需要应对更多的心理障碍

A Systematic Review of the Effectiveness of Mental Health Promotion Interventions for Young People in Low and Middle Income Countries. Barry MM, Clarke AM, Jenkins R, and Patel V. EBMC Public Health, *13,835 (2013), doi:10.1186/1471-2458-13-835.*

及其不良后果的沉重负担[14~17]。心理健康关系到妇女儿童的健康状况改善、教育的普及、艾滋病(HIV/AIDS)的防治及其他疾病、贫困的消除等多个社会层面问题,越来越多的国家意识到心理健康对其全球发展战略特别是实现世纪发展目标的重要性[18,19]。多达90%的青少年生活在中低收入国家,他们占全球总人口比例的50%左右[20],因此,作为更广泛的健康改善和发展议程的一部分,解决青少年的心理健康问题尤为迫切。

学校是改善青少年心理健康最重要的社区场所之一[21]。学校不仅是学习知识技能、改善情绪、提高社交能力的重要场所,而且很容易在其中发现大量有心理健康问题的青少年[22~25]。毕生的受教育状况与心理健康的改善程度显著相关。世界卫生组织(WHO)的"校园改善计划"(Health Promoting School)的核心特征即情绪健康和幸福感的提升[26]。很多证据显示,学校心理健康项目,尤其是那些整体配套项目的实施会带来积极的心理、社会和教育成果[13,27~29]。整合了生活技能、社会和情绪学习的项目,以及针对情绪和行为问题的早期干预项目,能使青少年长期受益,包括情绪和社会功能的改善、积极的健康行为、学业成绩的提高[5,13,25,27~31]。时至今日,有关中低收入国家青少年以学校和社区为基础的改善心理健康方面的研究依然较少,而且尚无此类研究的系统性综述。这正是本研究的价值和目的所在。本研究的工作于2011—2012年进行,作为当时WHO健康改善特别工作小组的一部分。根据WHO第七次全球健康改善会议,特别工作小组试图创建一系列基于实证研究的、解决中低收入国家主要公共健康问题的健康改善方案。

本综述的目的在于:

·对中低收入国家实施的改善青少年心理健康干预项目的有效性依据进行归纳整合。

·明确已有数据的不足,为下一步的必要研究指明方向。

11.2 方法

11.2.1 研究选择

本文的系统性综述遵循PRISMA 2009备忘录概述的指导原则。最初,综述计划的研究方案经由WHO特别工作小组的和可可瑞恩公共卫生工作组(Cochrane Public Health Group, CPHG)的认可和批准。纳入本综述的研究需符合:干预的目的是促进中低收入国家青少年心理健康的积极发展。为实现研究目标,对改善心理健康的干预措施进行界定:任何目标为有计划地改善心理健康或调整有关心理因素的行动、项目或政策。本研究未对性别和种族进行区分,在各类学校和社区环境中,只要是年龄在6~18岁的青少年,其研究报告均被纳入其中,从2000年起以印刷或电子格式发表的学术和灰色文献均被视为符合条件的资料。为了确保综述涵纳的研究的同质性,有关文献需为随机对照实验、整群随机对照实验或准实验研究设计。研究主要关注的结果是与心理健康和幸福感相关的因素。良好心理健康的指标包括自尊、自信、适应技能、抗压性、情绪健康;不良心理健康的指标有抑郁、焦虑、心理烦恼、自杀行为;幸福感的指标包括社会参与、被认可、沟通交流和社会支持。对其他次要的与健康相关的结果也予以关注。具有下述特征的研究未纳入综述:Mrazek和Haggerty定义的有选择性、针对性的预防干预研究[33],没有对照组的研究和只有定性分析的研究。

11.2.2 检索策略

进行检索的学术数据库包括PubMed、PsychInfo、Scopus、ISI Web of Knowledge、Cochrane数据库。此外,改善健康和公共卫生评估的数据库包括英国政策与实践信息协调证据中心(Evidence for Policy and Practice information and Coordinating [EPPI] Centre)、约克大学国家卫生服务评估与传播中心(University of York National Health Service Centre for reviews and dissemination)、英国国家临床质量标准研究院(National Institute of Clinical Excellence, NICE)、加拿大公共卫生实践和卫生证据处(Effective Public Health Practice, Health Evidence Canada)以及WHO的项目和计划。其他的来源还包括谷歌学术搜索(Google Scholar)和有关的文章、书籍、评论的参考文献列表。此外,通过与检索过程中识别的重要个体和组织进行联系来进一步确定已发表的有关内容的细节。对所有数据库进行电子检索的策略参见表1。改善心理健康干预措施的最初系统性评估于2011年3月11日完成,其中包含了从2000年1月至

2010年12月期间发表的报告；第二次检索于2012年9月7日进行，包括从2011年1月至2012年6月的文献。

表1 电子数据库的初始检索策略(+标示词语的最新搜索日期是在2012年9月)

心理健康术语	来源	人群	环境	干预术语	相关结果
心理健康+	中低收入国家+	幼儿	家	促进+	性别
心理学的+	低收入国家+	儿童+	学前+	预防+	儿童健康
幸福+	发展中世界+	青少年+	学校+	干预+	羞辱+
生活技能+	发展中国家+	青年人+	班级+	项目+	歧视
支援+		青年+	社区+	政策+	初级照顾+
心理资本+		成人	校外+	实施+	母亲健康
抗压性+		工人	健康服务	评估+	暴力+
社会情绪+		雇员	工作场所	家访	性健康+
心理健康素养+		家庭		早期	艾滋病预防+
		本土社区		父母教养	社会资本
		族群		组织机构	社会网络
					社会功能
					小额贷款+
					小额信贷+

搜索包括：心理健康术语、来源、人群和干预术语等词，如心理健康、心理社会、幸福感、生活技能、被认可、精神资本、抗压性、社会情绪或心理健康素养，中等收入国家、低收入国家、发展中世界或发展中国家，儿童、青少年、年轻人或青年，提升、预防、干预、项目、政策、实施或评估；心理健康术语、来源、人群和环境；心理健康术语、来源、人群和相关结果；心理健康术语、来源、环境和相关结果；心理健康术语、来源、相关结果和干预术语；心理健康术语、来源、相关结果和环境；心理健康术语、来源、相关结果和人群。

11.2.3 研究选择和数据收集

通过上述检索策略，对得到的所有文章和摘要进行内容相关性检查。删除其中重复的、无关的、不符合标准的文章，获取所有符合研究标准的完整文本文件。将符合标准的研究报告按与青少年的关联性进行进一步选择并分类为：以学校为基础的青少年项目报告和以社区为基础的青少年项目报告。由两名评阅者对这些报告分别进行评估以确保它们符合本综述的纳入标准。

11.2.4 数据分析

由于所包含的研究报告中对干预措施和结果的评估过于多样化，难以将其进行定量整合，因此，我们采用记述的办法来整理有关研究的干预和结果。按照可可瑞恩公共卫生工作组发布的指导原则，干预措施的方法学量化使用《有效的公共卫生实践方案》发布的关于定量研究的量化评估工具[34]。对检索到的研究进行六个方面的评估，即选择性偏倚、混淆因素、单盲或双盲做法、数据采集、异常数据的取舍、数据缺失情况。每个研究均由两位评估者分别进行评分（MB和AC），并对研究质量的评估结果进行比较，不一致之处通过协商讨论解决。综合六个方面的评分，每个研究会获得一个整体的质量评级：强、中或弱。根据质量评估的分级，综述所涵盖的研究和提取的关键结果得以确定。将所获信息列入研究特征表（表2①），其中包括各个研究的质量评估等级。

11.3 结果

检索和研究选择的结果见图1。初次检索于2011年进行，共获得10 471篇文章，188篇被进一步选定进行全文审阅并导入Endnote，其中：146篇或仅文章背景与中低收入国家的心理健康改善有关，或其中的研究不符合我们的纳入标准；7篇是中低收入国家的实证研究的系统性概述，其中5篇是关于青少年心理健康干预的综述；35篇为探索性研究，其中14篇对基于中低收入国家的学校或社区的青少年心理健康干预项目进行了评估。2012年9月进行第二次检索，又获得了8篇基于学校的干预评估研究。综合两次检索结果，共22篇研究进行了量化评估（14篇基于学校，8篇基于社区）。系统性综述过程中未发现以非使用英语的学校或社区为基础的干预研究。

①译者注：表2未在本文中呈现。如需浏览更多信息，请检索本章第一页的引用文件。

5篇来自中低收入国家的系统性综述对HIV有关生活技能的干预项目的效果进行了评估[69,70]，此外，也对有关生活在武装冲突和战乱阴影下的儿童和青少年的心理干预效果进行了评估[71~73]。确定这些综述包括的所有相关干预，并与电子检索到的初始研究进行交叉相关分析。由于本文主要关注的是心理健康的改善和初级预防，因此，这些系统性概述中有一些研究并不符合我们的纳入标准。

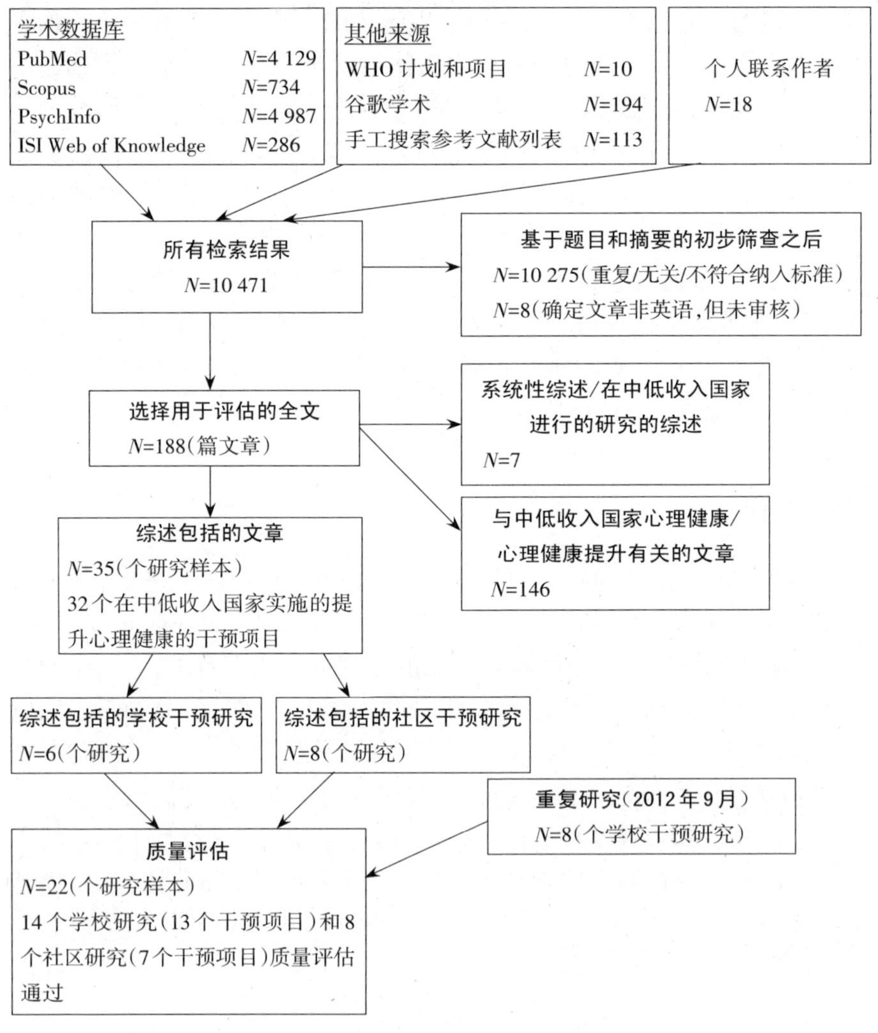

图1　检索到的在中低收入国家实施的有关心理健康提升的干预

关于低收入国家的研究在所有进入评估的研究中所占的比例，有18.2%（N=4）的干预实施于低收入国家，36.4%（N=8）的干预实施于较低水平的中等收入国家，45.4%（N=10）的干预实施于较高水平的中等收入国家；仅有少于三分之一的干预研究（N=7）在南部非洲进行。

11.3.1 基于学校的干预项目

14项研究共记录了在8个中低收入国家或地区进行的13个学校干预项目。其中，4项研究在加沙或巴勒斯坦[48,50,55,56]，3项在南非[37,38,31,44]，2项在乌干达[45,49]；另5项研究分别在印度[35]、智利[36]、毛里求斯[42]、尼泊尔[47]、黎巴嫩[54]进行。大多数研究（>60%）在2010—2012年间发表，这些研究的质量评级均为强。8项研究的质量评估为强[42,45,47,50,54~56]，5项研究由于选择性偏差[36,44]和未报告数据缺失的比例被评估为中，1项研究由于选择性偏差及未报告混淆因素及数据缺失问题被评估为差[41]。

这些干预项目旨在帮助学龄期的儿童及青少年改善心理健康以及进行预防的普及。项目关注内容的范围从社会发展、情绪发展、问题解决能力和适应技能[35,41]到结合体育锻炼的心理健康改善[36]、结合性教育的心理健康改善[37,38]以及普遍的抑郁预防性干预[42]，随项目关注点的变化干预措施也有所不同：2项干预措施专门针对艾滋病致孤儿童而设计，1项为艺术干预[44]，还有1项是由教师领导的同伴支持干预[45]；7项基于学校的心理干预（8项研究）在受武装冲突的战乱地区实施[47,50,54~56]。这些干预的目的在于缓解抑郁，增强抗压能力和提升适应技能。其中，4项干预整合了认知行为技术（Cognitive Behavioural Techniques，CBT）和与创伤有关的心理教育模式[47~50,54]；1项干预由短期的写作聚会组成[55]；还有1项则提供了结构性的娱乐活动[56]。

7个以学校为基础的干预项目针对小学毕业（>12岁）的学生；4项于跨年龄段较广的人群中实施[44,48,54,56]；3项干预研究针对小学高年级的孩子（>10岁）[45,49,50]；8项干预由班级老师执行[35~38,42,44,49,54,55]；剩余的几项干预由从事心理健康工作的专业人员[41,48,50]、当地心理健康方面的助理人员[47]和青年工作者[44,56]来实施。大多数的干预为每周11~16次。1项研究在项目完成后的12个月内还后续进行了6次强化干预[37,38]。8项学校干预为项目实施所在地区原创方案;5个项目的干预方案是在对高收入国家实施并验证有效的干预方案进行修订的基础上得出的[37,38,42,44~49]。

关于干预的效果,对冲突地区受战乱影响的儿童实施的7个大众项目的结果在整体上是肯定的,尽管有一些研究报告了积极与消极的混合作用。Loughry等人[56]报告实施一年多的课后娱乐活动对儿童与青少年的外在和内在问题都有明显的积极影响,并且父母参与的结构性活动干预也进一步提升了父母的支持。Khamis[48]等人发现基于班级干预(Classroom-Based Intervention, CBI)对促进儿童(6~11岁)和青少年(13~16岁)社会与情感幸福、沟通技能、减少行为和同类问题以及多动水平有显著的正面影响。Ager等人[49]报告了相似的结果,基于班级干预原则的心理社会结构活动(Psychosocial Structures Activities intervention, PSSA)干预对小学儿童(平均年龄10岁)的幸福感有显著的积极影响。有趣的是,在尼泊尔实施的基于班级的干预研究发现了干预作用的性别差异,即一方面只有男孩的心理困境和攻击现象明显减少,另一方面只有女孩的亲社会行为增加[47]。有2项研究未发现明显的积极效果。Karam等人[54]发现连续超过12天的认知行为治疗对被试的抑郁、分离焦虑和创伤后应激障碍得分均无显著影响。Lange-Nielsen等人[55]的报告显示3天的短期写作干预对被试的创伤后应激障碍症状和焦虑评分均无影响,且写作干预最初加重了被试的抑郁症状,但在干预的5个月后,被试的这些症状明显减轻。关于干预效果的性别差异,有3项研究显示了不一致的结果:2项研究显示干预对女孩有更为积极的影响[48,49],另一项研究却显示干预对女孩并无作用,其仅能改善男孩的创伤后应激障碍症状[50]。

在一般生活技能和适应力方面,6个以学校为基础的干预研究显示学生的心理健康和幸福感得到明显提升,包括自尊心[35,36,42]、动机[38]和自我效能[44]等方面。对艾滋病致孤儿童实施的同伴支持干预显示这些孩子的抑郁、愤怒和焦虑状况有明显改善但其自我概念(self-concept)并未受影响[45]。综合的适应技能教育干预显示被试的焦虑症状有改善,但其抑郁评分没有变化[36]。另一项研究显示抑郁的预防性干预对干预组被试的抑郁症状和无助感有明显改善作用(中等效应大小),并且干预组被试的适应性技能明显提升(中等效应大小)[42];6个月后的长期追踪结果显示干预组被试的自尊和适应性技能(中等效应大小)均有明显提升。在南非实施的适应性干预项目也报告了干预的长期结果,即干预三个月后的自我评估得分有明显提升[41]。此外,这些研究还显示了个体行为[35]、学校适应、身体锻炼[36]、对生殖和性健康的态度[37]等方面的改善以及物质滥用情况的减少[37]。对艾滋病致孤儿童的艺术干预项目所报告的积极作用最少,干预组被试只在自我效能评分上有明显提高,被试的抑郁、自尊、情绪和行为评分没有改变[44]。适应性干预项目的结果显示被试的情绪反应、自我评价和人际关系均有明显改善,但在对这些结果进行解释时,还应考虑到该研究的质量评级不高的情况。

11.3.2 以社区为基础的干预

本综述确定了8个针对青少年的校外社区干预项目的研究,共包括7个项目,跨5个国家,其中4个研究在南非进行[60,61,63,64],另外4个则分别在印度[57]、洪都拉斯[58]、埃及[59]和乌干达[65~68]进行。这8项研究报告于2006—2010年间发表。研究的质量评估从中等到强,4项研究质量评估为强[57,60,61,65];4项研究质量评估为中,其中1个由于样本量偏小[58],另外3个研究则没有报告测量的信效度[59,63,64]。

干预项目包括:1项针对16~24岁青少年的基于学校和社区的多元干预[57];1项针对父母及其未成年孩子的基于家庭的强化项目(Familias Fuertas)[58];1项致力于改善13~15岁埃及女孩的生活技能、识字率、娱乐活动和健康知识的多元项目(Ishraq)[59]和1项针对南非青少年的综合艾滋病预防和生活技能的干预(Stepping Stones and CHAMPSA)[60,61];有2项研究评估了针对艾滋病和性别平等的小额信贷干预项目(the Intervention with Microfinance for AIDS and Gender Equity, IMAGE)。具体而言,项目为针对女性的、以扶贫为重点的小额信贷干预项目启动并结合了12~15个月的性别和艾滋病教育课程培训[63,64]。其中1项研究评估了小额个人贷款和辅导对小学儿童身体健康和心理健康功能的影响[65~68]。7项干预中有5项针对年龄超过13岁的青少年而设计;基于家庭的强化项目针对年龄为10~14岁的儿童;小额信贷干预项目的一项评估针对年龄在18岁及以上的青年女性。有2项干预提供家长教育培训[58,61],还有2项干预专为女性设计[59,63,64]。5项干预由当地经过培训的社区看护人员实施[59~61,63~68];基于家庭的强化项目由当地的护士实施[58];在印度实施的基于学校和社区的多元干预由一组社会工作者、心理专业人员和同辈的教育工作者实施[57]。5项干预为干预实施国家的原创方案,2项干预为美国开展的实证干预的修订版方案[58,61]。

总的来说,这些研究结果显示,基于社区的针对年轻人改善心理健康和提升社会幸福感的干预措施具有显著的积极作用。5项干预均显示,干预的实施对心理健康有明显的改善作用。Balaji等人报告,印度实施的基于社区的青年健康干预项目明显改善了被试的抑郁状况、自我报告的自杀行为状况以及对心理健康的认识和态度[57]。南非的小额信贷干预项目使得女性自主水平、社会参与和开放性显著提高,而只有小额贷款的干预没有发现明显效果[64]。此外,Pronijk等人报告小额信贷干预项目的参与者更愿意参加培训,对社会及社区小组的参与度也更高[64]。Ssewamala等人报告经济资助干预对参与的艾滋病致孤儿童的自尊和抑郁水平均有显著的积极影响[65,66]。亲子干预的结果显示,干预项目对父母的沟通、行为以及父母自尊和家庭关系均有积极作用[58,61]。

其他的结果也报告了明显的改善,包括:同伴关系[59]、学习成绩[59,68]、师生关系[57]、沟通方式[64]、性别地位[64]等;一年后的追踪发现危险性行为减少[60,63]、伴侣施加的身体和性暴力[57,60,63,64]以及物质滥用减轻[57,60]。Bell等人报告照料者的沟通适宜方面有中等程度的改善[61]。垫脚石(Stepping Stones)干预项目两年后的追踪结果显示了性伴侣的身体和性暴力减轻,一年后的追踪显示了物质滥用减少[60]。

11.4 讨论

本综述旨在对中低收入国家青少年(6~18岁)改善心理健康干预项目的有效性进行评估。总共对22项研究、20项干预项目进行分析。由于大多数干预都在收入中等偏上或偏下的国家实施,来自低收入国家的项目的数量较少,因而易被凸显出来。4个干预项目在低收入国家实施，其中3个在乌干达。尽管如此，鼓舞人心的是过去四年间发表的来自低收入国家的研究报告数量显著上升，本综述所涉及的干预多在2008年后发表。

关于学校干预，14项研究的质量评级为中等或高。研究结果强有力地表明，在不同中低收入国家实施的学校干预对学生的情绪和行为有显著的积极影响，包括缓解抑郁和焦虑、提高适应能力。在毛里求斯由教师实施的“让年轻人充满创意”（Resourceful Adolescent Program，RAP-A）项目前景尚佳。在该研究中，研究者对高收入国家的实证有效干预进行了修订进而在中低收入国家实施，并表明此类干预经过修订能够帮助中低收入国家满足青少年文化方面的需求。另一个有前景的干预项目是在低收入国家实施的面向艾滋病致孤儿童的由教师带领的同伴支持干预[45]，研究结果启示，对青少年组的艾滋病致孤儿童来说，或许可以采用同伴支持的心理健康干预策略来促进他们的社会适应，缓解有关的心理压力。这种干预可能有助于解决艾滋病致孤儿童面临的高抑郁风险、同伴关系问题、创伤后应激和行为问题[74~76]。此外，结合了生活技能、生殖与性健康教育[37,38]和身体健康与适应力[36]的综合性多元干预对学生的风险行为和亲社会行为有显著的积极影响。这些结果与关于高收入国家学校干预的综述中的大量证据相一致，这些综述对比发现多元干预（即采用社会优化的方案且提供支持性环境）相比专注于特定行为问题的干预其效果更好[8,28,77~79]。将多元项目整合至一个系统的学校干预方案，通过一般社会和情绪技能的培训来帮助应对共同的风险和保护因素，此外联合家长和当地社区在一个具有支持性的校园环境中实施方案，使我们能够以较少的资源来惠及更广的人群。

在受战争影响地区实施的针对青少年的一般干预证明了学校作为此类干预的一个可及的、有效场所的重要意义。与之前的综述类似[72,73]，由于各研究在内容、实施、时长和样本量等方面的差异，我们很难对这些干预的效果下一个统一的结论。然而，有证据表明，持续时间较长的结构化干预对个体心理健康和幸福感有显著的积极作用。CBI和PSSA对青少年的社会、情绪和行为幸福具有显著的正面影响。虽然各干预项目关于性别因素的效应存在不一致之处，但也正好提示我们需要对性别因素的具体作用进行进一步的研究。项目实施的最佳年龄也需要进一步的验证。Khamis等人的研究显示班级干预对年龄较大(12~16岁)的男生并没有像对年龄较小(6~11岁)的男生那样产生明显的积极影响[48]。这与高收入国家的大量研究结果相一致,其结果表明,为了维持他们的心理韧性,增加他们的适应能力,在儿童较小的时候就需要对其进行干预[4,12,80~82]。

研究也发现有些干预措施并无明显的效果,如对12~17岁青少年实施的写作干预[55]和对5~16岁儿童和青少年实施的认知行为技术干预[54]。值得注意的是,写作干预最初对参与被试的抑郁症状有负面影响,但一段时间后的追踪测量发现抑郁症状有所减轻。这些干预的共同特点是持续时间较短、干预被试的年龄范围较广。这与长达一年的针对居住在加沙和约旦河西岸的青少年儿童与其父母的课外干预效果——明显改善参与者的社会幸福感、情绪健康以及父母亲的行为——形成对照[56]。这些研究结果强调了控制项目影响因素如项目内容、时长、被试年龄范围等的最佳条件对确保在冲突地区实施的学校干预效果的重要性。之前的两篇有关在受战争影响国家实施的学校干预的综述[71,72]和另一二级预防干预的研究[73,83]也指出,需要对影响干预效应的有关因素,如年龄、性别、战争有关经历等进行更严谨的研究。这些研究也进一步支持了前人研究关于冲突地区学校干预效果的结果,学校干预是一种有效、便捷、高效的增强和保护儿童心理健康的方式,并且可以对处于高风险中的学生实施更有针对性的干预方案[84]。通过对在该地区实施的整套干预方案的研究,使得将干预通过学校过渡到更广泛的社区成为可能。

本综述包括的大多数学校干预均针对年龄在12~16岁的青少年。鉴于缺乏针对中低收入国家小学年龄(5~10岁)的儿童的心理健康干预,迫切需要对低年龄小学儿童进行高质量的纵向干预,这样我们方可对低龄小学儿童的校园干预效果进行评估,以填补相关领域研究的空白。学校无疑是接触低龄儿童及其家庭最重要的渠道之一,而早期干预被认为是影响心理健康改善和预防干预效果的关键条件之一[4,8,12,80]。此外,有8项干预由经过培训的班级教师来实施,其他干预由心理专业工作者、助理人员和青年工作者实施。正如Srikala和Kumar所述，任何隶属中低收入国家教育系统的项目都须考虑其可行性和成本收益[35]。本综述的结果显示，经过培训的教师能够有效地实施心理健康干预。与来自高收入国家的结果相似，综述中包括的一些研究强调了教师培训以及在项目实施过程中提供持续支持的重要性。

发挥教师的技能作用以及提供校园环境设施方面的支持是帮助改善儿童情绪，提升其行为适应性的一个可持续的、低成本方式。正如世纪发展目标（Millennium Development Goals）所预计，到2015年所有的男孩和女孩都能够完成小学课程。将社会、情绪的学习和生活技能的培养整合进入小学课程以及发展一套系统、完整的校园健康促进方案是该议程的重要组成部分。

有关中低收入国家社区干预的实证研究，在青少年性和情绪健康、艾滋病预防、物质滥用、暴力预防、实用知识、经济资助和受排斥群体的社会参与等方面的有前景的干预项目有限。多方面综合干预的结果显示其对青少年健康的多个方面均有一定的改善。尽管数量有限，本综述中的3项针对青少年和小学儿童的小额贷款干预显示出令人欣慰的结果，结合小额贷款和培训的干预提升了他们的基本生活技能、资产建设水平，同时使他们更加足智多谋。这些都使他们的心理健康和幸福感得到促进与改善。有关此类多元干预的效果还有待进行进一步评估以确定其对更多具体心理健康方面的长期影响。

研究的局限

本综述存在许多不可忽视的局限之处，而在评估其有效性时必须考虑这些局限的存在。首先，与系统检索范围相关的局限会影响结果的效度。出于对时间跨度及资源可获得角度的考量，本文没有对灰色文献（grey literature）进行系统性检索，也没有对英语外的其他语言的文献进行检索，因此，未能涵盖用其他前殖民地语言（如法语、西班牙语、葡萄牙语和荷兰语等）发表的重要研究。

其次，研究选择标准的设定也会影响结果的有效性。未采用传统实验或准实验设计的研究被排除在外，因此，质性和其他设计的研究在检索过程中被剔除。在所有被选择的研究中，少数缺乏对样本大小和测量结果有效性的论证。这些研究应该被排除在综述外，虽然根据我们的方法它们最终被纳入，但由于缺乏相应信息而使其质量评估等级较低。最后，作为一篇记录性的综合评述，本文未得出一个类似元分析的综合数据结果。尽管存在上述局限性，但是本综述所收入的研究清楚地显示，通过精心的研究设计，高质量、有效的心理健康干预及其评估在中低收入国家的实施是可行的。

11.5 结论

本综述表明，针对青少年的心理健康干预项目可以有效地在中低收入国家开展实施。来自以学校为基础的干预项目以及以社区为基础的多元干预项目的两方面证据表明，干预能有效改善青少年的心理健康，提升幸福感。值得注意的是，综述中的研究表明，将改善心理健康的干预整合到教育和如社区扶持、减轻贫困、预防艾滋病、生殖和性健康的社区项目中是可行且有效的。尽管本综述包括的心理健康干预项目在不同的国家都取得成功，但相对来说，很少有项目被系统地推广到地区或国家的层面以满足年轻人的需要。因此，有关在中低收入国家通过教育系统和社区环节将干预项目推广的可持续性和有效性，我们还需进行进一步研究，尤其是在低收入国家开展的干预研究。此外，许多研究追踪调查时间较短，进一步凸显出对长程干预效果进行评估的重要意义。关于心理健康与其他方面的健康状况、良好情绪、社会幸福感等之间的相互关系也需要进一步的研究来考察。这些研究将进一步促进中低收入国家的青少年干预项目将心理健康纳入重要的健康、教育和发展目标。

本综述所涉及的研究反映了中低收入国家心理健康干预项目的可行性和潜在的可持续性，即能够利用已有的基础设施和资源，与教师、社区工作者、青年人及他们的家庭一起参与干预。即使这些项目被证实在高收入国家的低收入人群中非常有效，但有关不同文化背景因素对干预的实施或修订的影响仍然需要进一步的研究。特别需要指出的是，对不同的教育体系、文化和社会经济环境的低年级小学儿童进行学校干预时，必须确保干预项目的成功修订和转换。契合中低收入国家文化的有效心理健康测量方法的开发，有助于对中低收入国家的文化契合性干预进行评估，这也是将来方法学发展的方向之一。已有的高收入国家标准化的心理健康测试需要进行本土有效性验证，在评估不同文化背景中实施的心理健康项目的干预效果时，找寻具有文化敏感性的心理健康和幸福感的指标将尤为重要。中低收入国家实施心理健康政策和实践评估能力是促进和支持青少年积极心理健康发展的根本保障。

参考文献

1.Herrman H, Jané-Llopis E: The status of mental health promotion. Publ Health Rev 2012, 34(2):1–21.

2.Barry MM, Friedli L: The influence of social, demographic and physical factors on positive mental health in children, adults and older people. In Foresight Mental Capital and Wellbeing Project. State-of-Science Review: SR-B3. London: Government Office of Science and Innovation; 2008.

3.Jenkins R, Baingana F, Ahmad R, McDaid D, Atun R: Social, economic, human rights and political challenges to global mental health. Mental Health Fam Med 2011, 8:87–96.

4.Kieling C, Baker-Henningham H, Belfer M, Conti G, Ertem I, Omigbodun O, Rohde LA, Srinath S: Child and adolescent mental health worldwide: evidence for action. Lancet 2011, 378:1515–1525.

5.Durlak JA, Wells AM: Primary prevention mental health programs for children and adolescents: a meta-analytic review. Am J Community Psychol 1997, 25(2):115–152.

6.Hosman C, Jané-Llopis E: Political challenge 2: mental health. Paris: International Union for Health Promotion and Education; 1999. [The Evidence of Health Promotion Effectiveness: Shaping Public Health in a new Europe, A Report for the European Commission]

7.Jané-Llopis E, Barry MM, Hosman C, Patel V: Mental health promotion works: a review. In The Evidence of Mental Health Promotion Effectiveness Strategies for Action Edited by Jane-Llopis E, Barry MM, Hosman C, Patel V. 2005, 2:9–25. [Promotion and Education Supplement]

8.Herrman H, Saxena S, Moodie R: Promoting Mental Health: Concepts, Emerging Evidence, Practice. Geneva: World Health Organization: A report of the World Health Organization, Department of Mental Health and Substance Abuse in collaboration with the Victorian Health Promotion Foundation and Univeristy of Melbourne; 2005.

9.Barry MM, Jenkins R: Implementing Mental Health Promotion. Oxford: Churchill Livingstone Elsevier; 2007.

10.Nores M, Barnett WS: Benefits of early childhood interventions across the world: (Under) Investing in the very young. Econ Educ Rev 2010, 29(2):271–282.

11.Baker-Henningham H, Lopez Boo F: Early Childhood Stimulation Interventions in Developing Countries: A comprehensive literature review. Washington, DC: Inter-American Development Bank; 2010.

12.Stewart-Brown SL, Schrader-McMillan A: Parenting for mental health: What does the evidence say we need to do? Report of Workpackage 2 of the DataPrev project. Health Promot Int 2011, 26(SUPPL. 1):i10–i28.

13.Weare K, Nind M: Mental health promotion and problem prevention in schools: what does the evidence say? Health Promot Int 2011, 26 (SUPPL. 1):i29–i69.

14.Melzer D, Fryers T, Jenkins R: Social Inequalities and the Distribution of Common Mental Disorders. Hove: Psychology Press; 2004. [Maudsley Monographs]

15.Jenkins R, Bhugra D, Bebbington P, Brugha T, Farrell M, Coid J, Fryers T, Weich S, Singleton N, Meltzer H: Debt, income and mental disorder in the general population. Psychol Med 2008, 38(10):1485–1493.

16.Lund C, Breen A, Flisher AJ, Kakuma R, Corrigall J, Joska JA,

Swartz L, Patel V:Poverty and common mental disorders in low and middle income countries: a systematic review. Soc Sci Med 2010, 71(3):517–528.

17.Patel V, Lund C, Hatherill S, Plagerson S, Corrigall J, Fundl M, Flisher AJ: Mental disorders: equity and social determinants. In Equity, Social Determinants and Public Health Programmes. Edited by Blas E, Sivasankara Kurup A. Geneva: World Health Organization; 2010:115–134.

18.Miranda JJ, Patel V: Achieving the millennium development goals: does mental health play a role? PLoS Med 2005, 2(10):0962–0965.

19.United Nations General Assembly, 65th Session: Global Health and Foreign Policy Resolution. A/65/L.27.New York, 9th December 2010.

20.Patel V, Flisher AJ, Nikapota A, Malhotra S: Promoting child and adolescent mental health in low and middle income countries. J Child Psychol Psychiatr 2008, 49(3):313–334.

21.World Health Organization: Mental Health: New Understanding, New Hope. Geneva: World Health Organization; 2001. [The World Health Report]

22.Weare K: Promoting mental, emotional and social health: A whole school approach. London: Routledge; 2000.

23.Rowling L: Mental health promotion. In Mental health promotion and young people: concepts and practice. Edited by Rowling L. Australia: McGraw-Hill; 2002:10–23.

24.Zins J, Weissberg R, Wang M, Walberg H: Building academic success on social and emotional learning: What does the research say?. Columbia University New York and London: Teachers College Press; 2004.

25.Payton J, Weissberg RP, Durlak JA, Dymnicki AB, Taylor RD, Schellinger KB, Pachan M: The positive impact of social and emotional learning for kindergarten to eight-grade students: Findings from three scientific reviews. Chicago, IL: Collaborative for Academic, Social, and Emotional Learning; 2008.

26.World Health Organization: WHO's Global School Health Initiative: Health Promoting Schools. Geneva: World Health Organization;1998. PubMed Abstract

27.Lister-Sharp D, Chapman S, Stewart-Brown S, Sowden A: Health promoting schools and health promotion in schools: two systematic reviews. Health Technol Assess 1999, 3(22):1–207.

28.Wells J, Barlow J, Stewart-Brown S: A systematic review of universal approaches to mental health promotion in schools. Health Educ 2003, 103(4):197–220.

29.Tennant R, Goens C, Barlow J, Day C, Stewart-Brown S: A systematic review of reviews of interventions to promote mental health and prevent mental health problems in children and young people. J Publ Mental Health 2007, 6(1):25–32.

30.Harden A, Rees R, Shepherd J, Brunton G, Oliver S, Oakley A: Young people and mental health: a systematic review of research on barriers and facilitators. London:EPPI Centre; 2001.

31.Wells J, Barlow J, Stewart-Brown S: A systematic review of universal approaches to mental health promotion in schools. Oxford: Health Service Research Unit; 2001.

32.World Health Organization: Seventh Global Conference on Health Promotion: Promoting Health and Development: closing the Implementation Gap. Nairobi, Kenya; 26th-30th October 2009.

33.Mrazek CJ, Haggerty RJ: Reducing risks for mental disorders: frontiers for prevention intervention research. Washington DC: National Academic Press; 1994.

34.Jackson N, Waters E, Anderson L, Bailie R, Hawe P, Naccarella L, Norris S, Oliver S, Petticrew M, Pienaar E, Popay J, Roberts H, Rogers W, Shepherd J, Sowden A,Thomas H: The challenges of systematically reviewing public health interventions. J Publ Health 2004, 26(3):303–307.

35.Srikala B, Kumar KV: Empowering adolescents with life skills education in schools- School mental health program: Does it work. Indian J

Psychiatr 2010, 52(4):344-349.

36.Bonhauser M, Fernandez G, Püschel K, Yaňez F, Montero J, Thompson B, Coronado G: Improving physical fitness and emotional well-being in adolescents of low socioeconomic status in Chile: results of a school-based controlled trial. Health Promot Int 2005, 20(2):113-122.

37.Smith EA, Palen LA, Caldwell LL, Flisher AJ, Graham JW, Mathews C, Wegner L,Vergnani T: Substance use and sexual risk prevention in Cape Town, South Africa: an evaluation of the HealthWise program. Prev Sci 2008, 9(4):311-321.

38.Caldwell LL, Patrick ME, Smith EA, Palen LA, Wegner L: Influencing Adolescent Leisure Motivation: Intervention Effects of HealthWise South Africa. J Leis Res 2010, 42(2):203-220.

39.Caldwell LL, Smith EA, Wegner L, Vernani T, Mpofu E, Flisher AJ, Matthews C: HealthWise South Africa: development of a life skills curriculum for young adults.World Leisure 2004, 3:4-17.

40.Botvin GJ, Schinke S, Orlandi MA: Drug abuse prevention with multiethnic youth.Thousand Oaks, CA: Sage; 1995.

41.De Villiers M, van den Berg H: The implementation and evaluation of a resiliency programme for children. South Afr J Psychol 2012, 42(1): 93-102.

42.Rivet-Duval E, Heriot S, Hunt C: Preventing Adolescent Depression in Mauritius: A Universal School-Based Program. Child Adolesc Mental Health 2011, 16(2):86-91.

43.Shochet IM, Ham D: Universal school-based approaches to preventing adolescent depression: Past findings and future directions of the Resourceful Adolescent Program.Int J Ment Heal Promot 2004, 6:17-25.

44.Mueller J, Alie C, Jonas B, Brown E, Sherr L: A quasi-experimental evaluation of a community-based art therapy intervention exploring the psychosocial health of children affected by HIV in South Africa. Trop Med Int Health 2011, 16(1):57-66.

45.Kumakech E, Cantor-Graae E, Maling S, Bajunirwe F: Peer-group support intervention improves the psychosocial well- being of AIDS orphans: Cluster randomized trial. Soc Sci Med 2009, 68(6):1038–1043.

46.Hope A, Trimmel S: Training for transformation, a handbook for community workers.Vols. 1–3. Nairobi: Gweru Mambo Press; 1995.

47.Jordans MJD, Komproe IH, Tol WA, Kohrt BA, Luitel NP, Macy RD, De Jong JT: Evaluation of a classroom-based psychosocial intervention in conflict- affected Nepal: a cluster randomized controlled trial. J Child Psychol Psychiatr 2010, 51(7):818–826.

48.Khamis V, Macy R, Coignez V: The Impact of the Classroom/Community/Camp-Based Intervention（CBI）Program on Palestinian Children. USA: Save the Children; 2004.

49.Ager A, Akesson B, Stark L, Flouri E, Okot B, McCollister F, Boothby N: The impact of the school-based Psychosocial Structured Activities（PSSA）program on conflict-affected children in northern Uganda. J Child Psychol Psychiatr 2011, 52(11):1124–1133.

50.Qouta SR, Palosaari E, Diab M, Punamaki RL: Intervention effectiveness among war-affected children: a cluster randomized controlled trial on improving mental health. J Trauma Stress 2012 2012, 25(3):288–298.

51.Smith P, Dyregrov A, Yule W: Children and war: Teaching recovery techniques.Bergen, Norway: Foundation for Children and War; 2000.

52.Ehntholt KA, Smith PA, Yule W: School-based cognitive-behavioral therapy group intervention for refugee children who have experienced war related trauma. Clin Child Psychol Psychiatr 2005, 10:235–250.

53.Giannopoulo J, Dikaiakou A, Yule W: Cognitive-behavioural group intervention for PTSD symptoms in children following the Athens 1999 earthquake: a pilot study.Clin Child Psychol Psychiatr 2006, 11:543–553.

54.Karam EG, Fayyad J, Karam AN, Tabet CC, Melhem N, Mneimneh Z, Dimassi H:Effectiveness and specificity of a classroom-based group intervention in children and adolescents exposed to war in Lebanon. World

Psychiatr 2008, 7(2):103–109.

55.Lange-Nielsen II, Kolltveit S, Thabet AAM, Dyregrov A, Pallesen S, Johnsen TB, Christian J: Short-Term Effects of a Writing Intervention Among Adolescents in Gaza. J Loss Trauma 2012, 17(5):403–422.

56.Loughry M, Ager A, Flouri E, Khamis V, Afana AH, Qouta S: The impact of structured activities among Palestinian children in a time of conflict. J Child Psychol Psychiatr 2006, 47(12):1211–1218.

57.Balaji M, Andrews T, Andrew G, Patel V: The acceptability, feasibility, and effectiveness of a population-based intervention to promote youth health: an exploratory study in Goa, India. J Adolesc Heal 2011, 48(5): 453–460.

58.Vasquez M, Meza L, Almandarez O, Santos A, Matute RC, Canaca LD, Cruz A, Cacosta A, Bacilla MEG, Wilson L: Evaluation of a Strengthening Families (Familias Fuertes) Intervention for Parents and Adolescents in Hondurus. Nurs Res South Online J 2010., 10(3)

59.Brady M, Assaad R, Ibrahim B, Salem A, Salem R, Zibani N: Providing new opportunities to adolescent girls in socially conservative settings: the Ishraq program in rural upper Egypt. New York: Population Council; 2007.

60.Jewkes R, Nduna M, Levin J, Jama N, Dunkle K, Puren A, Duvvury N: Impact of stepping stones on incidence of HIV and HSV-2 and sexual behaviour in rural South Africa: cluster randomised controlled trial. BMJ 2008, 337:a507.

61.Bell CC, Bhana A, Petersen I, McKay MM, Gibbons R, Bannon W, Amatya A: Building protective factors to offset sexually risky behaviors among black youths: a randomized control trial. J Natl Med Assoc 2008, 100(8):936–944.

62.McKay MM, Chasse KT, Paikoff R, McKinney LD, Baptiste D, Coleman D, Madison S, Bell CC: Family-level impact of the CHAMP Family Program: a community collaborative effort to support urban families and reduce youth HIV risk exposure. Fam Process 2004, 43(1):79–93.

63.Kim J, Ferrari G, Abramsky T, Watts C, Hargreaves J, Morison L, Phetla G, Porter J, Pronyk P: Assessing the incremental effects of combining economic and health interventions: The IMAGE study in South Africa. Bull World Health Organ 2009, 87(11):824–832.

64.Pronyk PM, Hargreaves JR, Kim JC, Morison LA, Phetla G, Watts C, Busza J, Porter JD: Effect of a structural intervention for the prevention of intimate-partner violence and HIV in rural South Africa: a cluster randomised trial. Lancet 2006, 368(9551):1973–1983.

65.Ssewamala FM, Neilands TB, Waldfogel J, Ismayilova L: The impact of a comprehensive microfinance intervention on depression levels of AIDS-orphaned children in Uganda. J Adolesc Heal 2012, 50(4):346–352.

66.Ssewamala FM, Han CK, Neilands TB: Asset ownership and health and mental health functioning among AIDS-orphaned adolescents: Findings from a randomized clinical trial in rural Uganda. Soc Sci Med 2009, 69(2):191–198.

67.Ssewamala FM, Karimli L, Han CK, Ismayilova L: Social capital, savings, and educational performance of orphaned adolescents in Sub-Saharan Africa. Child Youth Serv Rev 2010, 32(12):1704–1710.

68.Ssewamala FM, Ismayilova L: Integrating children's savings accounts in the care and support of orphaned adolescents in rural Uganda. Soc Serv Rev 2009, 83(3):453–472.

69.Paul-Ebhohimhen VA, Poobalan A, Van Teijlingen ER: A systematic review of school-based sexual health interventions to prevent STI/HIV in sub-Saharan Africa. BMC Publ Health 2008, 8:4.

70.Harrison A, Newell ML, Imrie J, Hoddinott G: HIV prevention for South African youth: which interventions work? A systematic review of current evidence. BMC Publ Health 2010, 10:102.

71.Persson TJ, Rousseau C: School-based interventions for minors in war-exposed countries: a review of targeted and general programmes. Torture Q J Rehabil Torture Victims Prev Torture 2009, 19(2):88–101.

72.Jordans MJD, Tol WA, Komproe IH, De Jong JVTM: Systematic review of evidence and treatment approaches: psychosocial and mental health care for children in war. Child Adolesc Mental Health 2009, 14(1): 2–14.

73.Tol WA, Barbui C, Galappatti A, Silove D, Betancourt TS, Souza R, Golaz A, Van Ommeren M: Mental health and psychosocial support in humanitarian settings: linking practice and research. Lancet 2011, 378 (9802):1581–1591.

74.Cluver L, Gardner F, Operario D: Psychological distress amongst AIDS-orphaned children in urban South Africa. J Child Psychol Psychiatr 2007, 48(8):755–763.

75.Nyamukapa CA, Gregson S, Lopman B, Saito S, Watts HJ, Monasch R, Jukes MCH: HIV-associated orphanhood and children's psychosocial distress: theoretical framework tested with data from Zimbabwe. Am J Publ Health 2008, 98(1):133–141.

76.Atwine B, Cantor-Graae E, Bajunirwe F: Psychological distress among AIDS orphans in rural Uganda. Soc Sci Med 2005, 61(3):555-564.

77.Green J, Howes F, Waters E, Maher E, Oberklaid F: Promoting the social and emotional health of primary school-aged children: reviewing the evidence base for school-based interventions. Int J Ment Heal Promot 2005, 7(3):30–36.

78.Adi Y: Systematic review of the effectiveness of interventions to promote mental wellbeing in primary schools Report 1: Universal approaches which do not focus on violence or bullying. London: National Institute of Clinical Excellence; 2007.

79.Stewart-Brown S: What is the evidence on school health promotion in improving health or preventing disease and, specifically, what is the effectiveness of the health promoting schools approach. Copenhagen: WHO Regional Office for Europe; 2006.

80.Greenberg M, Domitrovich C, Bumbarger B: The prevention of mental disorders in school-aged children: current state of the field. Prev Treatment 2001, 4(1):1–52.

81.Browne G, Gafni A, Roberts J, Byrne C, Majumdar B: Effective/efficient mental health programs for school-age children: a synthesis of reviews. Soc Sci Med 2004, 58(7):1367–1384.

82.Shucksmith J, Summerbell C, Jones S, Whittaker V: Mental wellbeing of children in primary education (targeted/indicated activities). London: National Institute of Clinical Excellence; 2007.

83.Tol WA, Komproe IH, Jordans MJD, Vallipuram A, Sipsma H, Sivayokan S, Macy RD, deJong JT: Outcomes and moderators of a preventive school-based mental health intervention for children affected by war in Sri Lanka: a cluster randomized trial. World Psychiatr 2012, 11(2):114–122.

84.Layne CM, Saltzman WR, Poppleton L, Burlingame GM, Pasalic A, Durakovic E, Music M, Campara N, Dapo N, Arslanagic B, Steinberg AM, Pynoos RS: Effectiveness of a school-based group psychotherapy program for war-exposed adolescents: a randomized controlled trial. J Am Acad Child Adolesc Psychiatr 2008, 47(9):1048–1062.

第十二章 “现实世界”里青少年心理健康服务效果的一些令人困惑的发现——基于TRAILS的结果

Frederike Jörg , Johan Ormel , Sijmen A. Reijneveld,Daniëlle E.M.C. Jansen, Frank C. Verhulst, and Albertine J. Oldehinkel

12.1 引言

许多处在青春期的男孩和女孩都会面临各种情绪和行为问题的困扰,好在这些问题并不总是会给他们带来长期的健康威胁[1]。然而,当问题很严重或者持续的时间比较长时,或许就该考虑接受心理健康服务了。在诸多因素中,青少年自身或其父母是否意识到问题的重要性,并且是否认为有必要接受专业的帮助是决定他们求助行为的关键。在青春期以前,求助与否取决于父母对这些问题的认识[3]。随着青少年的成长,求助行为变得更加不明确。青少年可能会更清晰地觉察到自己的问题[4],可似乎更不愿意寻求专业的帮助[5]。

随着对儿童和青少年专业的心理健康服务(mental health services , MHS)的需求和相应的花费的不断增加,对此类服务的效用和性价比的评估也变得非常重要[6]。该领域中的随机对照研究(randomized con-

Puzzling Findings in Studying the Outcome of "Real World" Adolescent Mental Health Services: The TRAILS Study. © *Jörg F, Ormel J, Reijneveld SA, Jansen DEMC, Verhulst FC, and AJ Oldehinkel.* PLoS ONE, *7,9 (2012), doi:10.1371/journal.pone.0044704.*

trolled trials，RCTs）检验，通常只是在一个同质小样本中检验某种专业干预手段的效果，样本中的个体不存在复杂的、并发症状问题，这种做法限制了其外部效度[7]。有一些研究对比了常规护理和有针对性的心理治疗的效果差异[8,9]，这些研究证据显示，常规性护理的治疗效果非常微弱。在一项为期一年的追踪研究中，比较了接受治疗和未接受治疗的儿童之间的差异，也得出了相似的结果[10]。

但是，在现实的自然环境中研究心理健康卫生服务的效果，往往会面临方法学上的问题，比如，研究未做到随机化、不同类型的服务常被混杂在一起以及可能有其他混淆因素[10]。使用复杂的统计方法可以弥补这些方法学上的缺陷，例如使用倾向得分匹配法、分阶段多次测量法以及对不同服务类型的效果同时进行考量等。使用上述策略，我们选取了全国青少年的代表性样本，2 230名青少年（包括青春期前），他们中有的接受过MHS服务，有的没有接受过，然后对他们的情绪问题和行为问题的变化过程进行了研究。

本研究是在荷兰开展的，当地的MHS是分层次组织的。接受MHS前必须经过全科医生的转诊介绍。荷兰的医疗保健系统保证每人都享有全科和心理健康的服务，并且这些服务都是免费的。MHS项目包括住院治疗、门诊治疗以及针对儿童和青少年的社区心理健康服务和社会保健服务。

12.2 方法

12.2.1 伦理学声明

本研究通过了荷兰人类被试研究中心委员会的批准。研究人员向所有参加实验的青少年及他们的家长充分解释了研究的性质，然后请他们签署了知情同意书。

12.2.2 被试

本研究为青少年个体生活追踪调查（TRacking Adolescents’ Individidual Lives Survey , TRAILS)的一部分。TRAILS是一项针对荷兰青少年的前瞻性追踪研究,其目的是揭示个体从青春期前过渡到成年期这一过程中心理健康的发展情况[11]。本研究的数据来自TRAILS中第一、第二和第三阶段的测评,三次测评的时间分别为:从2001年3月到2002年7月(T1);从2003年9月持续到2004年12月(T2);从2005年9月至2008年8月(T3)。被试来自荷兰北部的5个自治市,其中有的来自城市,有的来自农村,共3 483人。他们的出生日期介于1989年10月1日到1991年9月30日,他们所在的学校愿意进行合作,而且他们个人符合本研究的参与条件。这些儿童所在的学校中,有超过90%的学校同意参加该实验,这为我们提供了2 935名符合条件的儿童。这其中76.0%的儿童(N= 2 230,平均年龄 11.09岁,SD=0.56,女生比例为50.8%)参加了我们的实验研究(他们和他们的家长都同意参加实验)。剩余40.7%未应答的儿童提供了教师报告数据,分析报告结果显示:在一般行为问题上,这些儿童与应答的儿童相比没有差别,人口统计学变量和心理健康服务效果也没有差异。不过,他们中男生居多,同时社会经济地位较低,在校表现也更差[12]。参加T1阶段测评的2 230名被试中,有96.4%(N = 2 149,女生比例为51.0%)的人在T1测评两年之后,参加了第一阶段的后续测评(T2)。参加T2阶段测评的被试平均年龄是13.56岁(SD=0.53),其中81.4%的人参加了T3阶段的测评(N=1 816,女生比例为52.3%),平均年龄为16.27岁(SD=0.73)。

12.2.3 测量

首先对情绪和行为问题得分进行了测量。通过让被试的父母在家中填写《儿童行为核查表》(Child Behaviour Checklist , CBCL)[13]得到了儿童情绪和行为问题的父母评估分数。此外,参加研究的被试在一名或几名TRAILS研究助理的监督下,在校填写《青少年自评量表》(Youth Self Report , YSR),由此得到儿童情绪和行为问题的自我评估分数。两份问卷都包含112个情绪和行为问题项目,被试依据自身在过去6个月内的情况对项目描述的符合程度进行评估:0=不符合,1=有点儿或有时符合,2=非常或总是符合。所有项目的平均分即被试的总体评分。

最主要的预测变量是被试心理健康服务的使用情况。被试的父母需要报告在过去的一年(在T1阶段的提问)或两年(在T2和T3阶段的提问)里,他们的孩子是否因为情绪或行为问题而接受了心理健康服务。如果接受过,那么还需报告在(每个测试阶段前的)过去6个月内青少年是否还在接受这种服务。(这里所涉及的)心理健康服务类型包括针对儿童和青少年的住院和门诊服务、私人的精神疾病或者心理医生治疗、社区(社会)服务、精神科急症服务以及青少年保护服务。心理健康服务使用情况的计分为二分法:至少接受过一次心理健康服务,或者从未接受过。而且,对在T1阶段之前接受过MHS,或在每次测量时6个月内接受过MHS单独计分。我们在T2阶段得到了1 885份被试关于MHS使用情况的有效数据,在T3阶段得到了1 464份。

在T1阶段,被试父母还填写了《青少年早期气质类型问卷·修订版》(Early Adolescent Temperament Questionnaire-Revised , EATQ-R)[15]。该问卷包括62个项目,包括意志控制、友好关系、恐惧、挫折、外向性、羞怯、攻击性和抑郁情绪8个方面。在该问卷中,气质是一种多维度的概念,在意志努力和友好关系维度得分低,挫折和恐惧维度得分高,均与情绪和行为问题有关。反之,在意志努力和友好关系维度上得分高,则可以保护个体免受这些问题的困扰[16~18]。

T1阶段中,使用为TRAILS专门编制的问卷让家长对被试的学龄前行为进行回顾性评估。该问卷主要测量学龄前儿童(年龄在4~5岁)的性格特征。问卷由17个与行为、情绪和动作性相关的项目组成,家长需要将自己孩子的情况与同龄儿童进行对照,在5点评分量表上进行评分。例如:“与其他孩子相比,您的孩子是蛮横的吗?”以及“与其他孩子相比,您的孩子焦虑吗?”。因素分析的结果显示共5个因子:焦虑、运动行为、攻击性、社会行为和注意力集中[19]。

在儿童家中,使用简明TRAILS家族史访谈问卷在T1阶段对父母中的一方进行父母的精神病理情况评估,包含抑郁、焦虑、物质依赖、反社会行为以及其他精神疾病。研究者简单介绍了美国《精神疾病诊断与统计手册(第4版)》(DSM-IV)中描述的该障碍的主要特征,然后通过一系列问题评估其一生中出现次数、接受专业治疗和药物使用的情况[20]。被试父母的患病率与DSM-IV给出的数据比例相似,后者是基于对大样本进行复合性国际诊断访谈(Comprehensive International Diagnostic Interview,CIDI)所得的。我们将物质依赖和反社会行为的得分用来构建行为障碍的家族易感性指数,抑郁和焦虑的得分用来构建情绪障碍的家庭易感指数[17]。

在T1阶段,我们还测量了被试的社会经济地位(SEP),它由3项指标构成:家长的受教育程度(分为5个水平)、由国际标准职业分类表测量的父母双方的职业水平[21]和家庭收入。将这5个项目的平均值经过标准化,得到社会经济地位分数。SEP分数可以解释这5个项目总变异量的61.2%,内部一致性系数为0.84。

同样在T1阶段,使用修订版《韦氏儿童智力量表》的词汇(Vocabulary)和积木(Block Design)分量表测量被试的智商(IQ)[22]。

在T2阶段,采用25个负性生活事件对被试的压力进行评估,受测者需要回答该事件在T1阶段后是否发生及其所引发的不愉快程度。除了那些被试认为“没有一点儿不愉快”的事件,将其余所有受测事件的评分相加,得到一个在T1至T2期间的压力总分。在T3阶段采用事件历史日历(Event History Calendar , EHC , cf . Caspi et al[23])对被试进行测量。EHC是针对被试在过去五年中所遇到的愉快或有压力的重要事件的调查。其中,两种测量工具都包括的负性生活事件有:近亲的去世、父母离异、恋爱分手、失去重要的友谊以及受到欺辱。另外,EHC还包括例如逃学和与家庭成员发生争执等事件。第二和第三阶段的压力生活事件评分相加得到T3阶段的压力总分。

在T1阶段,采用青少年自我知觉剖面图(Self-Perception Profile for Children , SPPC)[24]对青少年的自尊水平进行测量。SPPC从以下5个方面对自尊进行评估:学业能力、社会接受程度、运动能力、外貌和行为表现以及总体的自我价值感。一项针对荷兰青少年的大样本研究证实了这5个方面的因素结构良好并且该问卷的心理计量性良好[25]。

另外,在T1阶段选用社会技能评分系统(Social Skills Rating System,SSRS)对青少年的社会技能进行评估。SSRS是一种多视角的社会行为评定系统,它包括彼此独立的教师评价和父母评价两种形式[26]。两种评价形式都包括3个分量表:合作、果敢和自我控制。此外,父母评定量表还包括责任心分量表。SSRS的心理测量学指标令人满意[26];一项早期TRAILS研究对其样本进行了SSRS施测,证实了它的信度[27]。

同伴的接受和拒绝状况则通过同伴提名的方式在T1阶段进行测量[28]。通过询问孩子们喜欢以及不喜欢班里的哪些同学,并让他们对班上的同性和异性同学进行不限数量的提名。计算方法是将每位同学得到的喜欢和不喜欢的提名数量除以全班总人数(也就是可能被提名次数的最大值)。这样,得分就被转换成了比例分数,也就能考量到不同班级规模大小的差异。同伴接受(喜欢)和拒绝(不喜欢)程度分数取值区间为0到1[29]。

在T1阶段,通过《我的成长记忆"问卷》(Egna Minnen Beträffande Uppfostran [My Memories of Upbringing] for Children , EMBU-C)测量被试感知到的养育方式。我们使用了该量表的简化版本[30],其心理测量学指标良好[30,31]。EMBU-C包含情感温暖、拒绝和过度保护3个分量表。(儿童感知到的)情感温暖主要表现为(父母)给予特殊关注、恰当的行为得到赞扬、无条件的爱以及给予支持和情感表达(问题为"你的父母有明显地表现出他们爱你吗?")。拒绝维度的描述以敌对、惩罚、贬低和责怪儿童为特征("有时,即使你没有做错什么事情,你的父母也会惩罚你吗?")。过度保护被描述为对儿童的安全的过度恐惧和焦虑、对孩子有负疚感以及对孩子的行为进行过分干预("你是否觉得你的父母非常担心你可能会出事?")。关于父母,由于被试做出的评分相关度很高,我们把它们整合成一个分数[32]。

12.2.4 数据分析

在考察心理卫生保健的有效性研究中,RCTs是一个黄金标准。随机化可以使各组在干预前的差异降至最小,因此,任何干预后的差异都可以被认为是由不同的治疗条件引起的。然而,随机化并不是总能够实现,有时候也不是必需的[33,34],RCTs经常在那些经过高度挑选后的患者样本中进行,而这样做会限制研究的外部效度[35]。因此,观察研究可以提供大量关于治疗效果的有效补充信息。因为,观察研究往往忽视(未测量)控制组和对照组在干预前的组间差异,其中会带来结果混淆的现象,因此需要采用特殊的统计方法才能得到关于干预效果的可靠结论[36]。研究中,我们采用了下文描述的3种统计方法处理实验组(接受过心理健康治疗)与控制组(未接受过心理健康治疗)在情绪和行为问题方面自然形成的差异。

12.2.4.1 校正可能存在的混淆变量

首先,我们将心理健康服务的使用情况作为主要预测变量,几年后的情绪和行为问题作为结果变量,并控制了大量混淆变量来进行多元线性回归分析。混淆变量通常与预测变量和结果变量均相关。在我们的分析中,最重要的混淆变量是治疗前个体的情绪和行为问题的严重程度。另外,我们还选择了其他几个变量作为易感性指标(即假设这些变量会同时增加治疗的可能性和心理健康问题),也选择了几个变量作为保护性指标(即可能会保护青少年使其避免产生心理健康问题)。易感性指标包括:不受人欢迎的气质特征(在意志控制和社会关系上得分较低,在恐惧和攻击性上得分较高[16]),学前行为困难(攻击性得分较高,社会行为得分较低[19]),低智商[22],较低的社会经济地位[37],受到父母的拒绝或者过度保护[32],在T1阶段前接受过心理健康服务,父母的情绪和行为障碍[17],社会技能缺乏[27],遭遇同伴排斥[29]。我们选择的保护性指标包括:宜人的气质特征(在意志控制和友好关系上得分较高,在恐惧和攻击性上得分较低[16]),较高的自尊,父母的温暖[38],以及同伴接纳[32]。一个最终的、公认的混淆变量是个体遭遇的压力生活事件[39]。进行单因素分析,所有假定的混淆变量对心理健康问题和心理健康服务使用情况的影响,若达到统计显著($p<0.05$),则将该变量纳入多元线性回归分析。在多元线性回归分析中,采用逐步回归法(stepwise)来预测追踪测试时的心理健康问题得分。首先,我们只纳入了个体接受心理健康服务的情况(感兴趣的预测变量)以及情绪和行为问题严重程度的基线水平。其次,加入那些被证明与心理健康问题和接受心理健康服务情况存在相关的易感性指标或保护性指标(见上文)。最后,纳入个体的压力生活事件。

12.2.4.2 倾向得分匹配

第二种控制混淆变量的方法是倾向得分匹配(propensity score matching)[36,40,41]。这种方法曾被应用于医学[42,43]、社会科学[44]和心理健康服务研究[45]等诸多领域。此方法中,治疗组和控制组在一种被称作倾向得分——会接受治疗的可能性大小——的指标上进行匹配，已知个体在干预前的一系列观察特征[41]。尽管不能考虑到实验组和控制组之间那些观测不到的差异，但是使用倾向得分匹配也足以使其与随机对照研究相比拟。我们采用回归法计算出被试的倾向性分数，在回归分析中，用一系列预先选出的、已知会影响求助行为和接受心理健康服务行为的变量来预测个体是否接受了心理治疗[2]。每个被试的倾向性得分代表其接受治疗的可能性，这一得分范围从0（可能性最低）到1（可能性最高）。要注意的是，该倾向得分只反映了一种可能性（即个体具有的与接受治疗相关的特征），并非代表其真的接受了心理健康服务。理论上，即使某个体的倾向得分为0.99，他依然可能并没有接受治疗。

本研究中用以预测倾向得分的变量见附录1①。在得到被试的倾向分数后，我们将接受和未接受治疗的青少年在可比拟的（相同或相近的）倾向得分上进行了匹配。由于我们只能选用那些能够与治疗组相匹配的控制组（未接受治疗的青少年）被试，这将缩小可用数据的范围。在188名接受MHS服务的青少年中，总计有11%（*N*=21）无法在倾向分数上与控制组进行匹配。剔除这些被试，剩余接受和未接受MHS服务的青少年各167名。假设两组被试在倾向得分上匹配，所有的协变量在两组间都均等分布，表明除了干预条件外两组在其他各个方面均平衡。因此，我们能够对两组被试的情绪和行为问题的变化发展进程进行比较。

在T1与T2阶段间未接受心理治疗的青少年为"控制组"。但其中有一些被试在之后的2~4年里（即T2到T3阶段）接受了心理治疗。同样的，有一些被试只在T1到T2阶段间接受过治疗，还有一些被试只在T2到T3阶段间接受了治疗。为了检验贯穿3次测评期的治疗效果，我们分别将接受治疗的青少年、相匹配的控制组分成2个子类别，共4个小组。第一组被试（*N*=146）在T2和T3阶段均未接受治疗，即他们在整个测评进程中都未接受心理健康服务；第二组被试（*N*=114）在T1到T2期间接受了治疗，但在T2到T3之间未接受治疗；第三组被试（*N*=21）为在T2之后才开始接受治疗的控制组；第四组（*N*=53）为在T2到T3之间继续接受治疗的被试。我们对这4组被试在整个测评期间的情绪和行为问题发展进程进行了比较。

①译者注：该附录未在本文中呈现。如需浏览更多信息，请检索本章第一页的引用文件。

12.2.4.3 灵敏度分析

第三种提高结论有效性的方法是灵敏度分析(sensitivity analyses),用以检验结果的稳健性。我们从以下4个方面对稳健性进行了检验。第一,同时使用了在情绪和行为问题上的父母报告与自我报告的数据,以减少资料提供者偏差。第二,对被试在T1至T2之间以及T2至T3之间接受心理健康服务的情况都进行多元线性回归分析(方法1)。第三,因为心理健康服务包含多种类型,因此分别对心理健康服务的住院治疗(24小时全天制)和门诊治疗两种治疗形式进行了多元线性回归分析。第四,为了明确由于被试的选择性退出可能带来的偏差,我们在使用流失数据的多重插补法之后再次分析了研究结果。通过对所有相关观测值的线性回归分析来估计缺失数据。因此,一共建立了五个新的数据集,用于上文所描述的分析。最后,利用Rubin法则[46]将所有数据集的估计值整合在一起。

12.3 结果

12.3.1 描述性统计

平均来讲,与未接受MHS服务的青少年相比,接受过MHS服务的青少年中男生比例更高,他们在CBCL和YSR上的问题得分更高,在内部化和外部化障碍上家族的负荷更高,IQ得分更低。在T1期间参与研究的被试中,CBCL得分在85%(常作为临床上的临界点)以上的被试,接受心理健康服务的比例为38%;而CBCL得分在25%以下的被试,该比例仅为3%。

12.3.2 方法1的结果

表1列出了在T2阶段以父母报告评分作为预测变量进行单因素回归分析的回归系数。对接受心理卫生服务情况进行预测的单因素回归分析结果显示:除了SEP为边缘显著外,其余所有假定预测变量都与因变量显著相关。以父母报告的情绪和行为问题得分为基线,过去接受心理健康服务情况为重要预测变量进行分析得出,变量间相关方向与表1

呈现的相关方向相同。宜人的气质、较完善的社会技能以及父母给予的关爱都使青少年在之后的成长中免受情绪和行为问题的困扰，同时也不需要进行心理健康治疗。

表1　以T2阶段的CBCL分数作为因变量进行的单因素回归分析（标准化的回归系数和标准误）

		β(*SE*)
T1阶段CBCL得分		0.68 (0.02)***
T1到T2时间点MHS得分		0.38 (0.02)***
性别(男性)		0.04 (0.02)
IQ		−0.14 (0.02)***
社会经济地位		−0.16 (0.02)***
行为障碍的家族易感性指数		0.16 (0.02)***
情绪障碍的家族易感性指数		0.23 (0.02)***
气质	意志控制	−0.43 (0.02)***
	友好关系	−0.09 (0.02)***
	恐惧	0.24 (0.02)***
	挫折	0.42 (0.02)***
	外向性	−0.07 (0.02)**
	羞怯	0.05 (0.02)**
	攻击性	0.41 (0.02)***
	抑郁情绪	0.42 (0.02)***
学前行为	焦虑	0.16 (0.02)***
	运动行为	−0.14 (0.02)***
	攻击性	0.25 (0.02)***
	社会行为	−0.13 (0.02)***
	注意力集中	−0.29 (0.02)***
MHS前测得分		0.33 (0.02)***
自尊	学业能力	−0.06 (0.03)**
	社会接受程度	−0.16 (0.03)***

续表

		β(*SE*)
	运动能力	−0.03 (0.02)
	外貌	0.07 (0.03)*
	行为表现	−0.13 (0.03)***
	总体自我价值感	−0.20 (0.03)**
社会技能	合作(教师评价)	−0.07 (0.03)*
	果敢(教师评价)	−0.02 (0.03)
	自我控制(教师评价)	−0.07 (0.04)
	合作(父母评价)	−0.11 (0.03)***
	责任心(父母评价)	0.15 (0.03)***
	果敢(父母评价)	−0.18 (0.03)***
	自我控制(父母评价)	−0.34 (0.03)***
同伴接受		−0.15 (0.02)***
同伴拒绝		0.16 (0.03)***
父母给予的情感温暖		−0.13 (0.03)***
父母过度保护		0.13 (0.02)***
父母拒绝		0.21 (0.02)***
过去两年负性生活事件		0.22 (0.02)***

注:CBCL,《儿童行为核查表》(Child Behaviour Checklist);MHS,心理健康服务(Mental Health Service);IQ,智商(intelligence quotient);EXT,外部化障碍(externalizing disorder);INT,内部化障碍(internalizing disorder)。

*p<0.05,**p<0.01,***p<0.001。

表2呈现的是以被试接受心理健康服务的情况作为预测变量,青少年后来的心理和行为问题为结果变量,在控制了许多混淆变量(T1阶段心理障碍的严重程度、青少年的易感性指标和保护性指标以及不同测量阶段之间的负性生活事件等)后进行的多元线性回归分析的结果。

在控制了T1阶段青少年问题症状的严重程度后,接受过心理健康服务可以预测T2阶段总体心理和行为问题的增加(由父母报告的)。并且,心理健康服务的使用与T2阶段的青少年问题之间的相关未受到上文提及的任何风险因素或保护因素的影响(见表2)。

表2　控制了症状严重程度的基线水平后，以T1和T2阶段的MHS使用情况预测在T2阶段的CBCL分数（模型1）；控制了症状严重程度的基线水平和青少年的易感性指标与保护性指标后的结果（模型2）；控制了严重程度的基线水平，青少年的易感性指标和保护性指标以及压力生活事件的结果（模型3）

		模型1	模型2	模型3
		β(*SE*)	β(*SE*)	β(*SE*)
T1到T2阶段MHS得分		0.21 (0.02)***	0.21 (0.03)***	0.20 (0.03)***
T1阶段CBCL总分		0.62 (0.02)***	0.48 (0.04)***	0.48 (0.04)***
性别(男性)			−0.03 (0.03)	−0.01 (0.03)
IQ			−0.03 (0.03)	−0.02 (0.03)
社会经济地位			−0.05 (0.03)	−0.04 (0.03)
行为障碍的家族易感性指数			0.02 (0.03)	0.01 (0.03)
情绪障碍的家族易感性指数			0.10 (0.03)***	0.11 (0.03)***
气质	意志控制		−0.06 (0.04)	−0.06 (0.04)
	友好关系		−0.01 (0.03)	−0.01 (0.04)
	恐惧		−0.02 (0.03)	−0.00 (0.03)
	挫折		−0.03 (0.04)	−0.03 (0.04)
	外向性		−0.00 (0.03)	−0.01 (0.03)
	羞怯		−0.01 (0.04)	−0.01 (0.04)
	攻击性		0.09 (0.04)*	0.07 (0.04)
	抑郁情绪		0.00 (0.04)	−0.00 (0.04)
学前行为	焦虑		−0.05 (0.04)	−0.06 (0.04)
	运动行为		−0.06 (0.03)	−0.07 (0.03)*
	攻击性		0.06 (0.04)	0.07 (0.04)
	社会行为		0.03 (0.03)	0.02 (0.03)

续表

		模型1	模型2	模型3
		β(*SE*)	β(*SE*)	β(*SE*)
	注意力集中		0.03 (0.04)	0.04 (0.04)
MHS前测得分			0.01 (0.03)	−0.00 (0.03)
自尊	学业能力		−0.00 (0.04)	−0.01 (0.04)
	社会接受程度		−0.05 (0.04)	−0.04 (0.04)
	运动能力		−0.04 (0.03)	−0.04 (0.03)
	外貌		−0.03 (0.04)	−0.01 (0.04)
	行为表现		−0.04 (0.03)	−0.05 (0.03)
	总体自我价值感		0.05 (0.05)	0.04 (0.05)
社会技能	合作(教师评价)		0.03 (0.04)	0.06 (0.04)
	果敢(教师评价)		−0.01 (0.04)	−0.01 (0.04)
	自我控制(教师评价)		0.02 (0.04)	−0.00 (0.05)
	合作(父母评价)		−0.03 (0.04)	−0.04 (0.04)
	责任心(父母评价)		0.05 (0.04)	0.05 (0.04)
	果敢(父母评价)		−0.01 (0.04)	−0.01 (0.04)
	自我控制(父母评价)		−0.01 (0.04)	−0.03 (0.04)
同伴接受			0.00 (0.03)	−0.01 (0.03)
同伴拒绝			0.01 (0.03)	−0.00 (0.03)
父母给予的情感温暖			−0.00 (0.03)	−0.01 (0.03)
父母过度保护			0.01 (0.03)	−0.00 (0.03)
父母拒绝			0.05 (0.04)	0.04 (0.04)
过去两年压力生活事件				0.14 (0.03)

注:标准回归系数(β)和标准误(*SE*)。

CBCL,《儿童行为核查表》(Child Behaviour Checklist);MHS,心理健康服务(Mental Health Service);IQ,智商(intelligence quotient)。调整的R^2模型 1:0.51;模型 2:0.52;模型 3:0.52。*p<0.05,**p<0.01,***p<0.001 。

12.3.3 方法2的结果

图1展示了接受和未接受MHS服务的被试从T1到T2阶段的CBCL平均分的差异(包括校正和未校正倾向性分数)。从图1A我们可以看到,接受了心理健康服务的被试的初始问题分数较高,且该分数在T2阶段只有略微下降,而未接受心理健康服务的被试的问题分数较低,且在T2阶段的下降幅度更大。图1B展示了倾向得分匹配的结果,接受与未接受心理健康服务的被试的原始CBCL分数几乎一样(没有显著差异),但是未接受过心理健康服务的被试分数在T2阶段显著下降,而接受心理健康服务的被试的分数依然很高。

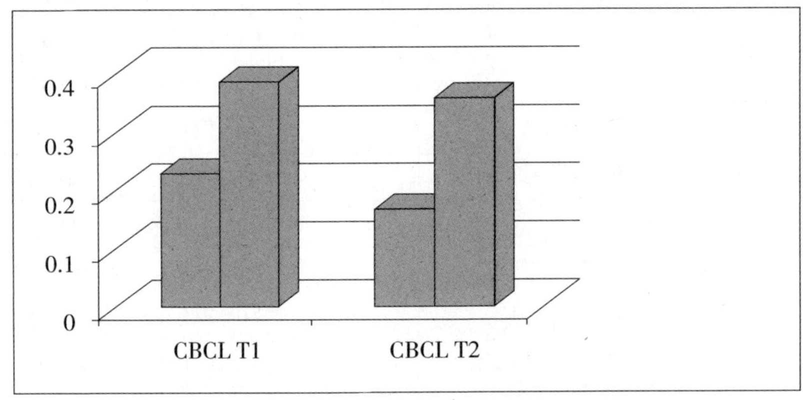

图1A

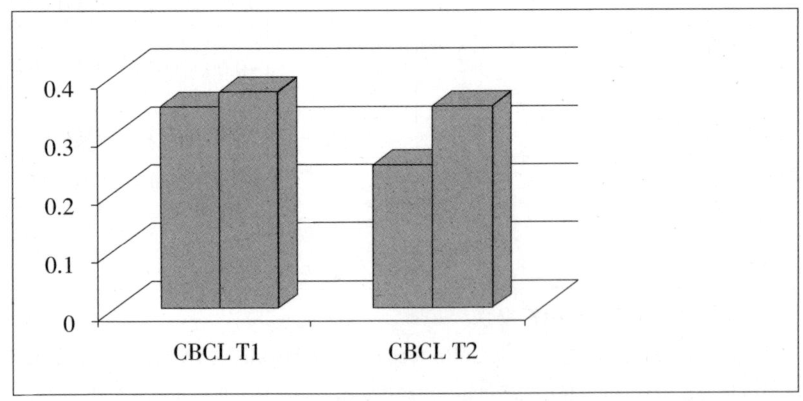

图1B

注:图1A和图1B分别为使用和未使用心理健康服务的TRAILS被试的原始平均CBCL分数以及控制倾向性后的平均CBCL分数。图1A中呈现了使用以及未使用心理健康服务的被试在基线(T1)和随后(T2)阶段的CBCL总分的平均值。图1B列出了倾向得分匹配的使用和未使用MHS服务的被试在两个阶段的CBCL总分的平均值。未接受心理健康服务的被试,在基线时与实际接受治疗的被试具有相同的接受治疗的倾向(即可能性)。

图1A:右侧条形代表接受心理健康治疗的TRAILS被试(N=188),左侧的条形代表未接受治疗的被试(N=1 692)。图1B:右侧条形代表接受心理健康治疗的TRAILS被试(N=167),左侧的条形代表倾向得分与之匹配的未接受治疗的TRAILS被试(N=167)。

CBCL:《儿童行为核查表》的总分数。MHS:心理健康服务。

图2显示的是根据后期测试期间被试接受治疗与否,将匹配好的、使用过/未使用过MHS的被试分成4组之后的情绪与行为问题分数。相对于从未接受过心理健康服务和只在T1和T2阶段接受治疗的被试而言,在后期阶段接受心理健康服务以及从一开始就接受治疗并且持续参与治疗的被试,他们的初始(T1阶段)CBCL分数更高。此外,从未接受过心理健康服务但其倾向分数与接受服务者匹配的被试在情绪和行为问题上的严重程度随着时间的推移大幅度降低(T1到T3阶段的平均下降程度为0.11,t=6.327,df=87,p<0.001)。只在T1到T2阶段接受过心理健康服务的被试,虽然在开始具有偏高的问题分数,但随着时间推移也有所下降(从T1到T3阶段平均下降了0.09,t=4.6,df=66,p<0.001)。只在T2到T3期间接受心理健康服务的青少年的问题分数在接受治疗时显著下降(平均下降了0.19,t=4.54,df =20,p<0.001),之后则开始增长(尽管这种增长没有达到统计显著)。持续进行治疗——在T1到T2与T2到T3阶段都接受治疗——的青少年3次测量的问题分数均较高,未出现显著的上升或者下降。

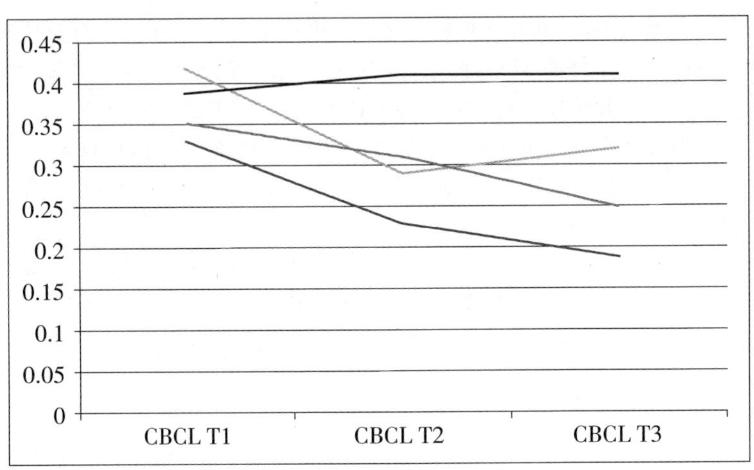

图 2　三段测试期间的被试接受心理健康服务的情况与 CBCL 分数

注:本图列出了倾向得分相互匹配的接受与未接受心理健康服务的被试,在各个时期的 CBCL 总分的平均值。

12.3.4 方法 3 的结果

以青少年自我报告的问题分数作为结果变量,重复前面的方法再次进行多元回归分析,得出了类似的结果。同样的,对 T2 到 T3 阶段的数据进行分析,所得的结果也没有变化,无论是以父母报告的问题分数还是自我报告的问题分数作为结果变量。当我们仅用临床心理健康服务(以及协变量)来预测父母报告的情绪和行为问题得分时,效应量变小且不再显著($\beta=0.03$, $SE=0.13$, n.s.)。当仅用门诊心理健康服务做预测变量时,效应量增加且仍然达统计显著水平($\beta=0.26$, $SE=0.12$, $p=0.027$)。关于在 T2 到 T3 阶段接受的心理健康服务,住院治疗($\beta=0.13$)和门诊治疗($\beta=0.03$)两种信息的效应量都降低了,均未达统计显著水平。对于在 T1 到 T2 阶段接受的心理治疗,以他们的自我报告问题得分作为结果变量进行多元回归分析,临床和门诊的数据得到相似的结果。在 T2 到 T3 阶段,住院的心理治疗对自我报告的问题分数影响不显著($\beta=-0.09$, $SE=0.14$, n.s.),而对门诊被试,心理治疗的效应量增加了($\beta=0.36$, $SE=0.14$, $p=0.013$)。

在倾向性匹配法中,以自我报告的情绪和行为问题分数作为结果变量时,对持续使用MHS服务的被试得出了略微不同的结果。他们的问题分数在T2阶段先是上升,到T3阶段又开始下降,且此时该分数略低于T1阶段。这种效应在同组被试的父母报告的问题分数上并没有出现。其他组被试的问题分数的变化均与以父母报告分数作为结果变量时所得的结果类似。使用多重插补法补充之后的数据库所得的结果,与当前结果一致,如有需要我们可以提供更详细的分析细节。

12.4 讨论

12.4.1 主要发现

在本次大规模调查研究中,或许正如之前预期的那样,曾经接受过MHS的青少年在情绪和行为方面的问题要多于那些未接受过MHS的青少年。接受MHS也能预测青少年日后较高的心理问题分数。此外,不论是自我报告还是父母报告,这种关系均不受到任何易感性指标、保护性指标以及青少年的初始问题严重程度的影响。当考虑到心理健康服务类型(住院或门诊)这一因素,结果似乎显示:这种效应在接受门诊治疗的青少年中更显著。然而,不论是住院还是门诊,都没有证据表明接受了治疗的青少年在随后的问题分数上要比未接受治疗的青少年增加更多。倾向分数匹配法让我们能够将接受治疗的青少年和在初始阶段接受治疗的可能性与其相匹配的未接受治疗的青少年进行心理健康问题发展过程方面的比较。结果显示,接受和未接受短期治疗的青少年在之后的问题分数上都有所下降,但未接受治疗的青少年分数下降得更快。在整个过程中,持续接受心理健康治疗的青少年其问题分数始终没有下降。

12.4.2 研究的优势与不足

在自然条件下对干预效果的研究会因随机化不充分的问题而受到限制。倾向得分匹配法,可以在考量一系列已知的会影响求助行为因素的基础上[2,5],将接受治疗可能性相同的个体进行匹配,由此弥补了研究随机化不足的缺陷。将被试的倾向性得分进行匹配使我们可以把在前期有相同接受心理治疗可能性的、接受和未接受MHS的青少年进行情绪和行为问题发展过程的对照比较。与只筛选了某些符合条件的随机对照实验相反,我们的实验被试来自普通人群,他们的情况反映了所有自然发生的共病类型,这提高了实验结果的外部效度。如果在某些研究中,随机化难以实现或不必要——比如想要比较接受治疗和未接受治疗的个体心理问题变化的过程——此时,使用倾向得分匹配法被证实是一种非常有效的方法。该方法使得我们可以等量地平衡接受与未受治疗者之间的所有测量协变量。在TRAILS研究中,大规模的数据采集使得控制大范围的潜在混淆因素成为可能——青少年心理健康障碍的易感性和保护性指标就是其中的混淆因素。多阶段测量使我们能对干预效果进行时间跨度超过6年的对照比较,且这些干预可以有不同的起止时间。TRAILS研究采用的数据报告是多源的,使我们能同时分析来自父母报告和儿童自我报告的信息。

本研究所呈现的结果及其解释也存在不少局限或限制。首先,尽管我们在多元回归分析中对大范围的混淆变量进行了校正,同时使用与之相应的大范围的变量来计算倾向分数,所得结果仍然可能受到未观测到的或者难以观测的变量的影响。在接受与未接受治疗的青少年之间可能存在未测量到的差异,例如,询问门诊挂号科决定是否将青少年转介给专科治疗、专家提供的心理健康治疗的程度差别、过去喜欢(或不喜欢的)接受心理健康服务的经验以及社会支持等。的确,我们对社会经济地位、父母受教育程度和家族遗传心理健康障碍等因素进行了校正,调整了由这些因素可能引起的部分偏差,但我们无法消除所有可能的偏差。其次,在研究中得到的关于接受心理健康服务的信息是有限的:我们只知道青少年接受了哪种心理健康服务,但无法知道治疗的持续时间或程度。与普通疾病的治疗相似,研究中被试也接受了各种形式的心理健康专业服务。我们有必要强调,虽然对研究目的来说,这种不同质会给结论推断带来限制,但总体上心理健康服务的(有益)效果似乎并不理想。

12.4.3 对研究结果的解释

虽然我们使用了复杂的方法以控制各种混淆因素，但我们不可能完全排除那些影响被试是否选择接受治疗以及治疗效果的混淆变量。尽管如此，对结果的其他可能解释仍然值得我们进行探索。例如，Weisz等人[8] 所说的“‘普通的治疗’并没有效果”可能是正确的。治疗的无效性可能是因为，与RCTs研究中的控制条件相比，日常环境是复杂又多变的；可能没有实施具有实证性质的治疗或者将之运用到了错误的团体身上；又或者，由于工作人员缺少培训或培训的程度不足，使得实证性质的治疗在日常生活中并不可行[47]。

另一种可能的解释是，相比于那些没有接受心理健康治疗的青少年，接受了心理健康治疗的青少年的父母会更关注或更困扰于自己孩子的行为问题。这些担忧导致他们的孩子接受治疗的可能性上升，同时他们对自己孩子行为问题分数的评估也更高。在MHS使用与父母报告的问题分数的模型中的总体变异解释量（R^2=0.52）要高于在青少年自我报告的问题分数模型中的相应值（R^2=0.46），这支持了上述假设。另一方面，自我报告得出的问题分数仍然与心理健康服务使用呈正相关，所以单一信息偏差并不足以完全解释心理健康服务使用情况与心理健康问题之间的关系。

对于研究结果的最终解释可能来自治疗过程中未观测到的变异量。Angold等人[48]指出：MHS使用的效果存在剂量效应。在对被试心理问题的严重程度进行矫正之后，他们发现病人的精神障碍症状在9个疗程之后才开始减轻。我们的样本中可能包含了需要长期接受心理健康服务却过早地结束了治疗的青少年。例如，在Laratatou等人的研究中，有将近60%的儿童和青少年不配合治疗，其中有一半的人在第一次诊疗之后就离开了[49]。一方面，过早结束治疗可能会使心理问题分数升高；另一方面，症状轻微的青少年如果治疗持续时间过长也可能会加重心理问题，因为接受心理健康治疗可能会导致（自我的）歧视[50]。心理健康服务可能会帮助青少年解决情绪和行为问题，但同时也会让他们觉得自己可怜又虚弱，没有能力解决自己的问题。不幸的是，在本研究中，我们没有收集到有关治疗期间的详细信息，未来的研究应该考察这些因素是否会加重而非减轻青少年的情绪和行为问题。

12.5 结论

尽管不能排除其余的混淆因素，我们的研究仍致力于对日常生活中的心理干预效果进行批判性分析。它是不是基于实证研究基础的心理治疗？如果不是，那么障碍是什么？如果是，它们在现实生活中是否有效？心理健康服务可能对某些青少年有副作用，如果有的话，是对哪些青少年有副作用呢？然而，在考虑这些问题之前，我们有必要进行重复性的研究以考察是否由于某些人为因素导致了本研究结果。

参考文献

1.Dahl RE, Gunnar MR（2009）Heightened stress responsiveness and emotional reactivity during pubertal maturation: Implications for psychopathology. Dev Psychopathol 21(1):1–6.

2.Andersen R, Newman JF（1973）Societal and individual determinants of medical care utilization in the united states. Milbank Mem Fund Q Health Soc 51(1):95–124.

3.Sayal K（2006）Annotation: Pathways to care for children with mental health problems. J Child Psychol Psychiatry 47(7):649–659.

4.Verhulst FC, Van der EJ（1992）Agreement between parents' reports and adolescents' self-reports of problem behavior. J Child Psychol Psychiatry 33(6):1011–1023.

5.Zwaanswijk M, Verhaak PF, Bensing JM, Van der EJ, Verhulst FC（2003）Help seeking for emotional and behavioural problems in children and adolescents: A review of recent literature. Eur Child Adolesc Psychiatry 12(4):153–161.

6.Garralda EM（2009）Accountability of specialist child and adolescent mental health services. Br J Psychiatry 194(5):389–391.

7.National Institute for Health and Clinical Excellence（NICE）（2005）NICE clinical guideline: Depression in children and young people: Identification and management in primary, community and secondary care.

8.Weisz JR, Jensen-Doss A, Hawley KM（2006）Evidence-based youth psychotherapies versus usual clinical care: A meta-analysis of direct comparisons. Am Psychol 61(7):671-689.

9.Weersing VR, Weisz JR（2002）Community clinic treatment of depressed youth: Benchmarking usual care against CBT clinical trials. J Consult Clin Psychol 70(2):299-310.

10.Zwaanswijk M, Verhaak PF, Van der EJ, Bensing JM, Verhulst FC（2006）Change in children's emotional and behavioural problems over a one-year period: Associations with parental problem recognition and service use. Eur Child Adolesc Psychiatry 15(3):127-131.

11.Huisman M, Oldehinkel AJ, de Winter A, Minderaa RB, de Bildt A, et al.（2008）Cohort profile: The dutch 'TRacking adolescents' individual lives' survey'; TRAILS.Int J Epidemiol 37(6):1227-1235.

12.de Winter AF, Oldehinkel AJ, Veenstra R, Brunnekreef JA, Verhulst FC, et al.（2005）Evaluation of non-response bias in mental health determinants and outcomes in a large sample of pre-adolescents. Eur J Epidemiol 20(2):173-181.

13.Achenbach TM（1991）Manual for the child behavior checklist/4-18 and 1991 profile. Burlington, VT: University of Vermont, Vermont.

14.Achenbach TM（1991）Manual of the youth self-report and 1991 profile. Burlington,VT: University of Vermont, Vermont.

15.Putnam SP, Ellis LK, Rothbart MK（2001）The structure of temperament from infancy through adolescence. In: Eliasz A., Angleiter A, editors. Advances/proceedings in research on temperament. Germany: Pabst Scientist Publisher. pp. 165-182.

16.Oldehinkel AJ, Hartman CA, de Winter AF, Veenstra R, Ormel J（2004）Temperament profiles associated with internalizing and externalizing problems in preadolescence. Dev Psychopathol 16(2):421–440.

17.Ormel J, Oldehinkel AJ, Ferdinand RF, Hartman CA, de Winter AF, et al. (2005) Internalizing and externalizing problems in adolescence: General and dimension-specific effects of familial loadings and preadolescent temperament traits. Psychol Med 35(12):1825–1835.

18.Oldehinkel AJ, Hartman CA, Ferdinand RF, Verhulst FC, Ormel J (2007) Effortful control as modifier of the association between negative emotionality and adolescents' mental health problems. Dev Psychopathol 19(2):523–539.

19.Emond A, Ormel J, Veenstra R, Oldehinkel AJ (2007) Preschool behavioral and social-cognitive problems as predictors of (pre)adolescent disruptive behavior. Child Psychiatry Hum Dev 38(3):221–236.

20.Spijker J, Graaf R, Bijl RV, Beekman AT, Ormel J, et al. (2004) Functional disability and depression in the general population. results from the netherlands mental health survey and incidence study (NEMESIS). Acta Psychiatr Scand 110(3):208–214.

21.Ganzeboom HBG, Treiman DJ (1996) Internationally comparable measures of occupational status for the 1988 international standard classification of occupations.Soc Sci Res 25: 201–239.

22.Brunnekreef AJ, de Sonneville LM, Althaus M, Minderaa RB, Oldehinkel AJ, et al. (2007) Information processing profiles of internalizing and externalizing behavior problems: Evidence from a population-based sample of preadolescents. J Child Psychol Psychiatry 48(2):185–193.

23.Caspi A, Moffitt TE, Thornton A, Freedman D, Amell JW, et al. (1996) The life history calendar: A research and clinical assessment method for collecting retrospective event-history data. International Journal of Methods in Psychiatric Research 6: 101–114.

24.Harter S (1982) The perceived competence scale for children. Child Development 53(1):87–97.

25.Muris P, Meesters C, Fijen P (2003) The self-perception profile for children: Further evidence for its factor structure, reliability, and validity. Personality and Individual Differences 35: 1791–1802.

26.Gresham FM, Elliott SN（1990）Social skills rating system. Circle Pines, MN: American Guidance Service.

27.Bakker MB, Ormel J, Lindenberg S, Verhulst FC, Oldehinkel AJ（2011）Generation of interpersonal stressful events: The role of poor social skills and early physical maturation in young adolescents. the TRAILS study. Journal of Early Adolescence 31(5):633–655.

28.Kupersmidt JB, Coie JD（1990）Preadolescent peer status, aggression, and school adjustment as predictors of externalizing problems in adolescence. Child Dev 61(5):1350–1362.

29.Oldehinkel AJ, Rosmalen JG, Veenstra R, Dijkstra JK, Ormel J（2007）Being admired or being liked: Classroom social status and depressive problems in early adolescent girls and boys. J Abnorm Child Psychol 35(3):417–427.

30.Markus M, Lindhout I, Boer F, Hoogendijk T, Arrindell W（2003）Factors of perceived parental rearing styles: The EMBU-C examined in a sample of dutch primary school children. Pers Individ Differ 34(3):503–519.

31.Muris P, Meesters C, van Brakel A（2003）Assessment of anxious rearing behaviors with a modified version of “egna minnen betraffande uppfostran” questionnaire for children. J Psychopathol Behav Assess 25(4):229–237.

32.Sentse M, Lindenberg S, Omvlee A, Ormel J, Veenstra R（2010）Rejection and acceptance across contexts: Parents and peers as risks and buffers for early adolescent psychopathology. the TRAILS study. J Abnorm Child Psychol 38(1):119–130.

33.Black N（1996）Why we need observational studies to evaluate the effectiveness of health care. Br Med J 312(7040):1215–1218.

34.de Maat S, Dekker J, Schroevers R, de Jonge F（2007）The effectiveness of longterm psychotherapy: Methodological research issues. Psychotherapy Research 17(1):59–65.

35.Brewin CR, Bradley C (1989) Patient preferences and randomised clinical trials. Br Med J 298(6694):313–315.

36.Rubin DB (1997) Estimating causal effects from large data sets using propensity scores. Ann Intern Med 127(8):757–763.

37.Amone-P'Olak K, Ormel J, Oldehinkel AJ, Reijneveld SA, Verhulst FC, et al. (2010) Socioeconomic position predicts specialty mental health service use independent of clinical severity: The TRAILS study. J Am Acad Child Adolesc Psychiatry 49(7):647–655.

38.Sentse M, Veenstra R, Lindenberg S, Verhulst FC, Ormel J (2009) Buffers and risks in temperament and family for early adolescent psychopathology: Generic, conditional, or domain-specific effects? the trails study. Dev Psychol 45(2):419–430.

39.Bouma EM, Ormel J, Verhulst FC, Oldehinkel AJ (2008) Stressful life events and depressive problems in early adolescent boys and girls: The influence of parental depression, temperament and family environment. J Affect Disord 105(0165-0327;1–3):185–193.

40.D'Agostino RB Jr (1998) Propensity score methods for bias reduction in the comparison of a treatment to a non-randomized control group. Stat Med 17(19):2265–2281.

41.Bartak A, Spreeuwenberg MD, Andrea H, Busschbach JJ, Croon MA, et al. (2009) The use of propensity score methods in psychotherapy research. A practical application. Psychother Psychosom 78(1):26–34.

42.Goodin DS, Jones J, Li D, Traboulsee A, Reder AT, et al. (2011) Establishing longterm efficacy in chronic disease: Use of recursive partitioning and propensity score adjustment to estimate outcome in MS. PLoS ONE 6(11).

43.Moroi M, Yamashina A, Tsukamoto K, Nishimura T (2012) Coronary revascularization does not decrease cardiac events in patients with stable ischemic heart disease but might do in those who showed moderate to severe ischemia. Int J Cardiol 158(2):246–252.

44.Eisner M, Nagin D, Ribeaud D, Malti T (2012) Effects of a universal parenting program for highly adherent parents: A propensity score matching approach. Prevention Science 13(3):252–266.

45.Bartak A, Andrea H, Spreeuwenberg MD, Thunnissen M, Ziegler UM, et al. (2011) Patients with cluster a personality disorders in psychotherapy: An effectiveness study. Psychother Psychosom 80(2):88–99.

46.Rubin DB (2004) Multiple imputation for nonresponse in surveys. New York: John Wiley and Sons.

47.McHugh RK, Barlow DH (2010) The dissemination and implementation of evidence-based psychological treatments. A review of current efforts. Am Psychol 65(2):73–84.

48.Angold A, Costello E, Burns B, Erkanli A, Farmer E (2000) Effectiveness of nonresidential specialty mental health services for children and adolescents in the "real world". J Am Acad Child Adolesc Psychiatry 39 (2):154–160.

49.Lazaratou H, Vlassopoulos M, Dellatolas G (2000) Factors affecting compliance with treatment in an outpatient child psychiatric practice: A retrospective study in a community mental health centre in athens. Psychother Psychosom 69(1):42–49.

50.Pescosolido BA, Perry BL, Martin JK, McLeod JD, Jensen PS (2007) Stigmatizing attitudes and beliefs about treatment and psychiatric medications for children with mental illness. Psychiatr Serv 58 (5):613–618.

第十三章　运用辩证行为疗法治疗有自残、自杀行为女性的情绪失调及创伤性症状：一项基于社区的儿童/青少年心理健康服务实验项目

Keren Geddes, Suzanne Dziurawiec, and Christopher William Lee

13.1 引言

在社区心理健康诊所接受治疗的青少年中，有很大一部分会由于严重的情绪调节问题而出现非自杀性的自残行为，例如割划或灼伤自己的身体[1~4]。这些青少年一般都报告自己会使用自残的方法来克服情感麻木状态[3]，并且很多人持续存在自杀意念，甚至有些还有过一次或多次自杀尝试[3,5,6]。考虑到这些青少年表现出的困难的本质，很多人会认为这些青少年具有一种“成形中的边缘性人格结构”[7~10]。

这些痛苦的青少年以及他们成长的家庭系统都很难改变[11]，因此，他们中的很多人会从儿童和青少年心理健康治疗机构“毕业”，成为成年人心理健康治疗服务机构中的长期患者。由于他们表现出高水平的机能障碍、极端的管理问题和抗拒治疗等特点，必须入院治疗[3,12]。在澳大

Dialectical Behaviour Therapy for the Treatment of Emotion Dysregulation and Trauma Symptoms in Self-Injurious and Suicidal Adolescent Females: A Pilot Programme within a Community-Based Child and Adolescent Mental Health Service. Geddes K, Dziurawiec S, and Lee CW. Psychiatry Journal,*2013 (2013), http://dx.doi.org/10.1155/2013/145219.*

利亚，乃至全世界范围内各种公共及私人的、由政府资助的医疗服务系统都面临着严峻挑战[13]。

有很多成熟的研究都把非自杀的自残（non-suicidal self-injury, NSSI）和自杀行为、情绪障碍和童年时期的创伤经历关联起来[3,14~16]，如身体虐待和性虐待[17]。事实上，有研究者认为，这些行为是作为创伤后适应的一种补偿策略，它的作用是帮助个体实现内省和人际调节[17]。因此人们认为，情绪障碍和童年创伤经历与影响NSSI和自杀行为发展过程的各个方面息息相关。使用认知行为疗法（CBT）对存在情绪失调的15~35岁的被试进行的随机对照实验所得到的结果，支持了情绪失调是自残行为的重要中介变量这一假说[18]。该实验结果表明，情绪调节困难——尤其在冲动控制和目标导向行为方面——对自残行为起到部分中介作用；与此相反，抑郁、焦虑和自杀意念并没有起到中介作用。因此，相比其他有关心理健康障碍，有关减少自残行为的干预应该将目标瞄准于情绪失调。

辩证行为疗法（DBT）是一种很有前景的改善个体情绪失调的干预措施，是由Marsha Linehan [14,19] 在治疗长期存在自杀行为的、患有边缘人格障碍（BPD）的女性时发展的一种疗法。Linehan的“生物社会理论”核心就是这种疗法，认为BPD主要是由情绪调节系统的功能障碍引起，与思想、情绪、行为、人际关系和自我印象的不稳定性有关。

DBT最初的流程[20]是高度结构化，实施时间需一年以上，共包含四个具体的治疗部分：每周一次的个别心理治疗、每周一次的团体技能本位训练、在各阶段间隔期进行的电话咨询以及每周一次的团体咨询监督会。DBT借鉴了行为疗法和禅宗的方法和策略，被视为第一次针对具有边缘人格障碍的成人的有效实证干预[21]。同时，DBT也是一种被广泛接受的、为各种群体干预情绪失调的有效方法[22,23]。

已有研究提示，具有边缘人格障碍的女性在接受DBT干预之后，情况有所改善。具体而言，研究人员发现DBT能够有效改善目标行为，比如自残和自杀行为，因而也降低了重症患者的入院率和治疗中途的退出率。对症状较轻的患者，DBT对个体的自杀意念、抑郁和无助感等方面有明显的改善作用[20,23,24]。

1997年，成人的DBT治疗程序(DBT-A)被调整使之用于13~19岁、表现出边缘性人格特质，且有过自杀行为的青少年[25]。为了确保治疗项目的完整实施，项目的持续时间从一年缩减为12周，每周一次的个别心理咨询依然保留，若个体的家庭问题比较严重，在心理治疗时会让家庭成员也在场。在进行团体技能训练时，也需要一名家庭成员来充当教练员的角色，这样做是为了提高治疗的总体效果并且改善家庭功能失调的状况。为了提高12周内的学习效果，教授的技能数量有所减少，并且简化了训练时使用的语言。此外，增加一个名为"走中间那条路"的新技能模块。完成整个治疗程序之后，青少年还需要参加随后的为期12周的患者咨询组(主要依靠同伴教学和强化)，使青少年互相帮助，强化他们在前3个月的治疗程序中所学到的技能。

到本次研究实施为止，只有三项研究针对有自杀和自残行为的青少年被试进行了DBT-A临床实验。第一次实验是针对14~19岁的青少年进行的非随机对照实验，实验对象绝大部分是女性，该实验将接受DBT治疗的青少年与接受常规治疗的青少年进行对照[26]。接受DBT-A治疗的被试是曾尝试自杀且最少具有三种边缘人格特征的青少年。接受常规治疗组的被试则仅有过自杀行为。两组青少年在自杀尝试频率上没有差异；不过，DBT-A组的青少年治疗中途退出率更低，而且住院的时间更短。在DBT-A组青少年身上，自杀意念、焦虑和抑郁等病征都表现出显著的下降。同时，自我报告所得的自我困惑、冲动性、情绪失调和人际问题等方面的边缘人格症状也表现出显著的下降[26]。

另一项非随机化对照实验的被试是来自三个不同的青少年康复中心的青春期女生[27]。这是一项为期四周的改版DBT治疗研究，一组被试在心理健康治疗机构接受DBT治疗，另一组被试在普通治疗机构接受DBT治疗，还有一组只接受常规治疗。对三组被试的问题行为和惩罚性反应指标进行比较，得到了较复杂的结果。值得注意的是，该研究没有使用特定的被试入选和排除标准，事实上两组使用DBT疗法的被试在问题行为方面有着明显的差异，在心理健康治疗机构接受治疗的被试表现出更严重的情绪和思维障碍。不出所料，在四周的DBT干预治疗之后，心理健康机构的被试的问题行为明显减少，然而，在一般机构接受DBT治疗的被试的问题行为并没有减少。

第三个实验的研究对象是14~17岁的青少年，在一家精神机构住院部接受[28] 为期两周的改版的DBT-A程序[25]治疗。将接受DBT-A治疗的被试与接受常规治疗的被试进行比较，结果表明两组被试在抑郁、自杀意念和无助感方面取得了类似的改善。然而，DBT-A组被试在病房中的行为事故明显减少。

基于以上研究的一项综述指出：由于选择偏差、混淆变量、治疗效果不易测量以及测量偏差等因素，这些研究的数据质量存在较多问题[29]。该综述总结得出：DBT-A在减轻青少年心理健康症状方面的有效性尚不能确定。该综述还给出了有关未来研究的具体建议：首先，治疗应该在门诊以及医院环境下进行，以降低环境因素作为混淆变量对治疗效果的影响；其次，应该使用更多适当的发展性测量方法，因为这些研究使用的针对成年人和/或儿童的测量方法很可能对青少年所表现的症状不够敏感。

除了以上三项研究外，还有一项研究使用被试内设计，考察了在门诊环境下，13~19岁的、具有自杀或非自杀性自残行为的女性青少年接受DBT治疗的效果[30]。该治疗项目包括每周一次的个人咨询、每周一次的多户家庭的技能小组以及电话帮助，持续时间为16~24周。研究结果使人振奋，在整个治疗进程以及之后一年的追踪中，接受治疗的青少年的非自杀性自残行为以及自杀行为均有所减少，在人际关系、认同障碍、冲动性和抑郁方面都有所改善。然而，因为缺少组成原始治疗模型中四个治疗项目之一的团体监督/团体咨询项目，该研究的治疗程序完整性受到一些诟病[25]。最近，有人指出因为没有对被试的治疗配合度进行评分，很难确定患者是否真正接受了DBT-A的治疗[21]。关于这个问题，值得一提的是迄今为止大多数研究[30]都没有涉及治疗配合度这个问题。

本研究的目的是在原有的青少年项目[25]的基础上发展和实验一种DBT-A项目，并评估它在社区门诊中对有非自杀性自残行为和自杀行为的青少年进行干预的可行性和有效性。基于已有文献，我们提出了两个具体问题：(1)DBT-A是否能够提高青少年的情绪调节能力？(2)假设情绪失调、边缘型人格障碍以及早期创伤经历之间存在联系，那么提高情绪调节能力是否能够减少(患者)与创伤有关的症状、自我伤害行为和自杀行为？在最开始时,我们就注意确保测量方法对该年龄段具有适用性。此外,所有的测量都是由评估者独立完成对结果的评估。

很重要的一点是:本研究中情绪失调的操作性定义为“害怕失去对个体情绪或者情绪反应行为的控制”[31,P241],采用修订版的《青少年情绪控制量表》(Modified Affective Control Scale for Adolescents, MACS-A)[32]测量定义涉及的情绪调节能力。在对原始的《成人情绪控制量表》(Affective Control Scale, ACS)[31]的修订中,由于注重个体对内心事件的关注以及处理强烈情绪方面的感知能力,修订者对原量表中“害怕”的概念进行了扩展,在个体害怕会失控的情绪中新增了一些比较强烈的情绪,比如抑郁、积极情绪、愤怒等。从Linehan[14]早期的研究可以知道,她认为害怕表达愤怒以及对愤怒失控,对具有自残行为的边缘人格障碍患者有重要的影响,她说:“在绝大部分个案中,压抑情绪表达的边缘型人格障碍个体对表达愤怒有明显的恐惧和焦虑;他们时常害怕自己会因为表达了哪怕一丁点儿愤怒而变得失控,有时候,他们害怕自己表达一点点愤怒后会招致别人的打击报复。”(P16)事实上,对成年人的研究表明,对自己情绪的恐惧与心理适应性不良有关,比如创伤后应激障碍、泛化的焦虑障碍以及边缘型人格障碍[33~35]。

本研究提出两个预测。第一,14~16岁有非自杀性自残行为和自杀行为的青少年在接受基于社区的儿童和青少年心理健康服务中心为期26周的DBT-A治疗后,在儿童创伤性症状检查表[36]上的创伤症状会下降,同时其自我伤害行为和自杀想法也会减少。第二,创伤症状、自我伤害和自杀想法的减少与青少年情绪调节能力的改善(在修订版青少年情绪控制量表上得分下降)有关。

13.2 方法

13.2.1 伦理学考虑

本研究通过了位于西澳大利亚城市珀斯的默多克大学(Murdoch University)的人类研究道德委员会以及南部大都会区健康服务机构(西

澳大利亚区)人类调查道德委员会的批准。所有青少年及其父母均为自愿参加本研究。

13.2.2 被试

六名14.6~15.7岁(平均年龄为15.1岁)的女性青少年参加了本次实验项目。其中三个被试正在儿童与青少年心理健康服务中心(Child and Adolescent Mental Health Service, CAMHS)接受治疗,其他三个被试最近也被转诊到该中心。所有被试都在一名家长的陪同下参加家庭技巧训练项目,因此最终的参与成员还包括四名母亲和两名父亲。这六对被试中,有四对完成了全部26周的项目治疗,另外两对在治疗结束前三周退出了。六对被试都完成了治疗后的(t2)测评,其中有五对完成了三个月的后续测评(t3)。

满足以下标准的青少年,适于参加本次DBT-A研究。

入选标准:

1.年龄在13至18岁。

2.达到平均的认知能力(临床医师评价或学校成绩)、有一定阅读水平(达到5年级),这两项均由《尼尔阅读能力分析》(Neale Analysis of Reading Ability)进行测量[37]。

3.在过去的12个月中,由于蓄意自我伤害和/或有自杀意念而被转诊到服务中心。

4.根据美国《精神疾病诊断与统计手册(第4版)》(DSM-IV)标准,被临床医生评估具有三种以上边缘人格障碍的特征。

排除标准:

1.此前被诊断患有精神障碍。

2.此前被诊断为有物质滥用。

3.存在智力障碍。

13.2.3 研究设计

本实验中为期26周的实验实施和测评过程如下。

1. 承诺并参与为期8周的DBT-A治疗：青少年及其家长、个体治疗师和团体治疗医师都签订治疗合同。(t1)参与之前对被试进行前测。

2. 为期18周的DBT-A治疗：(t2)治疗完成后进行后测。

3. 追踪：(t3)完成3个月后的追踪测量。

13.2.4 测量

13.2.4.1 招募测量

边缘人格特征的评估。先前的研究者[25]多采用结构性临床访谈法，即SCID-11问卷[38]来评估DBT-A对有过自杀行为的边缘人格障碍青少年的治疗效果。然而，SCID-11问卷针对的是年龄在18岁及以上的被试，当施用于青少年被试时，其结构效度和预测力度都受到质疑[7]。因此，考虑到本研究目的，我们参照DSM-IV(Diagnostic and Statistical Manual IV，1994)标准，使用临床访谈法对被试的边缘人格特征进行测评。

《尼尔阅读能力分析测量》[37]。对被试的阅读能力进行个别施测。尼尔分析是一种对阅读准确率(文章背景下的单词识别)和阅读理解能力(通过回答一系列与文章有关的问题测得)进行测量的标准化施测。被试需要具有与10岁儿童阅读能力相当的阅读水平才能理解本项目的内容。

13.2.4.2 对结果的测量

《自我伤害/自杀想法问卷》(父母版和青少年版)。该问卷是为本研究专门编制的自陈式问卷，由三部分组成：第一部分评估了各种自我伤害行为，包括药物依赖、灼烧、抓伤或割腕、击打自己等；第二部分评估了每种自我伤害行为的程度，包括自我伤害行为开始的年龄、频率以及严重程度(是否需要药物治疗)；第三部分评估自杀行为出现的频率。

《青少年情绪控制量表》(修订版)[32]。本量表用于评估青少年的情绪调节能力，是由测量成年人情绪调节能力的情绪控制量表[39]改编而来的自陈量表，由41个项目组成的。该量表包括4个分量表，分别测量对愤怒的恐惧(8个项目)、对抑郁的恐惧(8个项目)、对焦虑的恐惧(13个项目)和对积极情绪的恐惧(12个项目)。被试对每个项目进行李克特量表的七级评分，从“非常不同意”到“非常同意”，中间点分数代表中立的态度。被试在每个分量表上总分的平均分为该分量表的得分。41个项目的平均分数为总量表的得分，平均分数越高，意味着被试感知到的对情绪的恐惧越强烈，同时情绪调节也越困难。除对积极情绪的恐惧分量表外[32]，MACS-A对临床和非临床青少年样本的测量具有较高的内部一致性，且能有效区分这两组被试。因此，对积极情绪的恐惧分量表得分没有被纳入本研究的结果分析中。

《儿童创伤性症状检查表》（Trauma Symptom Checklist for Children , TSCC）[36]。本量表包括54个自陈项目，用于评估8~16岁的儿童与创伤性经历有关的各种症状。儿童对每个项目进行李克特量表的五级评分，从“与我一点儿也不相符”到“与我非常符合”。该量表包括两个效度量表（测量反应不足与过度反应）和六个临床量表：焦虑、抑郁、愤怒、创伤后应激、性忧虑和分离。还有两个额外的分量表：性忧虑（性关注与性压力）和分离（过度分离与幻想）。TSCC的信度和效度通过一组临床上的青少年样本来检测，其中一部分青少年有性虐待的经历[40]。研究者发现TSCC的六个量表和四个分量表对有精神病症的青少年的压力测量信效度良好。本研究没有报告来自分离（幻想）和性忧虑两个分量表的结果。

13.3 程序

家长和青少年一同与研究助理进行首次见面。研究助理解释了项目的内容之后，需要家长和青少年签订同意书，包括同意对其个人和团体治疗阶段进行录像。

13.3.1 DBT-A项目的开发（生活冲浪）

本项目开发于2005—2006年期间，在之前根据成年人版修订[14,19]得到的针对青少年的[25]DBT版本的基础上进行。

与之前的版本相似[25]，本修订版也包含四个部分：个人咨询、多户家庭技巧训练小组、电话咨询以及治疗师监督/咨询团体。本试行项目包含了所有这四部分的内容，被命名为“生活冲浪”(Life-Surfing)。由于对临床医生的补偿金不足，项目不接受工作时间之外的电话咨询，这是与之前版本的不同之处。另外，家庭技巧训练小组项目周期为18周，而DBT-A中最初版本中是12周。以下是对DBT-A“生活冲浪”项目中各个部分的具体描述。

1. 个体咨询。在整个治疗过程中，青少年每周进行一次(必要的时候可以每周进行两次)咨询。个体咨询的结构与标准DBT治疗方案[14]一致，是一种由四个阶段组成的规范化治疗结构：

(1)干预前阶段：让被试调整和适应，获得信任以及达成一致性目标；

(2)第一阶段主要关注来访者的稳定性，建立联系与安全感，并建立治疗目标的具体层级结构；

(3)减少威胁自身生命的行为；

(4)减少干扰治疗的行为；

(5)减少干扰生活质量的行为；

(6)增加行为技巧；

(7)第二阶段包括自我表露和对过去事件的情绪加工；

(8)第三阶段要提高来访者的自尊以及个人目标。

如之前所介绍的[25]，当家庭系统性的问题占主导时，家庭成员也将参与到个体治疗的部分中来。

2. 家庭技巧训练小组。该小组具有高度结构化的特点，治疗每周持续两小时。这一部分是心理教育性质的，主要强调新技能的获得和练习。DBT-A项目中这一部分主要包括五个模块：核心正念、忍受悲痛、情绪调节、人际技巧以及中间路径。五个模块按照上述顺序进行实施，除核心正念模块持续两周外，其余每个模块都持续四周。核心正念模块在整个项目的进行过程中都会被重温，并且从技能训练小组进行的第九周起，在每周技能训练开始时，青少年和/或他们的家长可以自愿进行正念练习。整个家庭技能训练小组持续时间为18周。

3. 电话咨询。在工作时间提供，旨在帮助青少年运用从项目中学习的技能。

4.监督/咨询团队。由儿童与青少年心理健康服务中心的相关临床医师组建。在项目开发的最初阶段，小组进行每周两小时的会面，之后一直延续到整个项目结束。这是一个由接受了临床心理学、社会工作和精神病学培训的个体组成的多学科小组。最初，该小组的目标是开发项目内容和结构，包括项目的可行性、经费、伦理考虑和临床方面的问题，同时也为DBT模式的实施提供持续的教育培训。如前所述，一旦项目开始实施，该小组就要进行临床上的监督，并通过回顾个体和团体技能训练时所录制的视频来确定治疗的完整性[14]。

13.3.2 项目承诺

项目开始进行之前，青少年、家长、个体和团体治疗的临床医生、监督/咨询小组的成员都需要签署一份正式的DBT-A项目承诺协议书。该协议是青少年、家长和医生所签订的项目合同的基础，其内容如下。

青少年同意：
1.接受每周一次的个体治疗，直到项目结束(共26周)；
2.接受每周一次的家庭技能训练团体治疗(共18周)；
3.所有的个人和团体治疗过程都可以被录像。

家长同意：
1.参加每周一次的家庭技能训练团体治疗(18周)；
2.所有的团体治疗都可以被录像。

临床医生们同意对当事人进行为期6个月的治疗，其中包括：
1.每周一次的个别治疗：共26周(个体治疗师)；
2.每周一次的家庭技能小组治疗：共18周(团体治疗师)；
3.临床咨询/监督小组(每周两小时)；
4.对所有治疗环节都进行录像。

个体治疗师和团体治疗师还需保证，在6个月的治疗项目期间，请假时间不能超过两周。

13.3.3 临床经验和培训

项目小组的所有成员都要接受一整天的室内DBT培训，培训主持由来自DBT咨询/监督小组中的两名临床心理医生担任。其中一名医生参加过Linehan培训机构Behavior Tech举办的为期五天的高强度DBT培训。另一名医生当时协助完成了成人版的DBT项目，并在其中的团体技能训练部分担任协同领导者。

13.3.4 治疗的忠实性检验

要评估个体治疗师和团体治疗师是否忠实DBT治疗的基本策略，方法是通过DBT忠实性评分量表，对随机选择的五个个体治疗和五个团体技能训练的录像进行评分。本文的第三作者，一名认证的DBT培训师，对这些录像进行了评分。以5.0为满分，本项目所得的忠实性在3.5与4.5之间，平均分数为4.0。

13.4 结果

使用威尔克森检验法（Wilcoxon signed-rank test）来计算在t1（治疗前）、t2（治疗后）和t3（3个月的后续跟踪）三个阶段被试在TSCC和MACS-A上的小组平均分数，以此对本项目的治疗效果进行评估。基于两个因变量小组平均数之间的标准差计算效应量（r）大小。以Cohen[41]提出的普遍标准——$r>0.1$，效应量小；$r>0.3$，效应量中等；$r>0.5$效应量大——对效应量进行初步解释（如下所示）。然而，对于效应量的解释，需要注意的是有现实含义的结果才称得上实际显著的结果。此外，解释效应量的意义是一个复杂而又主观的过程[42]。

13.4.1 自杀意念和蓄意自残行为的变化

在治疗开始之前，六名青少年报告了他们产生自杀意念的频率，从最少的一周两次到最多的一天数次。其中一名青少年曾不止一次试图自杀。在治疗期间以及治疗结束后的12个月内，没有一名青少年试图自杀。在项目结束时，一名青少年报告自杀意念每周会出现一次，还有一名青少年报告每个月会出现一次自杀意念，其他四名青少年则报告称不再出现自杀意念。

在DBT-A治疗前的至少三个月内，所有的青少年都对他们平常的蓄意自残行为进行报告。随着治疗的进行，五名青少年在治疗结束时已不再有自残行为，另一名青少年则报告其自残行为减少了50%。

13.4.2 治疗前（T1）、治疗后（T2）以及3个月后（T3）相关症状的比较

所有被试在三个阶段所测的《儿童创伤性症状检查表》结果均有效，未反应或过度反应水平都未达到显著。表1给出了治疗前、治疗后青少年在TSCC分量表上得分的比较，结果表明被试在自我报告的焦虑（$z=-2.07$，$P<0.05$，$r=0.60$）、抑郁（$z=-2.03$，$P<0.05$，$r=0.59$）、愤怒（$z=-2.0$，$P<0.05$，$r=0.58$）和创伤后应激（$z=-2.02$，$P<0.05$，$r=0.58$）上平均分数都出现大幅度、显著的下降。

表1　6名被试治疗前（t1）与治疗后（t2）的TSCC分数比较

TSCC	治疗前（t1）		治疗后（t2）		统计量（t1至t2）	
	平均数	标准差	平均数	标准差	威尔克森检验	效应量
焦虑	58	9.01	48.5	6.25	$P=0.046^{*}$	0.6
抑郁	64	9.21	58.33	9.70	$P=0.038^{*}$	0.59
愤怒	68	11.63	58.17	8.66	$P=0.042^{*}$	0.58
创伤后应激	60	10.71	53.83	10.61	$P=0.043^{*}$	0.58
分离	63	16.9	61.17	18.43	$P=0.92$	0.03

$P<0.05$（双侧检验）。

表2提供了治疗前（t1阶段）和3个月后（t3阶段）被试在TSCC分量表上得分的比较，被试在自我报告的焦虑（$z=-2.02$，$P<0.05$，$r=0.64$）、抑郁（$z=-2.02$，$P<0.05$，$r=0.64$）和创伤后应激（$z=-2.02$，$P<0.05$，$r=0.64$）上平均分数都出现了显著的、大幅度的下降。被试自我报告在愤怒量表上的平均分数也出现大幅下降，但未达到统计显著水平（$z=-1.83$，$P<0.05$，$r=0.58$）。

表2 被试在治疗前(t1)与3个月后(t3)的TSCC分数的比较(n=5)

TSCC	治疗前(t1)		治疗后3个月(t3)		统计量(t1至t3)	
	平均数	标准差	平均数	标准差	威尔克森检验	效应量
焦虑	67	5.4	49	9.06	P=0.043*	0.64
抑郁	71	10.07	51.4	11.78	P=0.043*	0.64
愤怒	60	8.46	48	6.44	P=0.068	0.58
创伤后应激	64	6.52	49.6	12.34	P=0.043*	0.64
分离	68	13.01	54.6	9.5	P=0.138	0.47

P<0.05(双侧检验)。

13.4.3 治疗前(T1)、治疗后(T2)以及3个月后(T3)情绪调节能力的比较

表3列出了治疗前和治疗结束后青少年在MACS-A总量表和分量表上分数的比较。经过治疗后,被试在情绪恐惧总量表上的平均分数出现了大幅下降但未达到统计显著水平(z=−1.78,P>0.05,r=−0.51)。比较分量表平均分得出:被试对愤怒情绪的恐惧得分(z=−2.20,P<0.05,r=−0.64)出现了显著下降,对抑郁的恐惧(z=−0.95,r=−0.28)出现了小幅下降但并未达到显著水平;而对焦虑的恐惧(z=−0.21,P>0.05,r=−0.06)下降非常微弱,也不显著。

表3 被试治疗前(t1)与治疗后(t2)的MACS-A分数的比较(n=6)

MACS-A	治疗前(t1)		治疗后(t2)		统计量(t1至t2)	
	平均数	标准差	平均数	标准差	威尔克森检验	效应量
对焦虑的恐惧	4.57	1.27	3.32	1.22	P= 0.833	−0.06
对愤怒的恐惧	3.86	0.69	3.73	0.45	P=0.028*	−0.64
对抑郁的恐惧	4.07	1.24	3.33	0.91	P=0.34	−0.28
对情绪的恐惧	4.00	0.83	3.40	0.55	P=0.075	−0.51

P<0.05(双侧检验)。

表4列出了治疗前(t1)和治疗后3个月(t3)被试在MACS-A总量表和分量表上得分的比较。从治疗前到治疗结束3个月后，被试在情绪恐惧总量表上的平均分数出现了中等程度的下降(z=−1.21，P>0.05，r=−0.38)，但这一变化并未达到统计显著水平。分量表得分结果显示，被试在自我报告的对抑郁的恐惧分数上出现了显著的、大幅度的下降(z=−1.21，P<0.05，r=−0.64)，同时，对愤怒的恐惧(z=−0.1.48①，P>0.05，r=−0.47)和对焦虑的恐惧的自我报告分数(z=−1.21，P>0.05，r=−0.38)都出现了中等程度的下降，但均未达到统计显著水平。

表4　被试治疗前(t1)与3个月后的追踪研究(t3)的MACS-A分数的比较(n=5)

MACS-A	治疗前(t1)		治疗后3个月(t3)		统计量(t1至t3)	
	平均数	标准差	平均数	标准差	威尔克森检验	效应量
对焦虑的恐惧	3.9	0.76	3	1.11	P=0.225	−0.38
对愤怒的恐惧	4.6	1.41	3.36	0.96	P=0.138	−0.47
对抑郁的恐惧	4.4	1.03	2.88	0.73	P=0.042*	−0.64
对情绪的恐惧	4.01	0.91	3.1	0.8	P=0.225	−0.38

P<0.05(双侧检验)。

13.5 讨论

本研究的主要目标是在Miller等人[25]的工作基础之上，发展和试行DBT-A项目，并对它用于治疗社区存在自残行为和自杀意图的女性青少年可行性和有效性进行评估。此外，本研究的另一个关注点是对Linehan[14]的生物社会理论进行评估，该理论认为情绪失调是与边缘型人格相关的自残和自杀行为出现的深层原因。

在讨论本研究的结果时，我们要重新认识近期对科学有效性和实践性的要求[43]。在解释研究结果的实践意义时，大多数报告了效应值的研究都不能很恰当地解释那些结果。对研究结果进行解释时，要注意以下

①译者注：此处数据明显有误，但我们无法得知正确数值，个人推测应为：z=−1.48。

三个重要的因素[42,p.34]。

1. 研究背景:小的效应量也可能与重大的发现有关,微小效应量可以累加;

2. 在现实环境下进行的研究对知识的进展有更大的贡献;

3. 科恩(Cohen)的标准。

当然,在讨论本研究结果的实践意义时,需要强调的是,与这些青少年打交道并对他们进行治疗是比较困难的。鉴于入院的多种高昂费用以及患者成年后还可能继续治疗,有效的早期干预很有必要。对此就有必要指出,尽管效应量比较小,即一到两个青少年对该治疗反应良好,也应该被看作具有长远性的实际意义。

本研究的结果支持了我们的第一个假设,即参加DBT-A项目的青少年,在TSCC上测得的创伤性症状有所下降。同时,他们的自我伤害行为和自伤意图也减少了。DBT-A项目结束时,青少年在焦虑、愤怒、抑郁和创伤后应激上报告的分数出现了大幅度下降。在治疗结束后三个月的追踪调查中,他们在焦虑、抑郁和创伤后应激症状上报告得分持续地大幅度下降,同时其愤怒症状得分也大幅度下降。此外,青少年的分离症状得分虽然在治疗结束后没有出现显著下降,但在治疗结束后三个月,该症状得分出现了中等程度的下降。这些结果与此前一项研究一致,此前的研究是通过对一组存在自残和自杀行为的青少年进行社区门诊式的DBT-A治疗,并在治疗结束后发现被试在TSCC上的愤怒、抑郁和分离症状得分都出现了显著的下降[44]。此外,本研究在治疗结束时关于青少年自残行为的终止和自杀意图的降低都与之前的DBT-A研究所得结果一致[45]。

本研究结果也支持了我们的第二个假设,即参加DBT-A治疗项目的青少年在由MACS-A测得的情绪调节能力方面有所提高。重要的是,治疗结束后青少年对情绪的恐惧平均得分大幅度下降,并且在治疗结束后三个月,这种下降趋势一直在延续(尽管更平缓)。在MACS-A的对愤怒的恐惧分量表上,青少年在治疗结束时的报告得分也大幅度下降，不过该趋势在治疗结束后三个月并未得以延续。在平均水平上，青少年对抑郁的恐惧分数在治疗结束后出现了小幅度的下降。此外，振奋人心的是在治疗结束后三个月时，青少年对抑郁的恐惧下降幅度加大且达到了统计显著水平。尽管在对焦虑的恐惧方面，被试在治疗结束时未出现明显的改善，但在治疗结束后三个月，该分数出现了中等程度的下降。

总之，这些结果表明这组青少年在接受治疗之后，他们对强烈情绪的调节能力得到有效的改善，并且这一效果在之后的三个月表现出不同程度的持续趋势。尤其在对焦虑和抑郁的恐惧方面，被试在治疗结束三个月后的恐惧得分持续下降。这一结果支持了前人的研究[46]，即存在自残行为的女性青少年参加DBT项目的治疗效果不仅在随后六个月内得以持续，并且还表现出进一步的改善。作为情绪的处理容器，治疗关系十分重要，尤其是对青少年而言[47]。令人振奋的是，本研究中青少年对焦虑和抑郁的恐惧在治疗结束后三个月依然持续地下降。

重要的是，关于先前临床实验数据的综述[29]里所提出的一些具体建议，在本研究中都有所考虑。首先，本项目是在基于社区的门诊环境下进行，相比住院形式的治疗，这降低了各种环境因素可能带来的混淆。其次，本研究对治疗效果的测量是基于发展性的、适合本研究样本特点的，包括编制了专门测量青少年情绪调节能力的情绪恐惧量表，情绪调节能力被已有研究证明与包括边缘型人格障碍在内的心理健康障碍有关。最后，本研究还关注了治疗的忠实性。通过对随机选取的个体和团体治疗录像进行评估，研究确保了BDT治疗实施的有效性。

本研究在治疗前、治疗后以及治疗结束三个月后三个阶段都由独立（不同）的研究人员对数据进行收集，这将使得在其他研究[30]中出现的潜在偏差降到最小，同时增加了结果的可信度。此外，在治疗前对青少年的阅读水平和理解能力进行测量以确保其对项目材料的理解，这在先前研究中也未出现过，此做法增加了本研究结果的可靠性。

从服务接受者的角度看，本研究还有一些其他的特殊优势。在六名参加治疗的青少年中，只有一名在项目结束之后继续进行治疗。值得注意的是，另外一名青少年从六岁开始就多次接受临床治疗，本次DBT-A项目结束之后，她并未接受进一步的治疗，并且后续的追踪调查表明，她已经开始步入正常的全日制工作和学习了。由于儿童和青少年心理健康服务中心的入院许可往往需要经过漫长的等待,这是一个很常见的问题,而且这些青少年很可能需要转诊到成人心理健康服务中心,所以本研究的发现将具有重大的实践意义。

本研究的设计也存在一定的缺陷。具体而言,作为一项实验性研究,它缺少对照组,因此不能得出有关项目效果的具体结论。同时,也无法得出DBT-A治疗比常规治疗更加有效的结论。然而,本项目的六名青少年被试中有四名完成了治疗,在治疗的完成率方面与其他研究中62%的数据可谓相当[45]。鉴于青少年被试群体的治疗中途退出率较高,本结果支持了DBT-A对青少年治疗的潜在有效性。本研究的另一不足之处在于,被试的自我报告数据可能存在要求特征的潜在影响。未来的研究若能采用更加客观的指标(例如收集来自父母、学校的信息)对治疗的有效性进行评估,研究将得到完善。

13.6 结论

在本实验项目中,我们为证明DBT-A对治疗有非自杀性自残行为和自杀行为的青少年具有可行性和有效性提供了证据。尽管资金有限,我们还是成功地在社区环境,也就是那些具有高风险的青少年最初寻求帮助和治疗的地方,开展和实验了DBT-A项目。此外,研究结果表明:情绪调节能力和创伤性症状是需要进行长期监控的重要因素。

参考文献

1.S. A. Fortune and K. Hawton, “Deliberate self-harm in children and adolescents: a research update,” Current Opinion in Psychiatry, vol. 18, no. 4, pp. 401–406, 2005.

2.R. Best, “ Deliberate self-harm in adolescence: a challenge for schools,” British Journal of Guidance and Counselling, vol. 34, no. 2, pp. 161–175, 2006.

3.A. L. Miller, J. H. Rathus, and M. M. Linehan, Dialectical Behavior Therapy with Suicidal Adolescents, The Guilford Press, New York, NY, USA, 2007.

4.M. K. Nixon, L. McLagan, S. Landell, A. Carter, and M. Deshaw, "Developing and piloting community-based self-injury treatment groups for adolescents and their parents," The Canadian Child and Adolescent Psychiatry Review, vol. 13, pp. 62–67, 2004.

5.M. S. Gould, T. Greenberg, D. M. Velting, and D. Shaffer, "Youth suicide risk and preventive interventions: a review of the past 10 years," Journal of the American Academy of Child and Adolescent Psychiatry, vol. 42, no. 4, pp. 386–405, 2003.

6.J. Cooper, N. Kapur, R. Webb et al., "Suicide after deliberate self-harm: a 4-year cohort study," American Journal of Psychiatry, vol. 162, no. 2, pp. 297–303, 2005.

7.H. Boudurant, B. Greenfield, and M. T. Sze, "Construct validity of the adolescent Borderline Personality Disorder: a review," The Canadian Child and Adolescent Psychiatry Review, vol. 13, pp. 53–557, 2004.

8.R. Bradley, C. Z. Conklin, and D. Westen, "The borderline personality diagnosis in adolescents: gender differences and subtypes," Journal of Child Psychology and Psychiatry and Allied Disciplines, vol. 46, no. 9, pp. 1006–1019, 2005.

9.M. J. Harman, "Children at-risk for borderline personality disorder," Journal of Contemporary Psychotherapy, vol. 34, no. 3, pp. 279–290, 2004.

10.A. James, "Borderline personality disorder: a study in adolescence," European Child and Adolescent Psychiatry, vol. 5, no. 1, pp. 11–17, 1996.

11.A. L. Miller, J. Glinski, K. A. Woodberry, A. G. Mitchell, and J. Indik, "Family therapy and dialectical behavior therapy with adolescents—part I: proposing a clinical synthesis," American Journal of Psychotherapy, vol. 56, no. 4, pp. 568–584, 2002.

12.A. M. Chanen, L. K. McCutcheon, M. Jovev, H. J. Jackson, and P. D. McGorry, "Prevention and early intervention for borderline personality disorder," The Medical Journal of Australia, vol. 187, no. 7, pp. S18–S21, 2007.

13.N. Pasieczny and J. Connor, "The effectiveness of dialectical behaviour therapy in routine public mental health settings: an Australian controlled trial," Behaviour Research and Therapy, vol. 49, no. 1, pp. 4–10, 2011.

14.M. M. Linehan, Cognitive-Behavioral Treament of Borderline Personality Disorder, The Guilford Press, New York, NY, USA, 1993.

15.A. M. Kring and K. H. Werner, "Emotion regulation and psychopathology," in The Regulation of Emotion, P. Phillippot and R. S. Feldman, Eds., pp. 359– 385, Lawrence Erlbaum Associates, Mahwah, NJ, USA, 2004.

16.J. Paris, Ed., The Psychiatric Clinics of North America: Borderline Personality Disorder, W.B. Saunders, Philadelphia, Pa, USA, 2000.

17.T. M. Yates, "The developmental psychopathology of self-injurious behavior: compensatory regulation in posttraumatic adaptation," Clinical Psychology Review, vol. 24, no. 1, pp. 35–74, 2004.

18.N. Slee, P. Spinhoven, N. Garnefski, and E. Arensman, "Emotion regulation as mediator of treatment outcome in therapy for deliberate self-harm," Clinical Psychology and Psychotherapy, vol. 15, no. 4, pp. 205–216, 2008.

19.M. M. Linehan, Skills Training Manual for Treating Borderline Personality Disorder, Guildfor Press, New York, NY, USA, 1993.

20.M. M. Linehan, H. E. Armstrong, A. Suarez, D. Allmon, and H. L. Heard, "Cognitive- behavioral treatment of chronically parasuicidal borderline patients," Archives of General Psychiatry, vol. 48, no. 12, pp. 1060–1064, 1991.

21.S. Groves, H. S. Backer, W. van den Bosch, and A. Miller, "Dialectical behaviour therapy with adolescents: a review," Child and Adolescent Mental Health, vol. 17, no. 2, pp. 65–75, 2012.

22.C. J. Robins and A. L. Chapman, "Dialectical behaviour therapy: current status, recent developments, and future directions," Journal of Personality Disorders, vol. 18, no. 1, pp. 73–89, 2004.

23.M. Swales, H. L. Heard, and J. M. G. Williams, "Linehan's Dialectical Behavior Therapy（DBT）for borderline personality disorder: overview and adaptation," Journal of Mental Health, vol. 9, no. 1, pp. 7–23, 2000.

24.M. M. Linehan, D. A. Tutek, H. L. Heard, and H. E. Armstrong, "Interpersonal outcome of cognitive behavioral treatment for chronically suicidal borderline patients," American Journal of Psychiatry, vol. 151, no. 12, pp. 1771–1776, 1994.

25.A. L. Miller, J. H. Rathus, M. N. Linehan, S. Wetzler, and E. Leigh, "Dialectical behavior therapy adapted for suicidal adolescents," Journal of Practical Psychiatry and Behavioral Health, vol. 3, no. 2, pp. 78–86, 1997.

26.A. L. Miller, S. E. Wyman, J. D. Huppert, S. L. Glassman, and J. H. Rathus, "Analysis of behavioral skills utilized by suicidal adolescents receiving dialectical behavior therapy," Cognitive and Behavioral Practice, vol. 7, no. 2, pp. 183–187, 2000.

27.E. W. Trupin, D. G. Stewart, B. Beach, and L. Boesky, "Effectiveness of a dialectical behaviour therapy program for incarcerated female juvenile offenders," Child and Adolescent Mental Health, vol. 7, pp. 121–127, 2002.

28.L. Y. Katz, B. J. Cox, S. Gunasekara, and A. L. Miller, "Feasibility of dialectical behavior therapy for suicidal adolescent inpatients," Journal of the American Academy of Child and Adolescent Psychiatry, vol. 43, no. 3, pp. 276–282, 2004.

29.C. R. Quinn, "Efficacy of dialectical behaviour therapy for adolescents," Australian Journal of Psychology, vol. 61, no. 3, pp. 156–166, 2009.

30.C. Fleischhaker, R. Böhme, B. Sixt, C. Brück, C. Schneider, and E. Schulz, "Dialectical Behavioral Therapy for Adolescents (DBT-A): a clinical Trial for Patients with suicidal and self-injurious Behavior and Borderline Symptoms with a one-year Follow- up," Child and Adolescent Psychiatry and Mental Health, vol. 5, article 3, 2011.

31.K. E. Williams, D. L. Chambless, and A. Ahrens, "Are emotions frightening? An extension of the fear of fear construct," Behaviour Research and Therapy, vol. 35, no. 3, pp. 239–248, 1997.

32.K. Geddes, S. Dziurawiec, and C. Lee, "The modified affective control scale for adolescents (MACS-A): internal consistency and discriminative ability in matched clinic and non-clinic samples," in Proceedings of the 5th World Congress of Behavioural and Cognitive Therapies, Barcelona, Spain, 2007.

33.L. Roemer, K. Salters, S. D. Raffa, and S. M. Orsillo, "Fear and avoidance of internal experiences in GAD: preliminary tests of a conceptual model," Cognitive Therapy and Research, vol. 29, no. 1, pp. 71– 88, 2005.

34.S. Yen, C. Zlotnick, and E. Costello, "Affect regulation in women with borderline personality disorder traits," Journal of Nervous and Mental Disease, vol. 190, no. 10, pp. 693–696, 2002.

35.J. L. Price, C. M. Monson, K. Callahan, and B. F. Rodriguez, "The role of emotional functioning in military-related PTSD and its treatment," Journal of Anxiety Disorders, vol. 20, no. 5, pp. 661–674, 2006.

36.J. Briere, Trauma Symptom Checklist for Children (TSCC) Professional Manual, Psychological Assessment Resources, Odessa, Fla, USA, 1996.

37.M. D. Neale, Neale Analysis of Reading Ability, ACER Press, Australian Council for Educational Research Limited, 3rd edition, 1999.

38.R. L. Spitzer, J. B. W. Williams, M. Gibbon, and M. B. First, "The structured clinical interview for DSM-III-R personality disorders（SCID-II）—part I: description," Journal of Personality Disorders, vol. 9, no. 2, pp. 83–91, 1995.

39.K. E. Williams and D. L. Chambless, An Analogue Study of Panic Onset, American University, Washington, DC, USA, 1992.

40.C. M. Sadowski, "Psychometric properties of the trauma symptom checklist for children（TSCC）with psychiatrically hospitalized adolescents," Child Maltreatment, vol. 5, no. 4, pp. 364–372, 2000.

41.J. Cohen, Statistical Analysis for the Behavioural Sciences, Lawrence Erlbsum Associates, Hillsdale, NJ, USA, 2nd edition, 1988.

42.P. D. Ellis, The Essential Guide to Effect Sizes: Statistical Power, Meta-Analysis and the Interpretation of Research Results, Cambridge University Press, Cambridge, UK, 2010.

43.G. Cumming, F. Fidler, M. Leonard et al., "Statistical reform in psychology is anything changing?" Psychological Science, vol. 18, no. 3, pp. 230–232, 2007.

44.K. A. Woodberry and E. J. Popenoe, "Implementing dialectical behavior therapy with adolescents and their families in a community outpatient clinic," Cognitive and Behavioral Practice, vol. 15, no. 3, pp. 277–286, 2008.

45.J. H. Rathus and A. L. Miller, "Dialectical behavior therapy adapted for suicidal adolescents," Suicide and Life-Threatening Behavior, vol. 32, no. 2, pp. 146–157, 2002.

46.A. C. James, A. Taylor, L. Winmill, and K. Alfoadari, "A preliminary community study of dialectical behaviour therapy（DBT）with adolescent females demonstrating persistent, deliberate self-harm（DSH）," Child and Adolescent Mental Health, vol. 13, no. 3, pp. 148–152, 2008.

47.A. W. Wagner, "A behavioral approach to the case of Ms. S," Journal of Psychotherapy Integration, vol. 15, no. 1, pp. 101–114, 2005.

第十四章　一项基于家庭的青少年心理健康服务项目的用户反馈

Andrew J. Lewis, Melanie D. Bertino, Narelle Robertson, Tess Knight, and John W. Toumbourou

14.1 引言

人们越来越意识到，对青少年抑郁、焦虑和物质滥用等心理健康问题需要及早确认和干预。由于这些心理健康问题越来越普遍[1~3]，社区方面对其也愈加关注。目前，青少年心理健康研究领域面临的一个主要挑战就是，将当前不断增加的研究转换成有效的临床实践并改善服务[4,5]。青少年心理健康障碍与不断增多的健康问题有关，与（青少年所在的）家庭功能中的问题也有关[6~10]。近期对抑郁症的治疗评估显示，每年由于抑郁症而导致的生活障碍只有20%~30%因接受了目前的治疗而有所好转，这表明，在抑郁症的医疗服务实施和有效预防抑郁新增病例方面，还有很大的提升空间[11,12]。一种能够提高干预有效性的方法是，将注意力从干预效果转移到服务实施上，这也是将临床研究结果转化到服务供给系统过程中不断增加的问题。这样做，便能使干预措施朝着与政府相关政策契合良好的方向发展，同时也能让患者群体接受和参与。

本研究报告了在"迪肯家庭选择"(Deakin Family Options,DFO)的多中心、随机对照实验(RCT)中的实施问题,对两种治疗青少年抑郁、焦虑和物质使用的干预进行了比较。我们收集了从DFO实验中完成了心理治疗的被试的定性数据。实验中两种治疗方案都致力于减轻青少年的抑郁和物质依赖症状,而且都包括一个个体认知行为治疗(CBT)和一个被称为"BEST-Plus"(对家长和孩子的行为交换系统训练)的家庭项目[13]。本文的目的在于评定被试对这段治疗经历的反馈,尤其是对BEST-Plus项目;另外也为了评估治疗的保真度、有效治疗机制以及将来可能的改进。

通常,人们很关心RCT实验的临床效果。然而,要评估在现实世界的社区环境中进行的干预是否有效,需要对接受干预者的直接反馈进行检验[14,15]。除了进行传统随机对照实验组间差异的定量数据分析外,收集和分析用户体验的定性数据可以提供新的视角。有关接受了心理治疗的被试的定性信息,有助于将研究向实践进行转化。通过收集被试的生动体验,研究人员可以知道被试在治疗中感知到的机制以及行为改变的障碍,并对改进和加强干预措施提出进一步建议[16,17]。

DFO实验是在社区环境下开展的,而且实验设计是为了加强与社区里那些关心子女心理健康的父母之间的联系。因此,实验采用的征选标准与临床转诊模式标准一致,即招募年龄在12~25岁,存在抑郁、焦虑或物质依赖问题的青少年。对于被试的年龄范围及症状表现,本实验都尽可能直接与澳大利亚青少年心理健康服务机构保持一致。本实验旨在对以下三种治疗方法的有效性做出评估:(1)基于家庭的治疗项目(BEST-Plus);(2)认知行为疗法(CBT),对青少年的个别治疗项目;(3)同时接受以上两种治疗。本文主要关注BEST-Plus治疗项目的家庭体验。用户群体的大部分数据是基于这些家长们在BEST-Plus团体中的体验,包括他们针对自己和孩子的改变发生的机制和障碍所持的反馈和建议。

BEST-Plus项目的基础是Toumbourou、Bamberg及其同事开发的、名为BEST项目的早期版本[18]。研究者最初将它作为一项由专业人员指导的、服务于家长们的多户家庭团体教育项目,所关注的内容是青少年的酒精和药物使用问题。已证实BEST项目能减轻父母心理健康症状和家庭压力[19]。为了增加项目的有效性，项目的第二阶段（BEST-Plus）需要全部家庭成员的参与，并且着重邀请他们的兄弟姐妹和父母一起参加为期8周的项目的其中后4周。对项目的评估结果显示，家庭系统中的心理健康和压力症状得到了额外的、积极的改善，家庭凝聚力提高，并且年轻人在应对自身物质使用方面的行为的表现有所提高，也因而改善了他们的心理健康状况[20,21]。

基于家庭的干预治疗在心理健康系统中相比针对个体的心理疗法并不常见。然而，以家庭为基础的干预措施对青少年有许多潜在的好处，它可以提高青少年的参与度，可以考察在家庭转型的关键期心理健康问题的影响。很多时候，青少年可能由于各种原因拒绝接受心理健康服务。目前，拒绝接受心理健康服务的现象在澳大利亚青少年心理健康服务中尤为普遍[22]。本研究的主要目的之一就是评估该基于家庭的干预模式如何缓解家长们对青少年心理健康的担忧，从而造福于整个家庭。

此次评估中，我们的研究问题集中在被试对BEST-Plus干预的反馈上。我们想要探明这些干预团体如何使家长们受益，以及参与者认为干预产生效果的机制是什么。还有一个感兴趣的问题就是，基于家庭的团体干预是如何帮助家长处理他们对孩子们的心理健康的需要，以及这些机制和干预是否与BEST-Plus治疗手册一致。最后，我们还关心家长们专门提出的如何提高这种治疗方法有效性的意见。

14.2 方法

14.2.1 研究设计和样本

尽管这项重要的DFO研究采用的是随机对照实验设计，但是本文主要报告的是焦点小组（focus group）成员在DFO治疗结束后6个月的质性数据。只要被试完成了干预治疗中的任一项目，就会被邀请加入焦点小组。实验组接受严格依照手册进行的BEST-Plus项目干预。该项目为期8周，由专业人员领导，旨在为那些担忧青少年物质使用相关问题的家长们提供帮助。家长们接受4次每周一次的干预，然后青少年及其家长、兄弟姐妹一起接受4次每周一次的干预，这些都是在家庭成员自愿参与的情况下进行。控制组则只对青少年进行CBT干预。焦点小组中只有一位参与者接受了混合治疗（即他们的家庭接受了BEST-Plus家庭干预项目，而他自己则接受CBT个别治疗），因此将其与其余参加BEST-Plus治疗项目的被试归入同一类。所有的干预项目都是由接受过专业训练和督导的临床心理学硕士实习生执行。所有的治疗师都接受了监督和训练，且都有治疗手册。共有186名被试参加了DFO实验，其中包括71名青少年（占38.2%）、70名母亲（占37.6%）、29名父亲（占15.6%）、13名兄弟姐妹（占7.0%）以及3名继父母。一共招募了86个家庭单元，其中13个家庭参与了焦点小组。参加焦点小组的被试会得到消费券作为占用他们时间的补偿。和没有进入焦点小组的被试相比，焦点小组中的被试在家庭收入水平、受教育程度或参加实验的家庭成员类型（父亲或母亲）这些方面均无显著差异。不过，焦点小组中的被试更有可能来自完整家庭（结婚的），而且完整地完成实验问卷的可能性也更高。

14.2.2 测量

为促进小组讨论，对焦点小组进行一系列提问，共包含十个问题：（1）作为参与者，你认为BEST-Plus团体治疗最有价值的地方是什么？（2）你认为参加BEST-Plus团体治疗是否有负面的影响？（3）BEST-Plus实施的项目与你最初的预期是否相似？（4）你从团体中学到的东西有没有对你教育自己的孩子产生影响？（如果有的话，是怎样的影响？）（5）对于该项目，你有没有想要新增或者改变什么地方使之更完善？（6）你会把这个项目介绍给其他的家长吗？（7）你的孩子或家里的其他小孩在收到邀请后有没有来参加后4次的BEST-Plus团体治疗？如果有的话，可能是什么因素促使他们前来参加？（8）在家庭生活中你实施了小组项目学到的哪些技巧？（9）自参加本实验以来，你是否接受了其他项目的服务？（10）目前你家里一切还好吗？

我们也进行了量化测量。在焦点小组的第一次会议上，被试填写了简单的反馈调查问卷。调查涉及接受干预（以下三个方面）及满意程度：（1）接受的干预；（2）项目结束之后，家庭生活所得到的改善；（3）DFO项目体验的总体满意度。每个问题需进行从1到10级的评分，10代表非常满意。同时，被试需要回答他们当前是否仍然在日常生活中运用在项目中学到的知识和技巧，以及两个以"是"或"否"作答的问题："你是否感觉该项目完全满足了你的需要？""你是否会介绍有类似困扰的朋友来参加本项目？"。

14.2.3 过程

在2011年年底我们建成了三个用户体验小组，每组包含7或8人。该小组的主持人和BEST-Plus项目是同一个人。焦点小组的活动时长为1.5个小时。在得到录像同意之后，由两名研究观察人员对活动进行录像、转译和核实。被试还需填写简要的反馈调查表。焦点小组中大部分的被试（21人）都被告知他们花费在BEST-Plus上的时间。在其中一个焦点小组内，有两名年轻人来自同一个家庭，他们的父母也一起参与了本项目。

14.2.4 数据分析

用描述性统计呈现用户满意度调查得到的量化数据，还有关于治疗的参与情况。对质性数据采用的分析方法大致是基于现象学的，该方法主要强调主观体验和个人的解释说明。与质性研究的现象学理论相一致，我们着重关注被试的反馈心声以探明影响他们动机和参与的因素[23,24]。对采访内容逐字转录以便进行分析，该过程需要对转录的材料进行若干次阅读，并获取其实质内容。这一工作由研究团队中的两名成员完成，之后他们还需对材料进行再次阅读以提取被试话语之中的主题或意义，并对存在异议的地方进行讨论以达成一致看法。

14.3 结果

用户体验小组的被试样本特征见表1。

表1　用户体验小组被试的人口统计学特征(n=21)

人口统计学特征	平均数	标准差
被试年龄	48.8	9.04
	n	%
家庭成员		
母亲	12	4.8
父亲	8	57.1
年轻人(男性)	1	38.1
婚姻状态		
已婚	13	61.9
离异	3	14.3
分居	1	4.8
家庭年收入		
少于50 000美元	3	14.3
50 000到80 000美元	3	14.3
80 000美元以上	9	42.9
不详	6	28.6
受教育程度		
高中毕业	2	9.5
获得职业技术学院文凭或证书	5	23.8
本科学位	3	14.3
硕士学位	1	4.8
其他	3	14.3
不详	7	33.3
参加BEAT-Plus环节的数量		
1	1	4.8
3	2	9.5
4	1	4.8

续表

人口统计学特征	平均数	标准差
5	1	4.8
6	1	4.8
7	10	47.6
8	5	23.8

14.3.1 青少年对心理健康服务的参与度

焦点小组中的所有被试都接受了BEST-Plus治疗，被试的参与率见表2。总体上，有53%的被试在评估后参与了为他们提供的治疗。这里的参与指的是被试完成了其中大部分的治疗环节。虽然这一数据结果看起来比较低，但是要考虑到这其中包括了很多种情况——家长同意参加，但是他们的孩子可能会被随机分配到对照组的CBT项目中，而这些孩子也可能拒绝接受治疗。

表2　治疗参与度及家庭成员类型的交叉表

	未参与治疗	参与治疗
青少年（本人）	47（66%）	24（34%）
兄弟姐妹	9（69%）	4（31%）
父亲	6（21%）	23（79%）
母亲	22（31%）	48（69%）

如表2所示，相比家长（20%~30%），青少年（60%~70%）更加不愿意参加治疗。这一差异达统计学上显著水平 [$\chi^2(5)=28.8, P< 0.001$]。有趣的是尽管在本研究中母亲参与的人数比父亲要多，但参与进来的父亲表现出更高的投入度。

14.3.2 焦点小组的主题

14.3.2.1 我们并不孤单

参与者们很享受BEST-Plus团体治疗的氛围，团体过程和经验分享让他们觉得自己不再“孤单无助”。了解到其他的孩子有相似的境况让家长们感觉这是有帮助的。家长们还表示很感激组织者创造的安全的氛围让他们可以诉说和分享自己的经历。通过分享自己的见解帮助团体中其他成员同样是团体经验的一个重要的方面。参与者们表示,当他们积极投入团体时效果会很好,这就形成了一种"付出—收获"的经历。家长们感觉他们从彼此身上学到很多。两个焦点小组中都最常被提到的益处就是:和他人面临同样的问题,能够互相支持和给予建议,同时不会感到孤单寂寞。有些被试觉得,互相帮助、分享经历有助于降低他们自责和愧疚的情绪。

我感觉自己就要被击垮了……当我一个人来到这里并且听其他家长讲述他们的经历时,让我感觉我其实没有自己认为的那么糟糕……我觉得很安心而且能够说出自己的感受,感觉到被支持……之前这些对我来说都是很困难的。

14.3.2.2 这是他们的人生

两个焦点小组都体现出来的一个重要主题是学会放手,让青少年为他们自己的人生负责。焦点小组让家长们明白分离和个体化在家庭发展过程中的重要性。它的表现形式就是"退后,然后放手"的能力。家长们表示在意识到此之前,他们觉得很无助、不知道该怎么做或者怎么跟自己的孩子相处,而且经常陷入和孩子的冲突中。他们发现当退后一步,并让孩子们自己经历后果,有助于卸下孩子们激怒他们的"武器"(其中一位家长这样说的)。家长们认为改变他们与孩子关系的关键之一就是"学会行动",而不是一直对某情景做出反应。这有助于孩子增强信心,并且强调了一种更具权威性和主动性的教养方式。家长们还意识到他们焦虑和压力水平的下降。放手让他们有机会腾出更多时间来考虑一下自己的需要。

我觉得我从团体训练中学到的就是有关放手的那部分内容,我意识到那是他们(青少年)自己的人生。我认为我们以一种与以往非常不同的方式处理事情,从而拥有了更多的时间。

14.2.3.3 照顾好自己

焦点小组强调照顾好自己的重要性。即使在团体课程结束之后，家长们依然需要照顾好自己；且不管所处的情境如何，他们意识到为了更好地关心孩子，他们都需要好好照顾自己。意识到这一点是因为他们明白，不管自己多么想帮孩子让一切进展顺利，最终孩子们都将拥有自己的生活，开始自己的人生。明白这件事的过程并不容易，并且想要对孩子进行干涉的欲望总是难以压制。一位女士提到女儿说的话，“一切都好……然后她会说她感觉不太好，之后……我的心就悬着了”。家长过去那些想要干涉和控制的念头变成了她需要站在孩子身边给予支持，但她需要先把自己照顾好才能更好地支持孩子。

但是，我有离开的机会，能够考虑自己的事情挺好的，我一直在想(主持人)说的那句话——那是她的人生——这可能是我(从项目里)学到的最有用的东西了。这是她的人生，而我需要在她身边，但是说到底，这是她的生活，不是我的。

14.2.3.4 隐喻的生活

BEST-Plus项目有一个显著特征，就是由主持人呈现很多隐喻(通常伴有解释)，用来引出一些主题，这些主题与青少年家庭的关键发展过程和要面临的挑战相关。

这听起来可能有些随意，但有趣的是，这样一幅小小的图居然能够把你带进“肯定(yes)”思维模式，我们年轻的时候就自己上路出发，那我们的孩子也需要这样做。

来自家长的这番话例证了隐喻的力量所在。将那些看起来很孤独的处境比作一种常见的、每个人都经历的情境，能够帮助参与者们从不同的角度看待自己所处的境地。焦点小组的成员发现BEST-Plus小组中的隐喻为他们提供了一个可以继续使用的新思路。他们一直记得这些隐喻并且一直觉得有用。运用这些隐喻让他们更积极地看待自己的现状,有助于为他们提供一个背景,使情景变得更加具体。

14.2.3.5 青少年的视角

来自同一个家庭的两名青少年与他们的父母一起加入了墨尔本的焦点小组。其中一名完成了CBT治疗项目的青少年反映,对他而言最有意义的一件事就是他为了获得独立而自己决定从家里搬出来。同时,这两名青少年都觉得,他们现在以一种更加坦诚的态度面对与父母之间的问题,这让他们感觉很好。他们觉察到父母也改变了"管理"他们的方式。

如果我有问题,我现在就会解决它,就像如果他们觉得和我之间有矛盾就会直接解决一样,我们现在就是这么办的。当然,虽然过程中会有一些阻力,但是我们能克服并解决好。

BEST-Plus项目包括8次活动。前4次活动专门关注家长,后4次时,家长们会邀请他们的孩子来参加。有团体参与者提出一个问题,即项目后半部分青少年的参与率较低,尽管有些家长在家庭讨论中进行劝说可以在一定程度上缓解这种现象。但这种家庭讨论应该提早进行,这样青少年就知道他们能主动参与寻找解决家庭问题方案的过程。许多青少年表示这反映了父母教养方式的一种积极主动的转变。

许多被试希望能继续接受团体治疗,因为他们发现父母的支持很有帮助。一些家长认为,举办那些能让他们有所转变的家长支持团体训练是十分有益的。家长们普遍表示他们抱着改变孩子行为的初衷来参加项目。对他们中的大多数人来说,明白团体治疗带来的最大益处在于改变了他们的教养方法以及处理家庭问题和挑战的方式,这一观念取代了他们最初的想法。

14.3.2.6 项目发展

家长们对BEST-Plus项目的改进与完善提出了很多建议,以期让BEST-Plus与他们自身和青少年的心理健康问题更切实相关。家长们表示,关于如何处理孩子诸如暴力和犯罪这样"外在的"行为问题方面的信息有些过多了，而那些存在抑郁和焦虑问题的孩子的家长们会觉得这样的信息与他们关系不大。

团体中存在各种各样的问题。我发现很多问题和策略都是针对行为问题的，而我们想要解决的是心理问题。团体治疗没有真正地对心理问题进行关注。

不过，家长们普遍表示他们从中有所收获。焦点小组中的每位家长都表示他们会向别人推荐DFO项目。有些家长甚至觉得BEST-Plus项目比他们预期的要好。

另一件事情就是此前我们换了一个又一个学校辅导员，辗转各地，访遍数人都没有效果。所以一开始的时候我没有抱期望它能改变什么。可它的确有效果，尽管起作用的方式和预期不一样。

14.3.2.7 参与者的直接建议

1. 每周会议的时间应该延长一些。有些成员觉得2个小时的时间不够，希望再有半小时左右，这样他们可以扩展讨论的内容。

2. 参与者们希望获得持续的支持。大部分人希望团体治疗在8周之后继续进行，有些成员觉得若进行每月一次的后续跟踪会很有帮助。

3. 项目需要平衡对行为和心理健康问题的关注力度。所有的成员都认为有所收获，但是那些存在抑郁和焦虑障碍的孩子们的家长希望每周的团体治疗能够直接解决他们的问题，而不是花大量时间在行为和药物使用的问题上。

4. 早期干预被认为很有必要。在主要问题出现之前就需对家长们进行干预。家长们认为事先进行早期的干预将会很有帮助。这能帮助他们在问题出现之前调整教养方式以及应对可能存在与孩子有关的挑战。家长们认为如果类似的内容能够在小学早期，且在校内进行，必将会大有帮助。

14.4 反馈调查的结果

被试在焦点小组开展当晚完成的用户满意度调查结果如表3所示。其中青少年没有参与调查问卷。总体而言，大部分家长们对干预和DFO项目体验表示满意。项目结束后关于家庭生活改善的满意评分有轻微的下降。不过当问及“你是否会将该项目介绍给与你有相似困境的朋友？”时，所有被试(n=20)都表示肯定。大部分家长都认为该项目充分满足了他们的需要，另一部分家长则因为他们孩子缺少行为上的改变而对项目满意评分有所下降。没有家长表示项目完全没有满足他们的需要。在干预结束约6个月后，几乎所有的家长(n=20)都依然在日常生活中使用他们在项目中学到的技巧和知识。

表3　参加BEST-Plus项目家长的用户满意度调查结果(n=20)

满意度	平均数	标准差	分布范围	
			高	低
干预治疗的接受程度	7.66	1.58	10	3
对家庭生活的改善程度	6.64	1.65	10	3
对项目的整体满意度	8.30	1.49	10	4
			n	%
认为本项目充分满足了你的需要		是的	12	57.1
		在一定程度上	8	38.1
会向自己的朋友推荐参与此项目		是的	20	95.2
仍然在使用从此项目中学到的技巧和知识		是的	20	95.2

14.5 讨论

四大主题贯穿焦点小组。家长们表示与有相似处境的父母们接触，并在引导下放心地分享他们的经历让他们很受益，这使他们不再感到孤立无援。在每周一次的干预中，家长们觉得他们学习或者再次学习了在情境中退后一步的技巧。对很多家长来说，明白孩子应该对他们自己的人生和行为负责是治疗中非常重要的一课，这有助于减轻家长们普遍体验到的负罪感和无助感。此外，家长们强调了好好照顾自己的重要性。他们认为项目中隐喻的角色也非常有价值，它能够帮助家长和孩子们抱着积极的态度用发展的眼光看待处境。项目中每个主题都与十多年前最初的BEST-Plus治疗项目的参与者所报告的一致[18]。

在RCT内评价BEST-Plus项目，这些结果表明家长们的确获得了许多BEST-Plus手册和训练材料中给出的主要特征。用户反馈一致表明，家长们所接受到的帮助和项目手册的内容非常一致。从这个意义上来说，反馈结果更加确保了本项目干预的确是遵照BEST-Plus治疗手册进行的。该结果也表明，BEST-Plus项目的训练和监督为各类临床心理医生提供了该项目原理的有效传播。从焦点小组中大部分家长报告的教养风格的改变，可以反映项目的理念得到了有效实施。然而，由于参加焦点小组的样本较小，我们仍然无法确定这些结果是否可以推广到整个RCT实验样本，或者其他接受BEST-Plus项目的被试。通常，家长们希望通过参加团体治疗来改变孩子的行为，然而，最后他们发现最大的改变是他们自己看待所处情境以及应对孩子的方式。这说明，这个机制正是家庭治疗带来行为改变的系统机制。

本DFO研究的设计为多中心实验，包括来自临床服务、社区服务以及诸如学校等社区组织的大量转诊患者，为的是进一步提高研究结论的普适性。研究设计的最初期望是能够使这些转诊的年轻人有动力接受治疗，而且，如果他们被随机分配到家庭干预项目中，他们的家长也能加入治疗。不料，DFO项目的许多参与者却是那些家长，他们担忧孩子的情况，因为这些转诊的青少年并不愿接受抑郁症治疗。研究团队没有将这些家庭排除，而是决定让这些家长接受唯一可用于他们的治疗项目（即BEST-Plus项目，因为它既可以由家长单独参与，也可以全家一起参与），并对参加该项目的家庭的治疗效果进行评估。这是一次大胆尝试，以防止大量有治疗需求的家庭被研究者排除在外。在澳大利亚现有的心理健康服务系统中，由于这些家庭的青少年不愿意接受专业的治疗，使得这些家庭一直没有得到研究,也没有得到相关的服务[22,25]。

本研究在对青少年心理健康问题的家庭干预有效性评估方面有很多启示。从症状上看,当前样本中青少年的心理健康问题存在较大的异质性,同时包括内化与外化症状。这印证了临床实践上普遍的转诊模式。通常,该年龄层群体向心理健康服务中心的转诊往往是由家长主导的,或者至少是在家长的强烈支持下进行的。因此,对青少年心理健康问题的接诊以及最初的评估都将得益于家庭关注到了这个普遍的环境。本研究的另一个关键结果是,在相对简明、高强度和高度结构化的团体治疗形式下可以实现家庭功能的转变。家长们的反馈表明个体分离这个发展主题仍然十分突出,许多家庭表示较愿意接受为适应孩子从青春期到成年早期过渡的干预项目。

本项DFO研究的一个重要结果是,将BEST-Plus项目模型进行修改,以鼓励已确诊的青少年能够和父母或兄弟姐妹一起参加项目治疗,以及为那些更多表现为内源性问题(抑郁和焦虑为主要表现症状)的青少年家庭提供支持。BEST项目先前的版本倾向于关注与药物使用相关的外部问题,采用行为管理技术并设定边界。然而,焦点小组成员,还有研究团队都对后半程BEST-Plus团体项目中青少年较高的缺席率表示担忧。不过,家长们让青少年参与团体讨论、改变自身的教养方式以及站在他们的角度看问题,使得青少年的缺席率有所下降。许多参与者还希望能够继续进行团体治疗,因为他们发现父母的支持很有帮助。他们还认为,这类团体治疗应该作为一种预防项目,以早期干预的形式在学校里进行。根据焦点小组被试的反馈,DFO项目尤其是BEST-Plus团体项目,带来了许多积极的改变。

基于本项DFO研究的结果,以及本文所描述的用户反馈,BEST-Plus项目接下来将要扩展至第三阶段,即BEST-MOOD项目[26]。BEST-MOOD项目整合了本文呈现的大量反馈,旨在通过家庭系统解决青少年排斥接受心理健康干预的问题,并在社区中实施相关的有效干预。需要指出的是,这和BEST-Plus项目手册里的有关目的有所偏离,手册里的目的是让青少年通过参加DFO研究中针对青少年部分的项目进而使心理健康问题得到改善。这种方式贯穿在DFO实验干预中,然后又融合进当前修正的BEST-MOOD模型中，所以与其说这是一种“限制”，不如说它是一种对DFO实验的改进和发展。

在对本研究的结果进行褒奖的同时，也要考虑到其中的许多局限性。本研究没有对那些未参与项目治疗的家庭进行考察，因此可能忽视了许多重要的反面观点。对于那些只有父母参与了BEST-Plus项目的青少年，我们得到的信息很有限，并且其结果主要是基于父母的视角得到的。另外值得注意的是，在很多情况下BEST-Plus项目的主持人也是焦点小组的领导者，这就可能带来指向阳性结果的讨论偏差。同时，对该项目的一些重要建议和批评还在收集过程中。总体来说，焦点小组是一种能聚集众多观点信息的有效方式，同时，这样的大型团体讨论也可能使一些不同的意见难以得到表达。

14.6 结论

政府清楚地知道抑郁症的治疗费用之昂贵，有效预防和早期干预的实施非常有意义。然而，为了实施这些计划，需要实际投入以建立预防和早期干预的相关知识和基础设施，包括科研能力、预防和早期干预项目的发展、评价和实施框架。我们在随机对照实验中收集了关于用户体验的质性评价，这次经验使我们相信，这样的评估方式应该作为常规操作应用于收集和分析被试的反馈，从而提高治疗效果。

参考文献

1.N. Roxon, J. Macklin, and M. Butler, Budget: National Mental Health Reform Ministerial Statement, Can Print Communications, Canberra, Australia, 2011.

2.P. D. McGorry, A. G. Parker, and R. Purcell, “Youth mental health services,” In-Psych Bulletin, 2006.

3.Australian Bureau of Statistics, “Mental health of young people,” Cat 4840.0.55.001, Australian Bureau of Statistics, Canberra, Australia, 2007.

4.I. B. Hickie, "Youth mental health: we know where we are and we can now say where we need to go next," Early Intervention in Psychiatry, vol. 5, no. 1, pp. 63–69, 2011.

5.B. McDermott, M. Baigent, and A. Chanen, beyondblue Expert Working Committee Clinical Practice Guidelines: Depression in Adolescents and Young Adults, Beyondblue: The National Depression Initiative, Melbourne, Australia, 2010.

6.A. Angold, E. J. Costello, and C. M. Worthman, "Puberty and depression: the roles of age, pubertal status and pubertal timing," Psychological Medicine, vol. 28, no. 1, pp. 51–61, 1998.

7.D. A. Brent, J. A. Perper, G. Moritz et al., "Psychiatric risk factors for adolescent suicide: a case-control study," Journal of the American Academy of Child and Adolescent Psychiatry, vol. 32, no. 3, pp. 521–529, 1993.

8.D. M. Fergusson, L. J. Horwood, E. M. Ridder, and A. L. Beautrais, "Sexual orientation and mental health in a birth cohort of young adults," Psychological Medicine, vol. 35, no. 7, pp. 971–981, 2005.

9.G. Parker and K. Roy, "Adolescent depression: a review," Australian and New Zealand Journal of Psychiatry, vol. 35, no. 5, pp. 572–580, 2001.

10.G. Saluja, R. Iachan, P. C. Scheidt, M. D. Overpeck, W. Sun, and J. N. Giedd, "Prevalence of and risk factors for depressive symptoms among young adolescents," Archives of Pediatrics and Adolescent Medicine, vol. 158, no. 8, pp. 760–765, 2004.

11.G. Andrews, C. Issakidis, K. Sanderson, J. Corry, and H. Lapsley, "Utilising survey data to inform public policy: comparison of the cost-effectiveness of treatment of ten mental disorders," British Journal of Psychiatry, vol. 184, pp. 526–533, 2004.

12.D. Chisholm, K. Sanderson, J. L. Ayuso-Mateos, and S. Saxena, "Reducing the global burden of depression: population-level analysis of intervention cost-effectiveness in 14 world regions," British Journal of Psychiatry, vol. 184, pp. 393–403, 2004.

13.J. Toumbourou and J. Bamberg, "Behaviour Exchange and Systems Training-Plus," Unpublished Manual. 2010.

14.D. A. Chambers, H. Ringeisen, and E. E. Hickman, "Federal, state, and foundation initiatives around evidence-based practices for child and adolescent mental health," Child and Adolescent Psychiatric Clinics of North America, vol. 14, no. 2, pp. 307–327, 2005.

15.J. R. Weisz, I. N. Sandler, J. A. Durlak, and B. S. Anton, "Promoting and protecting youth mental health through evidence-based prevention and treatment," American Psychologist, vol. 60, no. 6, pp. 628–648, 2005.

16.L. W. Green and R. E. Glasgow, "Evaluating the relevance, generalization, and applicability of research: issues in external validation and translation methodology," Evaluation and the Health Professions, vol. 29, no. 1, pp. 126–153, 2006.

17.R. Grol and R. Jones, "Twenty years of implementation research," Family Practice, vol. 17, no. 1, pp. S32–S35, 2000.

18.J. Toumbourou, A. Blyth, J. Bamberg, G. Bowes, and T. Douvos, "Behaviour exchange systems training: the "BEST-Plus" approach for parents stressed by adolescent drug problems," Australian and New Zealand Journal of Family Therapy, vol. 18, no. 2, pp. 92–98, 1997.

19.A. Blyth, J. H. Bamberg, and J. W. Toumbourou, BEST-Plus Behaviour Exchange Systems Training: A Program for Parents Stressed by Adolescent Substance Abuse, Acer Press, Camberwell, Victoria, 2000.

20.J. H. Bamberg, J. W. Toumbourou, and R. Marks, "Including the siblings of youth substance abusers in a parent-focused intervention: A pilot test of the BEST-Plus program," Journal of Psychoactive Drugs, vol. 40, no. 3, pp. 281–291, 2008.

21.J. W. Toumbourou and J. H. Bamberg, "Including the siblings of youth substance abusers in a parent-focused intervention: a pilot test of the BEST-Plus program," Substance Use & Misuse, vol. 43, no. 3, pp. 1829–1843, 2008.

22.M. G. Sawyer, F. M. Arney, P. A. Baghurst et al., "The mental health of young people in Australia: Key findings from the child and adolescent component of the national survey of mental health and well-being," Australian and New Zealand Journal of Psychiatry, vol. 35, no. 6, pp. 806–814, 2001.

23.M. Bloor, J. Frankland, M. Thomas, and cRobson, Focus Groups in Social Research, Sage, London, UK, 2001.

24.T. Groenewald, "A phenomenological research design illustrated1," International Journal of Qualitative Methods, vol. 3, pp. 110– 143, 2004.

25.T. J. Nehmy, "School-based prevention of depression and anxiety in Australia: Current state and future directions," Clinical Psychologist, vol. 14, no. 3, pp. 74–83,2010.

26.A. J. Lewis, M. D. Bertino, J. Toumbourou, R. Pryor, and T. Knight, "Behaviour Exchange and Systems Training-MOOD," Unpublished Manual. 2012.

[illegible] Fairhurst, et al. The mental [illegible] health of young people in Australia: key findings from the child and adolescent component of the national survey of mental health and wellbeing [illegible] Journal of Psychiatry [illegible]

[illegible] Group [illegible]

[illegible] 2001

[illegible] research design [illegible]

[illegible]

[illegible]

[illegible] published [illegible]